北京市保护利用老旧厂房
拓展文创空间案例评析

范周 梅松 主编

图书在版编目（CIP）数据

北京市保护利用老旧厂房拓展文创空间案例评析 / 范周，梅松主编 . -- 北京：知识产权出版社，2018.9

ISBN 978-7-5130-5731-8

Ⅰ．①北… Ⅱ．①范… ②梅… Ⅲ．①厂房 - 旧房改造 - 文化产业 - 研究 - 北京 Ⅳ．① G127.1

中国版本图书馆 CIP 数据核字 (2018) 第 183628 号

内容提要

本书围绕北京市已改造为文创园区的老旧厂房的运营模式、园区定位、主营业态以及服务功能等不同主题，实地走访调研，从中选取 31 个典型园区，阐述它们的成功和经验。内容包括以厂房改造为特色的"拓展篇"；以管理运营为亮点的"经营篇"；以园区主体产业为偏好的"策划篇"和以历史传承为重点的"传承篇"，深入挖掘和分析 10 多年来北京市老旧厂房拓展改造文创空间的真谛。

责任编辑：李石华　　　　　　　　责任印制：刘译文

北京市保护利用老旧厂房拓展文创空间案例评析
BEIJING SHI BAOHU LIYONG LAOJIU CHANGFANG TUOZHAN WENCHUANG KONGJIAN ANLI PINGXI

范　周　梅　松　主　编

出版发行：知识产权出版社有限责任公司		网　　址：http：//www.ipph.cn
电　　话：010 - 82004826		http：//www.laichushu.com
社　　址：北京市海淀区气象路 50 号院		邮　　编：100081
责编电话：010 - 82000860 转 8072		责编邮箱：lishihua@cnipr.com
发行电话：010 - 82000860 转 8101		发行传真：010 - 82000893
印　　刷：三河市国英印务有限公司		经　　销：各大网上书店、新华书店及相关专业书店
开　　本：787mm×1092mm　1/16		印　　张：16.5
版　　次：2018 年 9 月第 1 版		印　　次：2018 年 9 月第 1 次印刷
字　　数：280 千字		定　　价：88.00 元
ISSBN 978-7-5130-5731-8		

出版权专有　侵权必究
如有印装质量问题，本社负责调换。

编 委 会

主　　编：范　周　梅　松

执行主编：朱　敏　富凤丽

编　　撰（按姓氏笔画排序）：

　　　　卢盈蕾　吕小朵　刘昕冉　李培峰　杨剑飞

　　　　何诗涵　周慕超　詹羚婕　谭雅静　衡玉竹

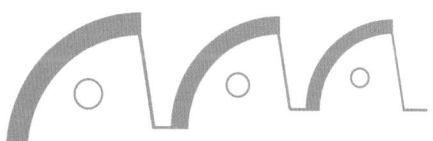

目 录

▍前言	001
▍第一部分 拓展篇	003
塞隆国际文化创意园	004
77文创	009
北京文化创新工场新媒体基地	019
中关村768创意产业园	025
梵石ITOWN·西店记忆	031
▍第二部分 运营篇	039
尚8	040
郎园vintage	045
京东方恒通国际创新园	053
电通文化创意产业园	059
"新华1949"文化金融创新产业园	065
嘉诚	070
中关村雍和航星科技园	075
中关村互联网文化创意产业园	082
平客集文创园区	087
三维六度众创空间	094
隆晟华盾文化产业园区	100
北京天图文化创意产业创新基地暨北京博展创意产业联盟创新基地	104
大稿国际艺术区	109
弘祥1979文化创意产业园	117
▍第三部分 策划篇	123
751D·PARK北京时尚设计广场	124
铜牛电影产业园	132
朝阳规划艺术馆	137
北京DRC工业设计创意产业基地	145
"天宁1号"文化科技创新园	151
东郎电影创意产业园	157

第四部分 传承篇　　　　　　　　　　　　　　　　**163**

北京 798 艺术区　　　　　　　　　　　　　　　　　164
莱锦文化创意产业园　　　　　　　　　　　　　　　170
北京懋隆文化产业创意园　　　　　　　　　　　　　177
中关村数字电视产业园　　　　　　　　　　　　　　185
北京珐琅厂　　　　　　　　　　　　　　　　　　　191
龙徽 1910 文化与科技融合街区　　　　　　　　　　197

附录　　　　　　　　　　　　　　　　　　　　　**205**

附录一　北京市人民政府办公厅印发
　　　　《关于保护利用老旧厂房拓展文化空间的指导意见》的通知　　205
附录二　北京转型改造工业遗存七百多万平方米老旧厂房里的"文创梦"　208
附录三　园区系列调查：从水泥库到国际文创园的塞隆蜕变　　214
附录四　园区系列调查：在铁路"夹缝"中制造小镇的梵石 ITOWN·西店记忆　222
附录五　园区系列调查：以"品牌塑造＋连锁经营"缔造文创产业园的尚 8 模式　229
附录六　园区系列调查：传统军工企业基地转型升级的 768 探索　　237
附录七　园区系列调查：从老旧厂房到年产值 106 亿元的文创园，郎园凭什么？　244
附录八　园区系列调查：红火纺织厂黯然退场莱锦如何打造闹市中创意新空间？　252

后记　　　　　　　　　　　　　　　　　　　　　**258**

前 言

工业文明是城市文明的重要组成部分，是城市由传统文明向现代文明转变的有力见证者。工业经济的发展不仅为城市创造了丰富的物质财富，也为城市留下了宝贵的时代记忆和精神文化遗产。随着我国经济的快速发展，尤其是进入新时代以来，许多城市都步入转型发展期，大批高污染、高能耗的传统产业已经不再适应新时期城市定位，众多凝聚着工业时代烙印的老旧厂房被腾退出来，如何妥善处理这些工业遗存，成为城市转型中面临的一个重要经济问题和文化问题。

北京是中国首都，也是重要的经济重镇。新中国成立以来，北京一度在机械、纺织、化工、电子、钢铁、汽车等工业领域发挥着重要作用，形成了若干个工业基地。随着北京城市发展和产业升级，尤其是北京"四个中心"城市战略定位确立，疏解非首都功能的不断深入，老旧厂房腾退升级加快，如何为老旧厂房注入新的动能，成为时代发展的新命题。在这一过程中，文创产业以其创新性强、附加值高、绿色环保等特点，与老旧厂房厚重的文化底蕴、特色的建筑风格、低密度的办公环境等形成了内在的良性互动，成为城市拓展文化空间，促进产业转型升级和城市更新的重要路径选择。

相较于全国其他省市，在20世纪90年代，以798艺术区、751时尚设计广场等为代表的一批由老旧厂房率先探索转型的文创园区，为北京老旧厂房的改造利用走出了一条康庄大道，成为现代北京的时尚名片和文化名片。目前，北京市朝阳区、海淀区、东城区、西城区、石景山区等大批老旧厂房成为文化投资的热土，涌现出尚8、郎园Vintage、嘉诚、铜牛电影产业园、朝阳规划艺术馆、北京懋隆文化产业创意园、中关村数字电视产业园等一批转型成功的文化创意产业园区，成为北京文化创意产业重要的产业集聚区和文化创意策源地。

当然，老旧厂房的保护利用与改造升级也并非一路坦途，自20世纪末至今，这些老旧厂房经历了由受冷落到受追捧，由粗糙改造到精致化运营，由瓦片经济向创意经济转化升级的过程。据统计，目前，北京市各区已腾退老旧厂房242个，总占地面积超过2500万平方米，其中大部分转型为文化创意产业园区。虽然，北京市在老旧厂房保护利用方面形成了较为显著的规模优势,在全国具有一定的引领示范作用,但是,总体来看,各文创园区之间、各区县之间还存在着层次不一、盲目跟风、同质化发展等诸多问题,与当前首都全国文化中心建设的高标准、高质量、高层级的要求还不完全相符,有待进一步提升优化。

为进一步加强老旧厂房转型文创园区研究,总结提炼发展经验,更好服务首都全国文化中心建设,2017年10月,北京市文化创意产业促进中心联合中国传媒大学文化发展研究院成立课题组,从全市老旧厂房改造文创园区中选取了31个典型园区实地走访调研,编撰成《北京市保护利用老旧厂房拓展文创空间案例评析》一书,旨在全面、真实地展示典型园区的转型历程,深入剖析改造成功的原因,分享园区管理运营心得,思考进一步改进举措,力求对园区进行多角度、全方位评析。通过分享老旧厂房改造文创园区的成果和经验,希冀有更多老旧厂房加入改造文创空间的队伍之中,共同打造兼具经济效益和社会效益的文创园区和公共文化空间,促进文化创意产业发展,丰富市民文化生活。

老旧厂房既是展现中国工业文化的重要窗口,也是延续城市文脉、拓展城市文化发展空间的重要载体,是城市的"金山银山"和"文化富矿"。保护好、传承好、利用好老旧厂房文化遗产,是时代赋予我们的重要使命。衷心希望我们的研究成果能为更多的文化管理者、文化建设者、文化经营者开拓思路、创新理念,能够为城市文化传承与创新发展的伟大事业贡献绵薄之力!

本书编撰过程中得到中共北京市委宣传部的悉心指导,得到北京市各区及相关文创园区的鼎力相助,在此一并致谢!

老周

2018年7月

第一部分 拓展篇

塞隆国际文化创意园

一个点亮的文创园区

一、基本概况

塞隆国际文化创意园,由首农集团与中国电力传媒集团共同出资打造,东临双桥东路,南抵广渠路延长线,地处北京市CBD——定福庄国际传媒走廊东南部,园区交通位置优越,占地面积72亩,建筑面积2.4万平方米,待二期升级改造完成后建筑面积将达到3.6万平方米。园区前身为原北京胜利建材水泥库,曾是亚洲最大的水泥筒仓群和粉料仓储基地,先后承担了1990年北京亚运会场馆、2008年北京奥运会场馆建设等重大项目的水泥料储存的任务。独有46座筒仓,另有两条400多米长的铁路线保存完整。

仓筒的日与夜

二、改造历程

(一)建筑改造理念:保留工业踪迹,焕发新光彩

园区前身为1985年成立的北京胜利建材水泥库,具有运输、存储水泥的功能,随着水泥的供应量加大,工厂做了32个筒仓,后发展至46个。所有筒仓均为"两大夹一小"的呈现,即两个大仓筒夹一个小仓筒排列,成片形成筒仓群,具有震撼的视觉效果。厂区曾为北京的三、四、五环路建设、亚运会和奥运会建设的水泥存储工程做出了杰出贡献。

500米长、由46个水泥罐组成的罐装群无疑是园区的特色和标志。园区改造过程中注重保留30多年历史的老厂区建筑和工业遗迹,同时注入时尚元素,使传统的工业文明与现代艺术创意有机融合。如今,工业的踪迹在园区内依然处处可见,当年硕大的工业照明灯得以保留,继续发挥"余热",园区内两段400多米长的铁路也保存完整,五彩缤纷的卡通形象站在轨道旁等着和人拍照,几列橘黄色的火车车厢将被打造成特色餐厅……

园区在原有基础上进行改造,基本保留了原厂区的原汁原味,二期的升级将考虑筒仓的改造,希望将彩虹门的建设打造成地标建筑。

全景图

（二）改造时间线

2008年以后,随着水泥的供应量减少和响应国家生态环保的要求,水泥库渐趋停产。2013年,园区成立了全资国有企业北京双桥信泰文化发展有限公司（后更名为北京塞隆国际文化发展有限公司）负责园区的运营工作。园区与传媒大学团队合作,经过近半年时间的调研后确定了方向:保留近500米长的罐状群,利用园区现有资源进行产业转型,走文化产业之路。2013年年底到2014年间,园区进行整体开发改造。其中,2014年3月确定方案,2015年5月19日正式开园。招商过程中克服当时交通等问题,以租金优势和国企背景,取得了不错的成绩。

三、业态布局

（一）布局概况

园区借助首农与中电传媒两大国企的优势资源,围绕"互联网+"打造集文化、科技、旅游、新媒体、新能源等业态为一体的北京塞隆文化生态圈,建立集中小企业孵化器、众创空间、文化投融资服务等为主要内容的一站式互联网文化服务平台。未来,北京塞隆国际文化创意园将结合自身极具特色的工业遗址形态和空间资源优势,主打亚洲最大罐体群,火车、铁轨、站台等特色景观,定位于集影视制作、广告设计、网络服务、艺术展览、休闲娱乐等业态的文化创意综合体。在"互联网+"的大时代背景下,重点关注文化与科技相融合的青年创业项目,建设科技孵化器、众创空间、

We work等创业平台,运用互联网金融作为融资手段,为创业者提供更多创投服务。

园区目前中小型企业居多。实际出租面积2.4万平方米,进驻82家企业,1000多人,满租。因园区比较精致,多数企业的面积在300~500平方米之间,每年产生约10亿产值,当前,园区有三家上市公司。其中,廊坊德基在香港上市后入驻园区,其他两家公司入驻园区后上市。

为了吸引更多类似优秀的企业,园区在租金上给予了优惠。例如,三家上市公司的租用面积体量较大,约3000~4000平方米,因租用空间层高6米,经拓展建面甚至可以达到5000~10000万平方米,园区给了客户充分的改建扩展自由。通过对于租金的优惠,希望吸引文化类、科技类、传媒类、影视类公司入驻,形成"文化+科技"的氛围,例如园区企业代表华奥传媒是影视科技类公司,星座魔山属于影视类龙头企业。

（二）园区入驻企业代表

园区入驻企业,见下表所示。

入驻园区企业代表

企业	类型	特色	业务
北京华奥视美国际文化传媒股份有限公司	影视科技	我国视觉艺术文化服务产业的龙头企业	三大板块业务:会展、演出行业内容及硬件的整体解决方案;夜游文化在商业娱乐及旅游景区中的应用;新媒体艺术剧制作与发行。是中央电视台和多家国内主流媒体的战略合作伙伴。曾参与过多项国家级重大演出活动。
星座国际影视文化传媒（北京）有限公司	新型文化企业	在传统影视制作的基础上,以类型化、系列化为方向,玄幻、青春、动作为特色,开发制作形成规模	国内:330多部集电视剧、网络剧;"网络虚拟影城"是公司历时三年投资创建的新技术产业,国内首创,规模领先,目前价值达到数亿元。国外:数年来致力于海内外的项目合作,与海外诸多影视机构和播出平台建立良好的商业关系,是戛纳电影电视市场、美国AFM电影市场等十几家影视市场的重要客户。
上海窥海实业有限公司北京分公司（SEA I SEE北京潜水中心）	培训基地	目前北京最大,设施最为完善,唯一一家拥有自己平静水域训练池的潜水中心	拥有6米的专业潜水训练池和一批全职PADI认证潜水教练。学期结束可考取PADI潜水证书。
北京潜艺视文化发展有限责任公司	文化创意产业	拥有直径达11米,池深6米的超大水池、水下写真婚纱摄影棚、水下特技影视摄影棚和全球PADI休闲潜水员培训基地	除水下拍摄业务,基地承接剧组和影视机构水下影棚租赁、影视平面拍摄的需求,打造影视拍摄水上+水下全景平台。

四、管理运营：转型期的办公模式园区

园区现有赢利模式以租金为主。也成立了自己的团队探索开发其他项目，主打设计和内容生产，如作为首农团集团二级公司品牌辅助的文化产品，实现了食品和文化的结合。

塞隆公司目前在岗员工18人，平均年龄不到35岁，是一支富有朝气的队伍。园区基层党组织——塞隆党支部党员平均年龄32岁，100%为专科以上学历，专业背景涉及新闻传播、物业管理、艺术教育、电子商务、财务管理等，在公司各项业务开展中发挥中坚力量。

园区在转型初期，更多地考虑企业自有资源，希望将园区打造成民族手工业传承平台，经过调研和与同质的园区对比，发现在资源和位置上并不占优势，无法满足民族手工业传承的发展方向，因此选择了根植于优势，走市场化道路：依托园区擅长做房地产开发的专业优势，并依靠传媒大学、中央电视台、传媒走廊的资源优势，与文化、科技、传媒类的企业进行很好的沟通，走"文化+科技"的道路。

五、园区评析

塞隆文化创意园依托工业遗址形态和空间资源优势，打造以铁轨、火车、站台、仓库及大规模罐体等特色为背景、场景的文化创意产业园，实现传统工业文明和现代艺术创意的有机融合。园区的吸引力主要表现为三点：一是特色，46个筒仓形成壮观的筒仓群，两条400多米长的保存完整的铁路线，吸引很多文化类企业；二是广渠路经过发展，交通位置相对便利；三是作为国有企业的信誉度。目前园区为企业提供的服务形式主要有物业管理和相关配套，可提供企业注册号。空间支持方面，有塞隆美术馆、艺术空间、会议室等公共开放空间，可供园区企业使用，未来，园区会将火车改造为餐饮场所，打造园区开放式食堂和商务中心，并关注双创孵化方面，展现社会责任，支持青年创业。

塞隆夜景

园区作为桥梁和平台搭建者，也积极鼓励开展企业交流互动活动，促进大企业带动效应的产生，逐渐形成文化、科技、传媒等多业态的文化生态圈。如华奥入驻以后，灯光、设计、研发、舞美等相关企业也陆续入驻，形成上下游的产业链关系。知名大企业是园区的一面旗帜和园区进步的保障，对园区的发展和招商都有潜在的帮助。

塞隆是一个年轻的园区，作为国有企业，发展文化产业也有自己的难处。园区有盈利的硬性指标，这要求园区快速解决生存问题，再进行创造和发展。园区目前的相关配套和基础设施建设正在完善过程中，也缺乏相关专业团队、精力和足够分辨市场的能力，在孵化和投资上非常慎重。

园区体量和人才缺乏是塞隆目前的主要问题，未来，园区将尽快转变思维，聚拢资源发展，形成集群效应。总结经验，将塞隆做成示范区和模板，向外拓展推广。

【老总心语】

北京塞隆国际文化创意园依托北京首农集团、双桥农场有限公司以及北京胜利混凝土建材有限公司良好的基础设施条件和自然区位优势，实现了创新性发展。下一步，园区将着重打造文化事业和文化产业共同发展、协调共进的实验性平台，在为国有企业和政府探索公共文化服务建设体系，发挥文化企业在城市公共文化服务建设中的能动性和积极性具有义不容辞的责任。

北京塞隆国际文化创意园亦将为北京首都农业食品集团进行文化创意产业发展改革，提供创新性发展经验，成为"文化双桥"改革发展的试验田，为北京首都农业食品集团建设转型，加快企业繁荣与发展，完善企业发展业态，实现集团的再次腾飞，推动多种产业形态的跨越式发展贡献出最大的能量。

77 文创

文创场景供应商 文创生活营造者

一、基本概况

"77文创"是一家文创园区品牌运营商,主要从事主题文创园区的整体定位、建设与运营。

截至2018年3月,77文创逐步形成77文创【美术馆】、77文创【雍和宫】、77文创【国子监】、77文创【亦庄—大地】、77文创【亦庄—至美】、幸福七和文创园和77文创【洪塘湾】共7个各具特色的品牌系列园区。经过几年的发展,77文创已成为业界具有代表性的文化资产运营商新兴品牌,获得了较高的行业知名度。

幸福七和文创园

77文创【亦庄-大地】【亦庄-至美】【美术馆】【国子监】

其中，77文创【美术馆】位于美术馆后街77号，前身是北京胶印厂。园区占地6700平方米，建筑面积13000平方米。77文创【美术馆】原称77文创园，继而发展了多个主题文创园区，77文创品牌也由此诞生。77文创【美术馆】改造历时一年半，原有工业感十足的旧厂房被成功改造为以戏剧影视为主题的文创园区。

下面以77文创【美术馆】的改造历程、空间布局、业态分布以及运营管理理念与模式为例，以点带面来剖析77文创的特点。

77文创【美术馆】改造前后照片

二、改造历程：从老厂房到戏剧影视主题文创园的华丽转身

（一）20世纪50年代到21世纪初：作为胶印厂的辉煌历史

1951—1953年，77文创【美术馆】的前身北京胶印厂由上海、南京、武汉、重庆等地迁到北京的多家私营印刷企业合并而成，先后建成京华印书馆一厂、京华印书馆二厂、科学印刷厂、振亚印刷厂、大众印刷厂等。1954—1958年，经过公私合营的改制后，定厂名为"京华胶印厂"。1958年，因新建北京火车站，京华胶印厂迁至现在的位置——首创路29号（现东城区美术馆后街77号）。1966年8月，正式更名为北京胶印厂，隶属于北京印刷集团总公司，是北京第一家采用胶印技术的工厂，荣获北京市百户重点企业，国家书刊印刷定点企业，工业技术改造优秀企业等诸多殊荣。

（二）2007—2011年：改造为北京胶印厂文化创意产业园

21世纪以来，由于国家政策、市场竞争以及自身发展需求等原因，2007年年初，北京胶印厂开始改造为文化创意产业园，欲建设印刷为主业，美术与设计产业化的发展方向。

（三）2012年：业务迁出，再次改造

由于印刷科技的迅速发展，北京胶印厂印刷行业整体业务继续下滑，加之厂区环境较差，与北京市文化核心区的产业定位严重不符。2012年年初，北京胶印厂将原胶印业务迁出，在东城区委、区政府的推进下，东城的文化企业与北京市国资企业实现了战略合作，成功进行了老厂房的腾笼换鸟、产业升级，开启了77文创园的第一步。

（四）2014年：改造完成，华丽转身

2014年5月，77剧场正式开幕，标志着77文创园正式开园进入运营阶段。全新亮相的77文创园定位为戏剧影视主题文化创意产业园区，在体现保留工业遗址风貌的基础上，吸引了大量核心文化资源聚集。入驻企业与园区形成了良好的合作关系，构建了文化资产运营的生态系统，形成了以戏剧和影视为核心业态的高端主题性文化园区。精准的定位，为园区成功崛起奠定了坚实的基础。在此园区的基础上，继而形成了77文创系列园区的品牌。

（五）改造理念

77文创【美术馆】园区东起北京市美术馆后街，西至小取灯胡同，与故宫、中国美术馆以及皇城根文化遗址公园相邻，园区占地6700平方米，建筑面积13000平方米。北京胶印厂改造项目——77文创【美术馆】荣获"2016建筑学会建筑创作金奖"。

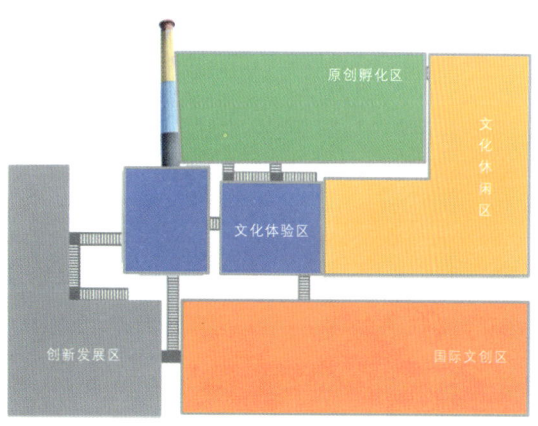

77文创【美术馆】空间布局示意图

1. 改造理念：工业文化与艺术情感的凝聚

与 798 里那些包豪斯建筑风格不同的是，77 文创【美术馆】更接近一个工业化的四合院建筑模式，带着北京胡同的市井气息。运营方在考察了美国迈阿密工业区和德国鲁尔工业区等的文创园区改造的基础上，在改造老旧厂房的过程中，秉持尊重特有的院落历史情感，延展丰富的工业文化厚度，唤醒、激发内在的艺术活力，这成为改造的核心理念。

2. 改造方式：立体街巷和新旧的融合

——清理淤塞，清除乱建，留出前院；拆除铁皮房，形成后院；清理被堵死的胡同，贯通前后，展现多层次的院落空间和街巷。

77 文创【美术馆】空间改造前后对比图

——利用工业厂房的原有空间布局，搭建独特的空间走廊，弥补了地面空间的不足，延伸院落街巷立体式生长，创造了放松邂逅的交流场所，成为激发创新灵感的源泉，共生出丰富的环境聚落，搭建出适合文化创意生态的游廊体系。

77 文创【美术馆】空间改造前后对比图

——别具一格的仓库剧场，展现了园区的活力与魅力。剧场采用工业仓库式的建筑结构、厚重工字钢柱列和锈蚀耐候钢面板，时尚鲜活的戏剧场景与仓库厚重工业空间之间对比鲜明。

文创【美术馆】空间改造前后对比图

——富有年代感的老砖墙、加固的混凝土墙、嵌入的钢梁、干净的玻璃，不同时代的工艺与材料界限分明地锚固在一起，耐候钢板随着时间自然地斑驳锈蚀，新建筑物融入整体历史氛围中去，新与旧的融合使厂区深沉的工业气质进一步凝聚强化。

三、77文创主要业态布局

（一）主题园区

77文创根据每个园区所处的地理位置和原来空间的特质谋划主题园区的建设，进行不同的业态布局。

1. 77文创【美术馆】——戏剧影视主题园区

——搭建主导行业的生产空间和消费场景。77文创【美术馆】定位为戏剧影视主题园区，主要入驻企业为戏剧、影视、设计界的领军企业，集中了77剧场、77排练厅、E6空间、时差咖啡厅等配套设施，成为演出、摄影、聚会、沙龙、文化名人的聚集地。

2. 77文创【雍和宫】——文化科技融合主题园区

——聚焦创业、培育产业新业态。77文创【雍和宫】定位为创业者的前进营地。园区通过丰富科技创新内容、文化创意项目完善服务保障，激发区域创新创业活力，营造大众创业、万众创新的空间，汇聚经济社会发展新动能，打造科技文化融合的创新孵化园。

3. 77文创【国子监】——东方美学与国学文化主题园区

——聚焦各类文化资源特别是传统文化资源的转化，构建消费型文化空间。77文创【国子监】定位为中国传统文化的传承，因地制宜地呼应了国子监周边浓郁的国学氛围，引入国学教育和匠人生活元素，致力于推广中医项目、中医文化传播和中医师承学习，是一个倡导身心修养的国学文化养生平台,以产业带动文化资产的转型和价值提升,打造一个东方传统与现代生活方式结合的艺术交流创作平台。有文化名人梁东的正安文化、赵普的东家会客厅以及林兆华的戏剧工作室等入驻该园区。

(二)77文创的文创生态分布

77文创主要有文创生活体验、戏剧影视类、互联网+创新、文化传播等新兴业态,有剧场等若干文化空间,着力营造一个富有创意和活力的文化社区。

77文创的文创业态/企业分布

业态	企业/空间	功能
文创生活体验	无用家园	文化传承 生活体验
	叶十二郎	异域风情、文化旅游
	正安文化	国学教育体验
	沐雨户外	户外骑行
戏剧影视类	北京剧目排练中心	戏剧孵化
	暖流电影	贾樟柯的电影世界
	果麦文化	电影投资 图书出版
	比可蒙多	视频特效
互联网+创新	700BIKE	城市骑行 中国智造
	彩讯科技	智能城市 智慧生活
	梦想加	创业孵化
文化传播	虎嗅	科技创业新媒体
	子午线文化	跨界文化交流
	一刻TALKS	互联网新媒体
文化空间	77剧场、MASK空间、时差空间、E6空间、楼顶露台	

四、管理运营:"平台+运营+产业"模式

(一)运营理念

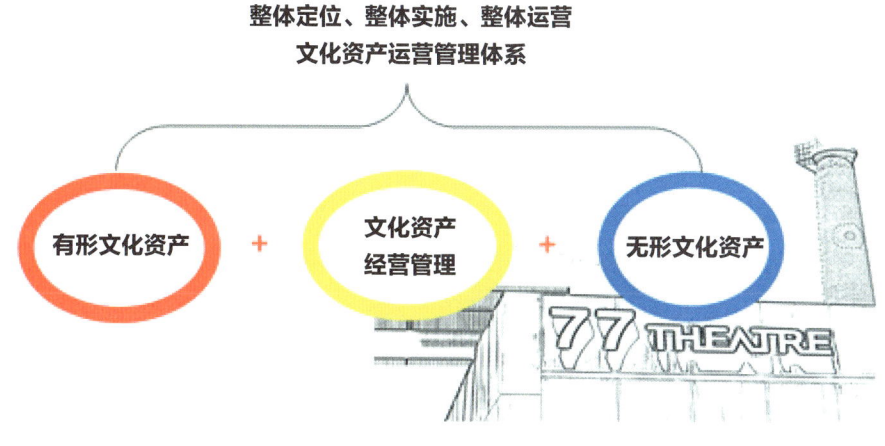

77文创运营模式示意图

77文创通过有形文化资产和无形文化资产的融合形成文化资产包,与掌握文化核心资源的客户紧密合作,进行文化资产的经营管理,打造出了"文创园区平台+文创产业运营+文创产业投资"的77模式,逐步形成整体定位、整体实施、整体运营的文化资产运营管理体系。通过优化结构,推动产业升级,园区带来价值链的高端聚集,在空间规模不变的基础上实现了近20倍的产值增长。这个运营模式的优势在于注重无形资产的增值,摆脱单纯依靠出租收益的运营模式,出租收益占70%,合作项目和自营项目占比达到30%,这种以无形资产不断增长的增值模式为园区长期可持续发展提供源源不断的动力。

从整个77文创系列品牌园区的经营模式来看又是灵活多样的,针对不同的合作方和地方特征,以及文化特点,将无形资产增值最大化,以品牌打造和管理输出为重点,不断创新经营模式,创造更大的共赢空间。

(二)运营路径

1. 营造文化资产运营生态,打造园区价值链

营造文创生活(运营),聚集文创产业资源,打造文创生活聚合,平台成为独一无二的顶级文创资源整合者。77文创【雍和宫】主要针对10人左右的成长性、稳定性较好的创业型企业,提供孵化、培育平台,条件成熟的企业可以转入77文创的其他主题园区进一步发展,企业壮大后,

园区为企业提供项目支持，甚至进一步投资，支持企业上市融资。这种文化资产运营生态的营造，形成生态链上的互动和扶持，服务于企业的每个成长阶段，既有利于园区，也有利于园区、企业的长期合作，打造园区的文化生态价值链。

2. 园区与政府、民营院团无缝对接，实现了三方共赢

77文创先进的运营模式与园区氛围吸引了北京市文化局的关注，北京市文化局将公益性的戏剧文化平台"北京剧目排练中心"落地77文创【美术馆】园区内。这是北京市文化局采取政府购买服务的方式，通过市场化力量来塑造戏剧产业链，面向首都文艺院团提供的非营利性排练场所，北京民营剧团90%的戏剧剧目在此排练。与排练中心的合作不仅仅是物理空间层面的，更深入的合作内容和愿景实际在于通过排练中心的建立，发掘更优秀的精品剧目和创作人才，从而实现无形文化资产与有形园区的结合，达到社会效益、经济效益的统一。

3. 打造文化活动品牌，创造文创生活方式

举办多样的文化活动，如中埃舞蹈文化交流艺术节、两岸小剧场艺术节、南锣鼓巷戏剧节以及各类公益活动，打造活动品牌。最为突出的是围绕"文创点亮生活"的主题，秉承传播文创生活理念的宗旨，举办77文创生活节，为广大文艺生产者和爱好者搭建一个学习、交流和玩乐的平台，推广丰富的文创生活方式。

77文创举办的品牌活动

4. 整合文创资源，打造跨界融合平台

以"汇聚文创资源、重塑文创生态、打造文创地标"为宗旨的77文创生态大会已成功举办三届。商业领袖、著名文化人、资深投资人、77文创入驻企业家以及来自全国各地的文创达人和合作伙伴等近千人次参加了活动。

77文创生态大会

五、园区评析

如何做到既保存工业遗址的风貌，又能与当代城市更新有机结合，这是老旧厂房改造拓展文创空间，实现形象功能、产业功能、意象功能的关键所在。77文创【美术馆】在建筑空间改造方面别具特色，实现了工业遗址的风貌与城市更新的有机结合，不仅仅成就了文创产业发展的物理空间，同时还实现了北京文化传承、建筑历史记忆等多元功能，获得2016建筑学会建筑创作金奖。

该项目位于最具北京特色的建筑——胡同之中，是一个类似老北京四合院的建筑空间。在改造过程中因势利导，将工业文化与艺术情感相凝聚，这是其建筑改造的核心理念。这一改造理念既有对城市环境肌理——胡同街巷的尊重，保存对胡同历史的记忆，同时又唤醒、激发了胡同建筑内在的艺术活力，成为改造的一大亮点。搭建的立体街巷高低错落，仿佛飘浮的空中花园，成为激发创新灵感的源泉。不论是呈现出的街道转角的低调开口，还是以剧场为中心的空间，都利用高低错落的楼层与各种廊道将屋顶相连，使得园区企业人员，甚至路人都可以上下前后左右走动交流，体现了一种都市开放性空间的态度，更展示了一种新与旧、时尚鲜活与厚重工业的融合，如此自由的氛围为多样性的文创群体创造了最佳的创意土壤。

复制独具北京特色的"胡同创意工厂"模式以保存文脉，是77文创【雍和宫】的特色。77文创【雍和宫】坐落于雍和宫东侧的"青龙胡同创意文化核心区域"，在园区改造中保存了胡同的特色文脉，打造"科、文、创、孵、服"全方位结合的新平台,优化胡同创意生态,促进城市有机更新,孵化扶持初创和小微企业,成为一家独具特色的"胡同里的创意工厂"。

　　作为文创园区的品牌运营商,77文创是一家专业的文创场景供应商;作为城市更新的参与者,77文创是一家文创生活的营造者。77文创将空间改造、文创产业与城市更新相结合,通过深度发掘文创生态的价值,建立泛文创领域生态链的闭环和资源高地,建立开放、融合、共赢的体系;致力于将城市更新和创意生产、创意生活方式营造相结合,把文化融入生活,把创意带入日常,引领最具创造力的工作和生活方式体验,打造文创生活聚合平台,为城市可持续发展助力。

【老总心语】

　　77文创一如既往地致力于文化场景的供应,打造成国内有特色的园区品牌运营商;77文创致力于文创生活的营造,做一个城市更新的参与者。

　　77文创致力于有形文化资产和无形文化资产的融合,进行文化资产的经营管理,做文化资产运营的领跑者。

　　77文创致力于无形文化资产与有形园区的结合,达到社会效益、经济效益的统一。

　　77文创致力于将文创产业与城市更新相结合,引领最具创造力的工作和生活方式体验,助力城市可持续发展。

北京文化创新工场新媒体基地

产业转型的新动能

一、基本概况

北京文化创新工场新媒体基地位于北京市大兴区国家新媒体产业园内,辐射北京第二机场经济带,前身是北京大兴经济开发区供热厂。国家新媒体产业园最早是建立于20世纪90年代的传统工业园区,2005年被批复成为国家新媒体产业基地,成为以新媒体产业为主导产业的专业化产业集聚区。

园区鸟瞰图

北京文化创新工场新媒体基地现有企业办公、创业孵化、创意制作、观光展示廊、会议会客、餐饮休闲、景观观赏等10大功能区,能够充分满足文创产业园对办公及特色服务的各类需求。2015年,基地正式揭牌运营,改造后的园区建筑规模为11500平方米。2016年,互联网公司猪八戒网正式入驻,与北京文化创新工场投资管理有限公司、新媒体产业基地管理委员会合作,共同搭建运营平台对园区进行管理。作为一个集创业、孵化、服务、展示、投融资等多位一体的"创新工场",园区至今已经吸引了50多家包括新媒体、传媒影视、互联网科技、传统文化及体验式教育等类型的小微企业入驻。

二、改造历程

（一）历史沿革

原供热厂于1993年建成，占地30亩，承接包括原大兴工业开发区内企业生产用热以及两个居民区4000余户居民，共100万平方米的供暖任务。

2012年，为响应北京清洁空气计划，供热厂开始实施"煤改气"工程。改造完成后，为了盘活空闲资产，推动新区文化创意产业聚集发展，供热厂将三分之一的原厂房继续作为供暖单位承接区域内的供暖任务，剩余三分之二的闲置厂房则进行产业转型升级。项目于2015年9月份改造完成。总面积由改造前的7000平方米增至11500平方米。

2015年11月，北京市国有文化资产监督管理办公室为项目挂牌为北京文化创新工场，成为新区节能减排并成功进行产业转型升级的典范。

2016年9月，国内知名的网络服务众包平台"猪八戒网"北方区总部落户园区，与园区共同打造北京市"互联网+"型创新创业示范园区，主营业态涵盖互联网+创新创业、互联网+文创新媒体、互联网+广告、互联网+金融、互联网+北京智造2025、互联网+教育等六大领域。

（二）改造理念："交流"——交叉和互动

产业地块的更新都伴随着产业和空间的双重更新。然而产业定位下的内容组织往往是动态的和不固定的，因而空间形态需要持续反映潜在内容的价值。在这一主旨下，"北京文化创新工场新媒体基地"在旧厂房改造中，以"交流"作为改造的核心理念。"交流"即交叉和互动，这一理念融入了空间界面、立面肌质、产业之间、信息交换、人际行为和情感的设计之中，具有内容和形式的双重意义。改造目标是通过重新组织场地与建筑的内容、界面和肌理，建造适应潜在文创领域功能的交流空间和场所。

（三）空间创意改造

园区原有建筑7000平方米，改造后建筑规模11500平方米，占地面积4200平方米，层数2~4层，总高度24米。在建筑改造上保留了供热厂厂房旧有建筑，将20世纪的工业元素与现代化建筑结构和谐融为一体，9个楼体空间各异，空间集群独具艺术视觉吸引力。

在空间组织上，通过加固和改扩建重建空间序列。原供热厂的更新，保留了原来的锅炉房、鼓风间、煤渣池、输煤廊等建筑的主体结构，不拆不建，在原有基础上通过对原有空间的重构和重组，对场地进行功能再分类和切割，按照文化创意产业企业办公、展示、创意、配套服务的需求进行功能设计和装修改造。

"输煤廊"的创意发展

"煤渣池"的创意改建

在建筑改造上,不同空间和场所下的建筑存在多重对比和调和,随场景移动产生独特的视觉和心理体验。沿街建筑立面的设计以钢、铝、玻璃等构件形成重复波动的肌理冲突,加固的钢结构都尽可能显露出来。内院建筑则以红砖贴面营造质朴人文的特征。

基地创意改造内景

园区内配套基础设施齐全，拥有挑高开放式办公区、会议室等办公空间，美食广场、咖啡吧等基础服务空间，为入驻企业创造舒适宜人的工作生活环境和人性化的配套服务。园区改造过程中，创造性地保留和创新原厂房部分建筑结构打造园区公共文化空间，以书媒廊为例，利用原厂房用于运输煤的长廊的建筑结构，进行现代化风格的装饰和改造，以"输煤廊"谐音为名，成为园区独具特色的空间结构。除了书媒廊之外，艺术品展示区、空中录影棚、条形观景带、中央互动观景区等预留的公共空间，将为入驻企业创造良好的文化氛围和交流场所，激发园区内企业创新创造活力。

三、业态布局

（一）互联网企业：猪八戒网

猪八戒网是围绕中小微企业的发展提供一站式服务的交易平台。2016年，"八戒北京"签约落户园区。"八戒北京"是猪八戒网创新商业模式落地北京市，为地方政府、企业打造中国中小微企业全生命周期服务体系的战略项目。猪八戒网入驻后，打造出97个独立工作空间，2个Zwork社区，带动了40多家小微企业入驻园区，形成了一个企业集合体，主要业态包括软件开发、品牌设计、网站建设、互联网科技、新媒体、传统文化及体验式教育等。

猪八戒网北京总部园区整体入驻新媒体基地

（二）文创设计类：金蜜蜂文化创意股份有限公司

金蜜蜂文化创意股份有限公司创立于2009年，致力于营造文化创意产业发展环境、利用信息大数据大融合滋养本土文化发展，提升国家和地区的品牌价值和文化影响。目前金蜜蜂已经开拓了集创意旅游设计、会议展览公关活动、媒介传播、互联网大数据营销、文创产品研发制作、品牌服务管理等多元素板块业务。2016年，营业额突破5000万元。

四、管理运营：打造O2O服务综合体

2015年11月，北京文化创新工场新媒体基地建成之初，由北京文投集团下的文化创新工场负责运营。2016年，随着中国服务众包平台猪八戒网线下园区的落地，园区开始探索新的运营模式。由猪八戒网、文化创新工场以及作为大兴区政府的派出机构的新媒体基地管理委员会三方成立运营公司开始接手园区的整体运营，探索"政府+国企+民营企业"的运营平台新模式。

猪八戒网占有园区运营管理公司60%股份，承担园区主要运营和管理工作，依托线上流量以及大数据平台，将线上订单推送给入园企业，打造线上线下互动的"互联网+"第三代园区产业空间，实现服务型企业及人士与中小微企业无缝对接，助力企业快速孵化成长。

新媒体基地管理委员会对于园区入驻企业进行资格审核，通过管委会招商部对入驻企业的产业形态、经营状况进行筛选和评定，把控入园企业质量。同时，作为大兴区政府派出单位，在政府与企业之间搭建桥梁，有效地保证信息的上传下达和政策落地，及时反馈企业诉求。创新工场依托的市文资办拥有丰富的平台资源，能够从企业需求出发，为青年创新创业提供办公空间配套、金融资本对接、政策法务咨询、企业管理全要素、互联网技术支持等5大类20余项软硬件设施服务。

园区在运营管理上利用猪八戒网平台以及政府区域对口政策，对创业者进行定向扶持与培育。通过线上共建云端双创服务平台、线下共建众创空间的方式打造"云端产业园"。利用猪八戒网十年发展所获得的海量数据深挖钻井平台，整合服务领域众多产业链，建立线上管家平台，整合八戒知识产权、八戒财税、八戒教育、八戒法务等核心业务，为企业提供全生命周期运营配套服务。线下园区为服务商和创业者提供了实体发展空间和企业集聚区域，依托线下管家平台，提供完备的基础设施服务以及标准化物业管家服务。

基地管委会代表大兴区政府作为园区运营的一方，保证了政府购买公共文化服务与园区企业进行无缝对接，实现资源的流动。以金蜜蜂文创公司为例，该企业承接了由政府主办的月季大会、樱花节等特色活动的活动策划以及礼品设计等工作，既提升了政府提供公共文化服务的能力，同时金蜜蜂也能够借力政府主办的活动平台展示企业风采，塑造企业品牌。政府与园区企业的互动对接机制的建立，实现了双方的互利共赢。

园区依托猪八戒网的资源优势、大兴区政府的政策优势，以及文化创新工场的平台优势，有机地整合互联网、市文资办与基地的文化产业资源，扶持青年创业，集聚产业优秀杰出人才，为入园企业提供优质的孵化和成长空间，为推动园区发展提供源源不断的动力

五、案例评析

北京文化创新工场新媒体基地作为猪八戒网将在大兴区建成"国家级'互联网+'创

新创业示范区"的第一个示范园区，积极探索"互联网+"时代下园区运营模式的更新，不仅在园区内实现了区域内的服务商与雇主的集聚，并且通过互联网实现服务交易的对接和全生命周期化服务。

空间改造是北京文化创新工场新媒体基地的一大亮点，园区在原供热厂的建筑基础上，对建筑立面肌质和内部空间进行重组和更新，营造交互性强、配置完善的创意空间。在建筑外立面材质选择上，钢筋玻璃组合的现代感与红砖墙体带来的人文气息相互碰撞，既保留了工业遗存的时代印记，又展现了新兴产业的创新性和活力。内部空间的改造打破原有封闭的空间格局，提供激发创意，思想碰撞的交流互动场所。另外，园区对独具特色的工业遗留创造性地利用，保留其原有结构，重新赋予空间新的功能。

园区起步不久，在与周边业态和周边居民互动上仍显不足，一些旧有建筑改造的公共空间还未能有效利用。在未来发展过程中，园区可以根据企业的发展和园区发展的需求，对园区的空间和公共建筑进行逐步升级，实现空间的功能叠加，提升空间价值，面向市场拓宽运营思路，创造更多的赢利模式。

北京文化创新工场新媒体基地在主导产业定位上，还未能形成突出的特色优势文化产品和主导性产业。园区内虽然存在例如金蜜蜂文化创意股份有限公司此类成熟文创企业，但是在招商引资上无法通过同类企业的聚集形成独具特色的核心竞争力。由猪八戒网引入的企业多为零散的成长型小微企业，企业之间互动关系松散，缺乏足够的关联性和相互渗透性，难以形成完整有效的产业链条，导致园区作为一个整体无法形成规模效应和集聚效应。依托于国家新媒体基地，园区在主导产业定位上要加强与基地内部其他园区之间的联动合作，利用好资源优势。同时，要突出园区的特点和产业特色，实现园区个性化、差异化错位发展，避免与其他园区产生不良竞争，通过形成自身的核心产业形态和资源聚集优势，寻求社会、园区、企业的互利共赢，实现创新发展、融合发展和可持续发展。

【老总心语】

北京文化创新工场新媒体基地是大兴区老旧厂房改造的典型代表，也是近年来国家新媒体产业基地蜕变成长、转型升级的一个缩影。作为大兴区唯一的文创产业园区，国家新媒体产业基地将继续聚焦文化产业与科技、金融和城市精细化管理的深度融合，拓展产业领域，深化产业链条，构建"文化科技融合+平台"的产业发展新格局，努力将基地打造成为文化科技融合发展示范区、创新创业智慧策源地、数字创意产业引领区和北京建设全国文化中心的主阵地。

中关村 768 创意产业园

高校圈里的设计园

一、基本情况

中关村 768 创意产业园（以下简称"768 园区"）位于北京市海淀区学院路 5 号，占地 6.87 万平方米。园区地处中关村核心区，东临八达岭高速、奥运村，西接清华大学、北京大学、北京林业大学等，交通便利，高校科研院所密集，是北京市高知高智人群最为密集的地区之一。园区前身为北京大华无线电仪器有限责任公司（原国营第 768 厂），主要从事国防、科研及重点工程配套仪器的研制和生产。

2009 年年底，顺应首都产业结构调整和功能定位的需要，768 厂自身的科技产业外迁，在原厂区基地创建"中关村 768 创意产业园"，重点发展建筑设计、景观设计、互联网应用设计、数字多媒体设计等文化创意产业，致力于打造全国知名的、文化科技融合的"双生态"（产业生态和自然生态）文化创意产业园区。

目前，园区拥有入园企业 10 多家，员工 4000 余人，拥有专利 1150 余项，2017 年园区产值达 35 亿余元。

中关村 768 创意产业园大门改造前后对比图

二、改造历程

（一）1958年至21世纪初：辉煌历史

园区前身北京大华无线电仪器有限责任公司（原国营第768厂）始建于1958年，是我国最早建成的微波测量仪器专业大型军工骨干企业，主要从事国防、科研及重点工程配套仪器的研制和生产。经过50多年的发展，大华公司的产品已经覆盖了稳定电源、微波测量仪器、教学仪器、新能源等四大门类。大华品牌在行业内具有相当的知名度，随着我国军事科技发展进行不断的探索和创新，为我国工业体系建立和国防事业发展做出了突出的贡献。

（二）21世纪初至2009年：经营困境

20世纪末以来，由于社会体制变革、历史包袱沉重等原因，企业出现经营困难，科技研发投入不足，特别是2008年金融危机使得原定上马的大型合作项目被迫取消，工业基地几近荒弃。为摆脱困境，大华公司决定调整思路，在原有工业基地上创建文化创意产业园，盘活存量资源，摆脱企业生存困境，谋求持续发展。

（三）2009年至今：主动转型

2009年，大华公司顺应首都产业结构和功能布局调整的趋势，主动将主产业外迁，在原厂区创建"中关村768创意产业园"，园区定位为文化与科技融合的功能示范区，先进入高端产业，再逐步达到产业高端，建设全国知名的、文化科技融合的"双生态"文化创意产业品牌园区，输出768园区品牌，推动品牌效应的不断扩大与增值，实现传统军工企业的转型和可持续发展，同时，园区的建设为主产业科技产业的发展提供了强有力的支撑。

（四）空间改造

中关村768创意产业园B座1号门改造前后对比图

大华公司历经50年的积淀，生态环境良好，公司自南向北有6座苏式厂房，厂房挑高6~12米，遵循"保留原貌，不搞大拆大建；统一要求，保持厂房和公共空间外观的整体性和统一性"的原则，对其原有格局、厂房及大片绿地全部保留。同时，为了满足文化创意企业办公使用，对老旧厂房进行了抗震加固、外立面清洗、屋顶大修、重做防水等修缮工程；对外部公共区域进行了翻新道路、安装监控、示划停车位及健步走步道等工程；对配套设施如电力、消防、网络等进行了改造或新增；对原有绿地进行了整治，并重新规划和移栽植物。

每个入驻企业均对厂房内部进行了创意性的改造和利用。按照已经制定的园区整体改造规划和《园区企业装修和施工管理规定》，向园区企业明确园区整体风格和施工管理要求，尤其是外部区域的要求。这样，既满足了设计师们对独特空间的需求，又保证了园区外观上的完整和统一。同时，园区企业自行改造，既节省了改造时间，又节约了改造经费，达到了园区、租户双赢的效果。

在改造过程中，园区2万多平方米绿地全部保留，在此基础上，积极调动入园企业的景观设计、植物研究与设计、绿色节能设计、雨水花园设计等优秀资源，将园区的公共空间进行改造和升级，打造集创意、展示、交流、休闲等功能为一体的"自然生态"空间，实现共建共享。截至2017年，园区与入园企业建成立体绿化区1处、"雨水花园"7处、微生态景观10余处，升级园内绿地1万余平方米，未来将进一步对2万平方米的绿地进行升级工作。

中关村768创意产业园C座北侧面改造前后对比图

三、主要业态布局

目前，768园区的入园企业中，90%以上是建筑设计、景观设计、互联网应用设计、数字多媒体设计等创意设计类的企业。通过园区的引导、鼓励、支持，促进入园企业之间的互通、互补、互助，推动企业间的有效融合，园区内外产业资源的集聚效应显著，形成了广泛的交流与合作。如今768园区基本形成了四大产业集群：以知乎、摩拜单车、春雨医生、脉脉为代表的"互联网+"产业集群；以海致科技、彩云科技、蓦然认知为代表的人工智能产业集群；以上造影视、鱼果文化科技、即刻视频为代表的视觉设计和影视制作设计集群；以清华建筑设计研究院六分院、阿普贝思为主的建筑景观设计集群。

中关村 768 创意产业园集群业态和主要企业、特色

集群	代表性企业	特色
互联网+	知乎、春雨医生、脉脉、摩拜单车	互联网+内容、医疗、社交、共享经济
人工智能	海致科技、彩云科技、暮然认知	大数据、语音识别、天气预报等
视觉设计和影视制作设计	上造影视、鱼果文化科技、即刻视频	纪录片、虚拟演义、全息成像、IP打造等
建筑景观设计	清华建筑设计院六分院、阿普贝思、蒙草抗旱北京创意中心	建筑节能、节水、海绵城市、环境治理等技术全球领先

四、管理运营

（一）建立园区管理机构——自主运营模式

大华公司通过机构改革和重组，将原来的商贸公司、物业公司、房产科等与老工业基地运营和管理服务相关的部门进行整合，并抽调高学历、复合型的年轻骨干组建成"大华实业公司"，专门负责768园区的管理、服务与运营工作，做"持有型"物业经营。在园区运营过程中，采用"模拟法人制"进行内部独立核算、考评和管控。目前园区的主要收益来源为房租收入，其他收入有物业服务收入和增值服务收入，但占比较小。

（二）持续推进品牌建设

园区从战略上高度重视品牌建设工作，设立专门的部门、规划专项资金进行专业的品牌建设和推广。建园之初，对相关域名（768创意产业园.com，768创意产业园.cn，中关村768创意产业园.com，中关村768创意产业园.cn，zgc768.com，zgc768.cn）开展保护工作；并对"768设计创意产业园""大华768""柒陆捌"进行了商标注册，通过国家工商行政管理总局的注册审核，获得商标注册证。

在对外宣传上，一方面与北京日报、新京报、北京电视台、中关村杂志、海淀报等主流传统媒体长期保持着密切联系。其中，北京日报头版刊登的《768高校圈里的创意园》以及香港卫视播出的《768"双生态"文化创意产业园专题片》，极大地提升了768园区在国内外的知名度和影响力。另一方面充分运用QQ群、网站、微信平台等新媒体，为园区提供了一个宣传、展示、推广的平台。

（三）以"双生态"建设打造特色园区

768创意产业园积极研究首都城市功能定位和产业结构调整的趋势和要求，科学规划、创意改造、节约改造资金与时间，快速实现基地资源再利用；采取多种措施吸引优秀企业入驻，引导和鼓励入园企业共建共享768园区的"产业生态"与"自然生态"，保障和促进"双生态"园区建设，提升园区产业集群效应。

1. "自然生态"建设不是简单的"绿化工程"

在入园企业专家的指导下，768园区保留了原有的树种、小灌木、"杂草"，引进了节水抗旱性新植物。同时，积极调动入园企业的景观设计、植物研究与设计、绿色节能设计、

雨水花园设计等优秀资源，将园区的公共空间（包含绿地、老工业厂房等外部空间）进行自然生态方面的改造和升级。园区与入园企业建设的立体绿化区、雨水花园、微生态景观，既顺应了国家建设海绵城市的号召，又与园区企业的项目和科研相一致；既满足了园区企业进行项目科研和项目展示的需求，又美化了园区，实现了园区的节能环保与生态建设，大大提升了园区公共空间的生态性、低碳化、节能性和景观观赏性，达到园区与入园企业共同维护、升级绿化环境，共享园区的"自然生态"。

2. 引导、集聚形成产业集群，园区呈现"产业生态"

768园区建设之初就坚持创意产业园区的业态定位，采取多种措施，吸引优秀企业入驻，积极推动相关产业在园区集聚，建设共同促进、共同发展、跨界融合的"产业生态"园区。一是严把市场招租，入园的企业必须符合园区定位。园区不盲目追求"量"的集聚，而强调业态的统一和"质"的能力及潜力，在确定签约之前，对其相关资质进行材料审核和实地考察。二是充分让利，吸引优秀设计创意类企业入驻。大华公司为了吸引具有影响力和示范性的龙头企业入驻，对房租、物业等费用提供优惠或减免。768园区基本实现了"大企业带动，中小企业繁荣发展的局面"。三是引导园区产业集群，促进园区"产业生态"构建。目前，768园区的入园企业中，90%以上是建筑设计、景观设计、互联网应用设计、数字多媒体设计等创意设计类的企业。通过园区微信、网站等虚拟平台，图书馆、攀岩馆、咖啡馆、室外活动场等现实平台，文化节、推介会等交流平台，第三方服务机构等专业辅助性平台，以及文科中心、管委会的牵线搭桥，促进入园企业间交流、共享、合作、发展，形成"产业生态网"，

推动同一产业链条的上下游企业相互合作、同一专业领域的企业相互切磋、不同行业的企业跨界融合，互相提供专属性、创新性和差异化的服务。

目前，园区已经提供近4000个工作岗位，带动周边地产、服务、制造、娱乐、文化等产业近20亿元。未来，随着园区品质和入园企业品质的不断提升，768园区创造的经济效益和社会效益将更加显著。

五、案例评析

老旧厂房改造拓展文创空间，就老旧厂房产权方的需求来看，对老旧厂房的保护利用，既要能保留记忆，又要能再造辉煌；既要能发挥城市更新的功能，又要能体现原厂精神的传承，为原厂可持续发展服务。而中关村768创意产业园就是传承服务原厂精神的典范。

北京大华无线电仪器有限责任公司（大华公司）拓展改造关村768创意产业园，走出了一条国有企业自主运营管理园区，取得良好社会效益和经济效益的发展之路，成为传统工业企业建设文化创意产业园区的示范，也是北京市老旧厂房"腾笼换鸟"升级建设文创园区的典型案例之一。首先，768园区的运营管理方是原大华公司的人员，保证了传承的连续性。768园区将原大华公司内部管理服务部门进行整合，成立"大华实业公司"，专门负责768园区的管理运营工作。公司没有豪华的办公空间，有的是简陋的办公室，传承了老军工厂艰苦奋斗的精神品质。其次，768园区的自主运营模式，由于没有租金压力，对入园企业提出更高的要求，保证了入园企业的质量，这样有利于园区的转型升级，形成鲜明的园区特色。再次，保留老厂记忆，环境改造宜人，吸引原厂工人经常"回家看看"。园区保留下来

"大华厂印迹"的厂史林，厂史林讲述了大华厂1958年建厂以来的历史和成就。园区内基本的建筑结构、绿地等都没有大的改变，花草树木基本上还是以前的花草树木，引进了节水抗旱性新植物，调动入园企业雨水花园设计等优秀资源，将老工业厂房外部空间进行自然生态方面的改造和升级，环境更加宜人，这些都深深吸引了老厂的工人经常回来看看，充满了回家的感觉。最后，768园区在取得经济效益的同时，更加注重社会效益。园区与大华公司血脉相连，其良好的运营为其母厂大华公司发展带来了稳定的现金流，通过反哺提振了大华公司职工建设、发展企业的信心。同时，利用大华公司的科技产业服务于园区，形成了园区产业支撑科技产业、园区发展反哺科技产业提升、园区产业和科技产业共同发展的良好局面。目前大华公司科技产业在电源、微波及微波应用、新能源等领域均有了实质性突破，未来发展潜力巨大。

768园区在发展上充分利用周边高校林立的区位优势，以及高知聚集，设计、科研、创新创造氛围浓厚的环境特点和人才优势，合理定位，达到了双效统一，探索出来一条自主经营、反哺母厂的发展转型之路。同时，768园区管理层面对激烈的市场竞争，直面自身存在的问题，主动谋划园区的升级改造。加强综合人才的培养和引进，不断提高管理人员的业务水平和服务能力，实现专业的人做专业的事，进一步提升服务平台建设，为品牌输出做好软硬件准备。

中关村768创意产业园俯瞰效果图

【老总心语】

大华公司（原国营第768厂）把传统老工业基地打造成文化科技融合的"768创意产业园"，依靠的是老军工厂艰苦奋斗的精神和不忘初心与时俱进的品格。未来，我们将继续积极地释放积淀了六十年的"国家队"的创新潜力，不断开创768创意产业园文化创新、科技创新的新征程。

梵石 ITOWN·西店记忆

铁路编制的文化记忆

一、基本概况

梵石 ITOWN·西店记忆位于北京东四环与东五环之间，距离 CBD 国际商贸区 5 公里。园区占地面积约 260 亩，建筑面积约 80000 平方米，原始基地是被数条铁轨割据出的一块城市边缘地带，共分为三期开发，目前一期工程已完成，二期工程正在建设，三期工程处于规划阶段。园区隶属于梵天集团，成功打造了梵悦·万国城和梵悦·108 等住宅项目。梵石 ITOWN 是梵天集团新产品，从规划设计、产品定位、产业升级、管理运营等方面进行创新，摒弃了传统的租赁运营模式，打造成一个集办公、商业、生活于一体的复合小镇，实现从普通文创园区到全生态文创产业链资源平台的搭建。

梵石 ITOWN 大门

二、改造历程

（一）改造前概况

园区的前身是高碑店西店村建设的119厂房，原建筑多以砖墙厂房为主，由于长期对外出租，私搭乱建现象较为严重，是东四环与五环间较大规模的棚户区，后来变成低收入群体房，多数由村民零散建造，没有统一规划与设计，尺度、材质、结构形式混杂，质量参差不齐，人口密集，内部环境恶劣，公共交通极为不便。南北向京包铁路和东西向京秦铁路穿过园区，每隔5分钟就有火车驶过，产生一定的噪声影响，不适合办公和居住。

梵石ITOWN改造前情况

（二）改造策略：现代审美的建筑构想

作为城乡结合的特殊生产性空间，园区原有厂房和独院空间具有较强的时代文化属性，适宜作为文化创意产业聚集区和展示区，加之地处国家文化产业创新实验区，实验区覆盖了北京约90%的IP企业，能够为园区提供大型传媒企业，毗邻中国传媒大学便于人才资源的输出，具有发展影视文化产业为主要业态的有利环境。

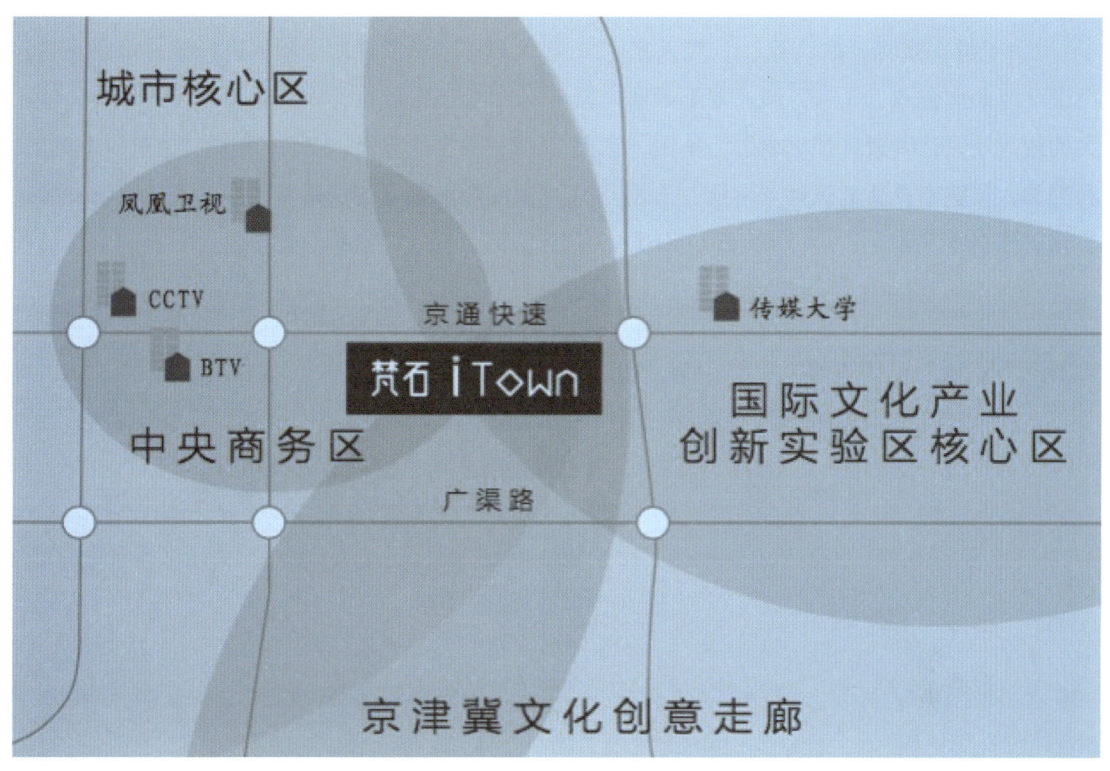

梵石 ITOWN 区域优势

1. 改造亮点

（1）园区的建筑材料与建筑风格相融合，整体呈现出一种片段组合、多样共存的状态，让人有一种不仅可以工作、消费于此，同时也可以生活于此的感觉。

（2）在园区改造设计过程中，设计师在为建筑赋予小镇理念的同时，保留了历史的空间。建筑中有老旧厂房因素的保留再现与强化，沿着建筑外轮廓重新建造并露出结构骨架的弧形金属屋面，以及保留的原始红砖墙，既满足商业建筑标志性需求，也保留了厂房的历史。

梵石 ITOWN 改造后建筑内部 1

梵石 ITOWN 改造后建筑内部 2

（1）统一规划，联合设计。梵天集团作为设计驱动型企业，具备万科、龙湖等业内强大的规划及设计背景，加之中国、美国、意大利三国六位城市更新建筑师刘宇扬、王硕、刘宏伟、于爽（美国）、Andrea Grottaroll（意大利）、唐康硕对于项目进行统一规划及联合设计。园区的设计团队记录下每一个单体楼和每一栋楼的界面、立面、结构、植被以及细部，试图最大限度的保留其原有的建筑特色及时代印记，并以最佳的形式再现。

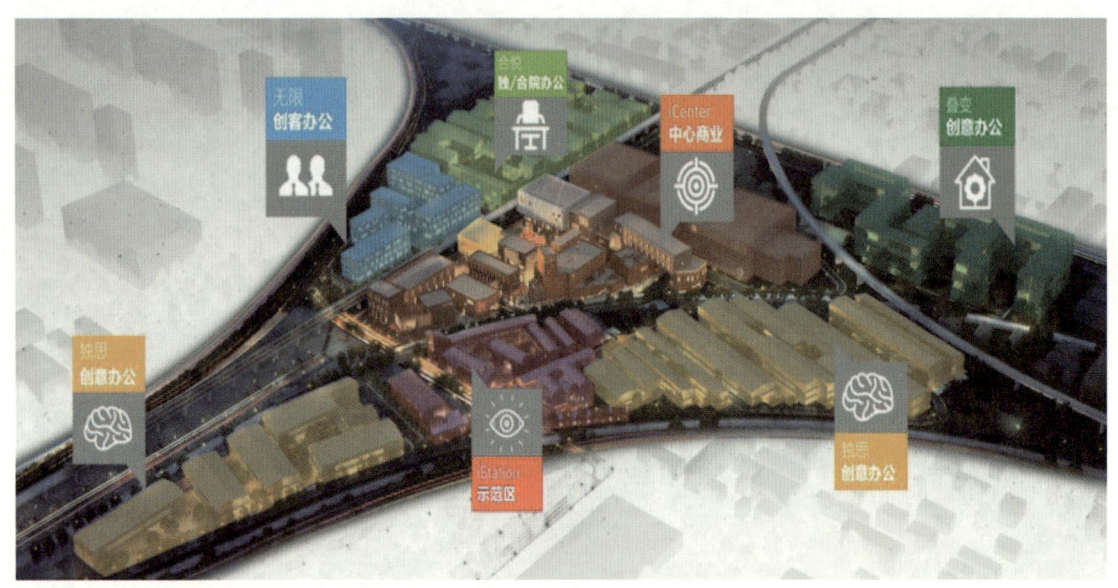

梵石 ITOWN 整体规划

改造后 ITOWN 整体建筑面积约 8 万平方米，规划为三期开发。

一期分为示范区、园区北侧 B 区、南侧 C 区三期开发，园区办公部分命名为独思，空间面积在 200~500 平方米之间，可以进行任意组合拼接，既可以作为日常办公室，也可以作为展示主题空间，拓展园区商业性，是为中型企业定制的灵活办公空间。

二期是整个园区形态最为丰富的区域，规划了合悦（大面积独院、合院办公）、无限（大中型企业办公）以及 iCenter（中心商业）三个部分。合悦面积在 400~3600 平方米之间，企业可以选择与其他企业共享办公空间，也可以拥有一个院落独立办公，享受开放共享，又可以拥有独立空间，是为总部型企业定制的大面积办公业态；无限产品面积约在 1100 平方米，区域内自由开放、多维度办公，提供高端设施与贴心服务，企业可以在这里展示产品，也可举办先锋论坛，也可做健身娱乐设施空间，是更适合大中型企业的多功能办公空间；iCenter 不止是园区内的商业空间，更是小镇生活的策源地，24 小时不间断提供服务，更适应现代化企业办公。

三期仍在规划中，未来将要建成单元式类独栋、双拼、联排办公，命名为叠变。

（2）交通调适。园区交通较为闭塞，项目开发前期仅有一条方家村路通往项目，道路极为狭窄且环境恶劣。基于发展长远交通规划，园区在建造之初专门疏通了附近的两条涵洞，作为连接百子湾及广渠路的交通。其后，园区引入了小镇班车及小镇接驳车，将企业员工送至公共交通站点，方便客户上下班，后期还将导入园区公交车，让员工出行更加便利。

三、业态布局：构建影视 IP 生态链

园区宣传定位为"制造 IP 的小镇"，用"IP 小镇"取代了常规市场上文创园区的概念，为影视文化创意企业量身打造一个 IP 资源平台，让园区内部企业实现互动、创造流量、创造商品甚至创造商业机遇。

目前，ITOWN 示范区及一期招商已经全面完成，二期招商也已过半，园区入驻企业将近百家，包括湖南广电乐田智作、浙江卫视等广电卫视平台，唐季礼工作室、文隽影视、孔笙导演工作室、刘天池表演工坊等知名导演工作室，壹心娱乐、乐漾影视、艺璇经纪等知名影视明星经纪公司，还包括业内演员培训、影视制作及影视投资公司，以一合梦想、大合传媒为主的音乐制作类企业，以 24 格、梦田为主的明星专属创意服务企业，已经形成了一条完善的以影视 IP 延展的全生态产业链。

四、运营管理：打造情感共同体

2016 年中旬，ITOWN 团队完成了项目定位的全部梳理工作，作为梵天集团旗下的轻资产改造及运营平台，园区定位为梵石平台可复制化的新产品系列，即针对一线城市、针对文创企业的低密度复合小镇。园区想要打造的不只是通常意义上的办公空间，而是一种全新的生活办公方式。针对影视文化创意行业的特殊 IP 属性，满足入驻企业在建筑空间上的需求及对创意、对氛围、对颜值的要求。

（一）聚集 IP 资源

园区利用自身资源，仔细甄选入驻企业，聚合影视产业的 IP 资源，实现影视产业各环节、多维度商业业态的复合，在为企业提供发展空间的同时，提升园区整体的知名度与影响力。

（二）完善配套设施

园区以企业为导向，作为办公生活空间，园区提供丰富全面的生活配套设施，为园区企业和众多员工服务，包括 24 小时便利店，北京首家、唯一一家科技光影餐厅，零售空间，方便员工上下班的园区班车，集展览、住宿、商会会谈的设计师酒店，北京第一家光影艺术馆、强调文化创意的生活美学街，在工作的同时享受生活。

（三）助力企业联动

园区中专门建设集论坛、沙龙、展览为一体的专业多功能展厅，融合巨幕、IMAX 厅、艺术院线的首映礼电影院，提供影视产品创作、生产、发行的各个环节所需的硬件设施，打通上下游产业链，助力企业更快发展。

（四）融洽合作氛围

企业合作需要资源互补，也需要融洽的氛围。为打造"左邻右舍"般的工作氛围，园区在节日时会为各个企业员工送礼物，同时举办各种活动鼓励企业间建立自主联系渠道，针对影视产业从业者有活力、有创意的特点举办活动，如"全国啤酒代表大会""独思·和鸣爱 TOWN 之夜""Office 有鬼 ITOWN 万圣节狂欢趴""与 ____ 在一起 ITONW 音乐趴""赶趟儿 ITOWN 的快闪市集"等年轻人喜欢的活动，为员工创造把酒言欢的机会，在交流中迸发灵感。

（五）未来发展目标

未来规划中，园区将重点打造影视传媒全产业链，面向影视公司、传媒公司、创意文化、艺术设计、会展活动、互联网等类型企业进行产业导入，建立一个服务平台，让园区内部企业实现互动，实现最大程度的产业闭合。同时也将开展多样化多类别的品牌合作，甚至进行自品牌的搭建，以此增加园区客户黏性及园区品牌效应。以 IP 为关键词，实现园区企业间平台资源共享与互动，以期制造更大的 IP。

梵石 ITOWN 举办活动

梵石ITOWN"车站"内部设计

五、案例评析

梵石ITOWN·西店记忆最大特色在于精美的空间设计、超前的理念，以及对周围环境的巧妙利用，在所有建筑之中，被铁路分割、面向铁轨、永远只能等候不能上车的"车站"是园区中最具标志性的空间。现代设计与旧铁轨交织的设计，让身处其中的人体会到老旧厂房的真实历史、现实世界与设计师理念三者之间的联系，在日常生活中营造出具有历史气息同时令人惊喜的"场所感"。在高铁和"互联网+"的时代，铁路轨道已经不知不觉地转化成为一种怀旧的标志：它承载着一代人的集体记忆，它让我们与中国的现实接轨，它是窗外一道移动的风景。从园区目前发展情况来看，并没有很好利用"铁轨"这一得天独厚的文化资源，仅作为园区环境中的一个亮点，借助其提高园区附加值。园区在未来发展过程中可以进一步挖掘"铁路"与"铁轨"的潜在价值，举办特色活动、开发文化产品、拍摄主题影片，培育新IP，成为带动园区发展的增长点。

通常情况下，由老旧厂房改造的园区土地为工业用地性质，无论是空间设计改造，还是配套设施建设都有较大阻碍。但是西店记忆园区土地为农村集体用地，既可以建设公共设施与公益性项目，也可以建设各类配套生活设施，这为园区建设带来极大便利，使得园区建设在众多园区中脱颖而出。园区用"IP小镇"取代了常规市场上文创园区的概念，这里不仅是工作空间，更是生活空间，这样的空间设置拉近了员工与园区的距离，让园区更具亲近感。如今园区拥有灵活多样的办公空间和相对完善的商业配套，营造了较为完善的园区场景，形成产业上下游联动，带动整个园区发展。

【老总心语】

由梵天集团主导开发的梵石ITOWN•西店记忆，是"国家文化产业创新实验区"重点园区，得到了政府的高度支持。

作为一个城市更新项目，梵石ITOWN•西店记忆在延续原有"火车记忆"的基础上，注入国际团队的设计智慧，实现了工业遗产的华丽转身。

位于北京传媒产业带核心区域的梵石ITOWN•西店记忆，是一个为影视文化创意企业量身打造一个IP资源的平台，无论是规划设计、配套建设，还是园区运营，都做到了"深度定制"。

我们所做的这一切，都是为了让品味相同的人聚在一起，他们必然会互相产生反应，发挥更大的光和热。

第二部分 运营篇

尚8

品牌式、连锁化经营文创产业生态圈

一、基本概况

尚8文化集团成立于1997年，发展于2007年，尚8 logo中的"尚"是时尚北京的象征，诠释着中国道家"三生万物"的时空美学；"8"不仅是美好的寓意，更是表达无限延展、无拘无束的创意思想。在时间与空间的经营拓展中，尚8一直保持着"城市、时空、创新、孵化"的经营准则。目前在京已有20个项目。

尚8项目分布图

尚8在1997年开始在北京将工业厂房及仓库改造为文创园区；2003年开始参与策划多个老旧工业厂房改造项目；2007年正式创立尚8品牌，开始探索连锁化经营的道路；2009年为加快品牌在文创领域的投资，开始布局文化产业内容板块；2014年尚8启动创建跨地域、跨产业的园区发展模式，依托园区内资源平台实现园区产业生态圈的构建，产业内容板块布局艺术、设计、新媒体等9大领域；2016年尚8顺应文化与科技融合的产业优势，以数字经济与媒体结合创新探索艺术文化的时代表达，开始打造文化科技融合的园区项目。

二、改造历程

尚8改造的类型主要集中在老厂房、古建筑、老学校和低效存量物业四种。城市中心的老厂房容易面临拆迁的问题，例如其1997年北京汽修六厂的项目，就已经消失在北京城市化的进程中。为了规避这一风险，尚8确立了几个物业的选择方向，除了老厂房外还加设了其他符合条件的楼宇。同时，采取和产权方合作的方式，也能较大程度规避后期风险。尚8最早期的运作方式，就是把厂房整体租过来，经过二次改造后再引驻企业。而后期则开始采取和产权方合作的方式，例如位于原中法大学、中国社科院研究生院的项目，就是采取和产权方合作的方式，每个园区都各有特色。

譬如尚8设计广告园，前身曾为北京化工机械厂，2006年迁往亦庄开发区。原厂址位置在西大望路27号，仍保留部分设备坚持生产。2016年开始，该厂拿出其中74幢原为阀门车间的厂房进行文化园区的改造。2017年，尚8集团租赁该车间改造为尚8北京设计园区，面积6100平方米，主体为文创办公，配套为攀岩馆。

厂房内部开阔，可以作为各种活动的载体，顺应建筑物本身的优势尚8将其改造为公共活动区域，增加了空间的通透感的同时营造开放的氛围。

厂房改造前示意图

厂房改造后示意图

办公区域楼梯间的设计采用白色为主，原本工业遗迹的晦暗压抑消失殆尽。

走廊改造示意图

三、业态布局

自20世纪90年代，尚8文化积极发展文创产业，在北京建立起文创产业集聚区，汇聚文化创意、广告传媒、艺术设计类的文创企业，顺应了当时文创产业发展的政策东风。尚8文化积极打造文化创新因子集聚，优质服务于文创企业的专业化平台。尚8里文创园、尚8国际广告园、尚8设计+文化创意产业园等园区的成长与发展，为国家的文创产业发展带来强劲助力。

伴随着国家文创产业的脚步迈进，文创产业与其他相关产业融合发展成为新的战略发展导向。在首都创新驱动发展战略下，科技为文化发展植入更多的创新基因。加快文化与科技的深度融合、着力驱动文化创新成为文创产业发展的战略方向。尚8文化紧跟国家政策风向，布局文化加科技的产业园区。带来了尚8国际创新园、尚8京环双创园、尚8北京设计园区等项目的优势发展。重点引驻文创设计、艺术创作；信息技术、科技互联网等相关产业。以"创新"为核心力量，构建基于互联网的开放式"双创"平台，推动以文化为内核、科技为载体的新兴产业体系化发展与规模化应用，打造以科技为核心竞争力的新兴文化业态。

在北京市加快科技创新推进高精尖产业发展的优势浪潮下，建立京城尚德智能智造产业园、尚8京仪科技园、远东科技文化园等优质园区项目。打造产学研一体化产业基地，培育"互联网+智造业"新模式。引驻智能制造、大数据、设计研发等企业，主推布局科技产业的引领发展。园区重点涉及艺术、新媒体、设计、广告、摄影、动漫、影视、收藏和教育方面，已累计投资50多个项目。

四、管理运营

园区的运营围绕文化消费、公共文化服务、文化产业培育和提升三大方面，将打造创新创意创业的"三创"有机文化生态圈为核心，链接运营、服务、投融资和产业孵化四个板块，基于连锁化经营及分布式项目布局，建立线上线下O2O运营服务平台，提供全方位的专业化文化产业服务，引导企业自适应，促进其自循环自生长，打造有机文化生态圈。

在产业平台搭建上，以构建垂直化服务平台为主，着力于公共协作服务平台和公共文化体验中心的建设。案例有全球设计师众创平台"+86"、中欧艺术人才交流推广平台"艺术8"、新媒体传播推广平台"半月谈新媒体"等。尚8对于公共服务平台项目的总体目标是打造一个在物理空间上传承传统工业建筑形态、精神空间上促进人文交流与现代国际文化交互融合、在产业空间上强力搭建文化创意产业关键要素的公共服务平台。服务平台项目的打造，突破了尚8传统产业园的运作模式，通过资源整合和深度经营，打通了配套商业与产业链条的上下游业务，实现可持续、稳定而有系统的发展模式。在合作伙伴上，尚8除拥有大量国际资源外，还与政府、行业协会、高等院校等开展合作，目前已涉足9大文创产业领域，入驻超过500家中小型文创企业。

五、案例评析

尚8在探索文化创意产业园区的过程中，不断地突破原有模式，从传统物业型服务平台，进化到园区运营方为入园企业提供软硬件相结合的综合服务的产业服务平台，再到以整合产业资源实现产业融合发展，以合作共赢理念打造基于产业链为核心的创新生态圈的公共协作创新平台。尚8对未来文化创意产业园区的构想为在产业集聚、产业融合的基础上，重点突出产业孵化、源头创新，打造产业创新平台网络。除此之外，园区还有以下三方面亮点。

（一）连锁化运营，文化资源赋能

尚8文化在京打造二十余个连锁文创园区，千余家文创企业资源，形成优势规模效应。文创资源互融互通，资源赋能，充分发挥高效文化资源的集聚与外溢，实现以产业链上游入手，从供给侧发力，深入发掘创新文化产品，利用尚8品牌促进文创产业优势发展，形成资源导入共融共享模式，发挥文化产业"高地"的带动作用。

（二）社区化群落式，社群文化丰盈

尚8文化在各个园区打造出丰盈的社群文化，为入驻企业带来贴心的运营服务。打造园区特色社群：8号社区——园区社群文化节。为园区构建起一座沟通协作的桥梁，打造富有生机活力的社群文化圈。

（三）国际化资源，中欧艺术交流胜地

依托于尚8文化多年来积累的国际文化资源，打造集艺术创作、展示、交流、交易、投资、教育、服务为一体的全产业链共通平台，实现文化艺术领域产业链、资金链和服务链的全面整合，形成以"原创"为核心的文化艺术产业园区，成为今日延续中欧文化交流、文化艺术的创新之地。

尚8在十年经营的过程中，逐渐摸索了一套自有的经营模式，与二房东式经营理念不同的是，尚8在老厂房改造初期就已经有了整合行业资源并为其提供创业服务的先行思路。通过对入驻项目的筛选，本着"用户优先"的理念，尚8紧紧围绕用户需求，将空间资源、资金资源、服务资源、社群圈资源整合形成独有生态模式，在空间资源上，尚8拥有众创空间、孵化器和功能园区；在资金上，尚8可提供社会资本、政府扶持资金和自有文创投资资金；在服务上，尚8可提供商务、产业、生活三种服务；在社群圈上，创业社区、文创产业交流平台、全媒体三方位协助用户发展。

尚8在经营上遵循4321理论：40%的物理空间作为商业空间；30%为艺术空间，譬如艺术展览馆、美术馆等，凭借艺术公益项目进行资源整合；20%做孵化器，包括园区孵化器和文创类项目孵化器；最后的10%做文创类创业项目投资，为进入到园区的创业项目提供陪伴式服务和进行股权合作的可能。截至目前，尚8已投资了50余家文创企业。

从尚8的业务结构来看，商业出租业务在之前占很大比重，但自非首都功能疏解以后，之前高耗能低产能的企业即将撤离北京，而大量存量资源如何有效利用未来将成为尚8又一次挑战。

【老总心语】

当1997年，我有机会将闲置的老厂房改造利用，为做文化的朋友们提供工作室的时候，我正有种时下流行的"穿越"之感。这些老厂房，连接着我父辈们的往昔荣光，连接着我童年小伙伴生龙活虎的嬉戏片段，更连接着与我志同道合的文艺哥们儿的青涩梦想。

一路走来，我和团队一起创造"尚8"品牌，从老工厂中汲取新能量，始终坚持着珍藏与创新并存的理想，为打造文化价值生态不断努力。"尚8"不是我一个人的，她属于这个时代，是大家共同拥有的"文化场"。她将成为流传久远的品牌，引领中国文化产业的发展方向，成为前行的榜样与文创界的行动派。

郎园 vintage

有温度有温情的精神家园

一、基本情况

郎园 vintage，位于北京 CBD 核心，前身为北京万东医疗设备厂，建筑规模 2.9 万平方米，2009 年老工厂腾退以后由首创置业接手进行旧工业遗址资源保护与提升，改造为文化创意产业园。2010 年开始运营至今已有 8 年多，郎园 vintage 已成为一处以"创意办公 + 体验式商业 + 艺展中心 + 设计型餐厅"为四大主要业态，同时涵盖多个孵化器 + 联合办公、多个高端定制设计品牌，以及丰富的文化艺术活动、品牌发布和社群活动，是集创意、时尚、人文、艺术、美食等多种元素于一体的文化创意产业园。

郎园 vintage 建筑图

二、改造历程

郎园 vintage 基本信息

郎园 vintage 基本信息	
地理位置	通惠河北路郎家园六号
占地面积	2.34 万平方米
建筑面积	2.9 万平方米
房屋数量	各式厂房建筑 17 栋
房屋年代	20 世纪 50—90 年代
房屋保留情况	建筑保留完好，工业特色鲜明

郎园 vintage 建筑分布

（一）建筑改造理念：修旧如旧，保留城市记忆；坚持低碳环保，建设数字化园区

郎园保留了原来的老旧厂房、办公楼、宿舍楼、员工食堂等旧建筑，并在全新业态定位和使用功能需求基础上，进行了工程改造。建筑改造主要包括园区界面规划、园区布局规划、园区动线规划三个方面。

1. 园区界面规划

园区的界面由大门、围墙及临界外墙的建筑组成，园区快捷通达长安街。起先由于项目靠近通惠河北路，北面只能设为行人出入的小门，之后和CBD管委会商讨，启动了孵化工程，重新改造了北大门的环境，不仅为园区增加了停车场，同时把北大门延伸到了长安街旁，开通与园区消费圈、商务圈接轨的"黄金通道"。实施效果也使之实至名归的成为CBD核心商圈亮眼的一个厂区文创园，同时带来了良好的经济收入。

2. 园区布局规划

园区主要建筑共计17栋楼，在建筑布局上依然延续之前的分布状态，在对园区每一栋建筑进行测量定位后，为园区布局划做了充足技术准备。为了增加18号楼的建筑采光，拆掉了位于其北侧的一栋平行楼体及南广场的平房。在建筑改造过程中，尽量保留原有建筑的外立面风格，保留原有的一草一木及爬藤，使得园区建筑景观环境古朴、安静，园区小品颇显艺术特色。

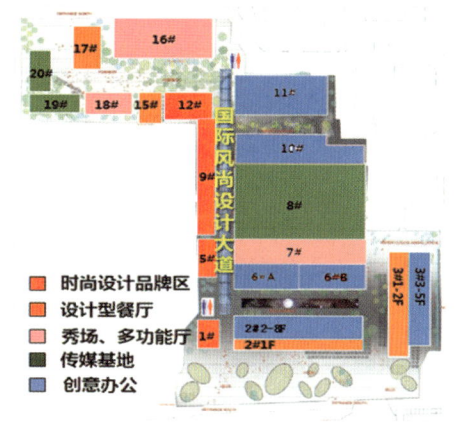

郎园vintage功能区域

3. 园区动线规划

园区原设有4个出入口，北边为2个，南边为2个，出车进车口均为南边，北面2个出口均为行人出入口，车辆不通行。而南北门均开在园区主要道路上，不利于园区客流的逗留、消费；另外，主路上的南北门的开启，使园区出现商业死角，不利于商业消费。

经过动线规划后，园区改为2个出入口，北边设1个，车辆进出北停车场，南边设1个，车辆进出南停车场；为保障园区环境的舒适、安全，园区规划为人车分流。改造后，使得整个园区动线没有死角，有利于商家经营；园区的静动分区，使环境更舒适、安全，得到商家的认可好评。

郎园 vintage 改造前建筑景观图　　　　　　　　郎园 vintage 改造后建筑景观图

三、业态布局

郎园坚持以"文化+科技为核心"业态定位聚集了一大批文化创意企业,精选文化企业,经过3轮产业升级,形成一个业态复合、文化活跃、黏性极强的文创园区。

郎园 vintage 业态发展变化表

时间	主导业态	代表企业
2011—2013 年	传统传媒类	凤凰网、陈可辛工作室、种子音乐
2014—2015 年	互联网企业	穷游网、尚品网
2016—2018 年	影视+知识共享	腾讯影业、在行、分答、得到

以"意识形态正知正向、主营业态符合园区定位、办公环境符合园区氛围、企业文化开放共享"为选商标准,目前主要聚集了 7 个类型的文创企业。

郎园 vintage 企业类型分类

企业类型	代表企业
知识共享类	果壳网、在行、分答、罗辑思维、得到
影视文化类	腾讯影业、开拍学院、五洲发行、万达院线、正觉文化、卓然影业、金诚文化
新闻传媒类	CCTV 北京记者站、京视传媒、BTV 全资控股
艺术设计类	郎 house、香知凝、沐迪珠宝、Lily Garden、璞木工坊、刘周珠宝、桔子树
文化金融类企业	千和资本、新鼎明、耀盛
网红经济	咪蒙工作室、闹闹工作室
创意餐饮	RADICI 根垆、然食堂、Meeting someone、阿潘答日和美炉不相离餐厅

四、管理运营

（一）运营理念

郎园以"开放、包容、共荣、共享"为运营价值观，经历了2010—2011年改造期，2011—2013年搭建公共服务平台期，2014—2015年有意识地开始孵化文化内容阶段，2016—2018年重点做科技文化融合，开始输出郎园的文化内容这四个阶段。

郎园以"文化大院儿、邻里氛围"为运营理念，搭建金融服务、孵化服务、品牌推广、文化交流、艺术服务、生活服务、会员服务、线上服务等八大服务平台，将园区位置最佳的两栋老厂房改造为兰境艺术中心、虞社演艺空间独力运营，作为服务CBD的共享文化艺术空间。

（二）运营思路：鱼塘生态，养鱼先养水

郎园以"养鱼先养水"的思路运营园区。郎园以经营有温度、有情感的园区为目标，以大院儿文化、大学文化作为核心园区文化。每年园区组织郎园文化节、戏剧节、电影自习室、郎园大师课、长街露天火锅趴、公益跳蚤市集等丰富活动。根据园区企业主营业务，和园区企业一起打造民间共享空间和资源共享活动，如荟读书馆的藏书共享、纪录片放映和读书沙龙、IdeaPod共享艺术办公的各类讲座等。一年400场线下活动，活跃园区氛围，培育了园区的文化生态环境，增强园区内部黏性，企业与企业、企业与园区联系紧密，互动频繁。园区把文化氛围比喻成"水"，企业就如同"鱼"，企业的环境好了，有利于企业发展，这就是郎园的"养鱼先养水"的思路。

（三）搭建平台

（1）品牌推广平台：园区保留了原厂区的大食堂，大概一千平方米的空间，作为园区企业做品牌推广和发布会的空间，这个平台一直坚持为园区做品推。

（2）文化交流平台：园区从2012年开始着手做郎园国际创意文化节，到2017年已经连续举办了六届。经过6年沉淀，郎园国际文化节已经不仅仅是园区内企业的一个欢乐party，更多的是已经承载了很多社会功能：现在它是北京市文博会的分会场、北京设计周分会场、CBD商务节分会场，有时候也会承担国家文创实验区的文化产业分项活动。

郎园vintage举办活动

（3）线上交流平台：郎园的线上交流平台非常活跃。官方微信、微博都是独自运营的，还有几十个特别活跃的线上社群，使得很多园区线下的活动通过线上的交流平台和粉丝们互动。

（4）会员服务平台：打造了一个服务全园区的会员服务平台，每周定期开设瑜伽课、太极课、油画课等，还会有一些刺绣、香道、插花类的活动。这些都是非赢利的模式。这个会员平台更多的服务于园区的中层，能够使一些企业有一些碰撞，产生一些新的模式。

（5）生活服务平台：生活服务平台是针对园区的所有员工们，丰富他们的工作之外的生活，链接了丰富的外部资源。

（6）教育平台：郎园强调共享理念，基于现在所有的企业资源，激发出做教育的想法。2016年和北青教育传媒共同打造了北京青少年自主教育营地，将郎园的所有企业资源提炼出13门课程及相应的职场导师，这13门课程对于孩子们来说是特别实际的接触社会的职业课程。到目前为止，郎园的北京青少年自主教育营地已经接纳了十多所学校，这些学校都是海淀名校，像101、5中、4中、清华附中，大概有2000~3000名学生来过郎园，有5门课程已经被北京市教委采购。

郎园vintage举办活动

五、园区评析

作为CBD核心特色最鲜明的文化创意产业园，郎园通过8年时间深度运营文化产业，大院文化、鱼塘生态早已深入人心。园区内提倡的企业间深度合作、产业跨界、新型业态的孵化与成长体现了郎园的产业孵化职能。通过深度介入一些高新技术企业和鲜明特色的文化企业的业务经营层面，促进科技与文化的深度交融，为科技与文化融合发展摸索出一套全新的模式。

通过实践，拥有了自己的园区经营内容：通过兰境艺术中心，进行艺术实践，整合了一些艺术家资源，打造了一些更加城市化的复合式艺术空间，它集艺术展览+商业活动+艺术联合办公+艺术餐饮+艺术品经纪于一体，是将艺术与商业化运作很好结合的一个模型。从中孵化出来的新媒体艺术展，已经成了一条独立的艺术线。

郎园所运营的影视文化板块、文学赏析、大师课系列、音乐绘画艺术等都得到周边商务精英的深度喜爱。通过聚拢一大批品牌性文创企业，并为之提供跨界服务、经营服务、品牌推广、艺术和文化交流等其他创业延展服务，进一步发挥集聚融合、带头引领作用，以点带面，提升对全市文化创意产业功能区的空间带动能力。

作为有国企背景的郎园肩负起一部分教育和公共文化服务的社会职能，试图传播正能量、正知正向，营造出一个有温度的产业园区，并在经营的方式和观念上不断摸索和创新，从传统的园区运营业务到拓展成生态营造，再到品牌内容输出，这为有待转型升级的传统文创园提供了可以借鉴的思路。

整个园区建筑物的外立面没有过多的变化，但是所有的市政条件、基础设施的更新保证了所有的办公需求。在不影响保留建筑整体形象的前提下，可以更好的改善园区的艺术风格，使园区的艺术氛围更加厚重。

【老总心语】

郎园vintage作为北京最早的老厂房改造文化创意产业园，见证了北京文创园从月明星稀到花开遍地的一路风景。我们是北京文化产业发展的见证者，深切感受到文化这股浪潮正在向我们席卷而来。从20世纪工业化发展时期走来的首都北京，如今已进入到城市更新、文化更新的发展新阶段。首都功能的变迁、人们对现代生活追求的变化，给这座既古老又现代的国际大城市提出了全新的发展命题：拥有丰富的工业遗址资源的北京，尤其是朝阳区和石景山区，未来发展文化创意产业将大有可为。郎园有幸参与其中，并亲历这个伟大的时代。

京东方恒通国际创新园

建智慧生态，筑城市文化

一、基本概况

（一）历史沿革

京东方恒通国际创新园前身为松下彩色显像管厂。1987年9月8日，在邓小平与松下幸之助的共同倡导下，松下与北京市和中华人民共和国工业和信息化部等有关单位的4家企业合资成立了北京·松下彩色显像管有限公司。但仅在20年之后，受显示技术更新换代的影响，北京·松下彩色显像管有限公司宣布停产。同年12月，京东方科技集团股份有限公司收购了松下持有的全部股份，开始了企业的转型升级之旅。

（二）区位介绍

京东方恒通国际创新园地处朝阳区酒仙桥北路9号，交通相对便捷，临近机场高速，酒仙桥北路，14号线望京南站，12号线高家园站、酒仙桥站。北部为望京公园，南部一路之隔为798与751艺术区，西部紧邻望京商圈与中央美术学院，东部靠近电通创意广场。

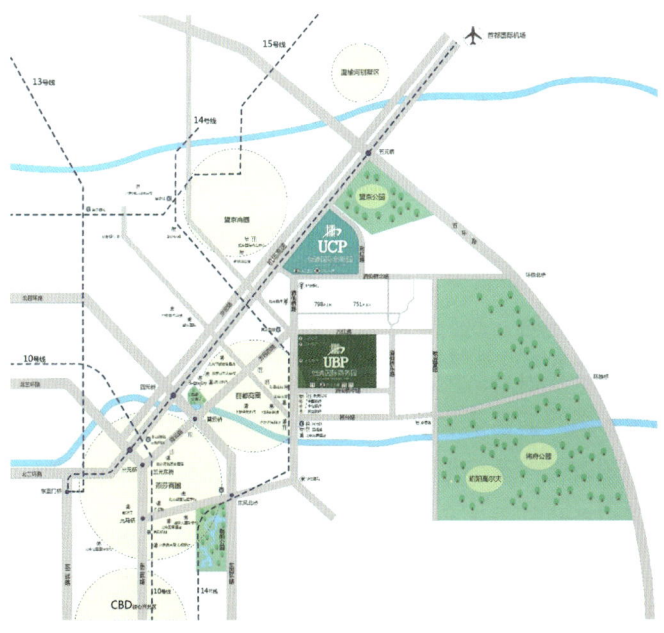

京东方恒通国际创新园（UCP）区位图

二、改造历程

（一）京东方恒通国际创新园转型历程

2009年历经停产、收购的困顿之后，京东方科技集团股份有限公司开始进行产业改革，并于2013年完成京东方恒通国际创新园的全部转型过程。

1. 2009年：构造改革、调整稳定

受产品替代冲击，松下彩色显像管厂连年亏损。在中日双方股东进行产业调整之后，日本松下将其所持有的50%的股权全部转让给了中方股东京东方科技集团股份有限公司。

2009年，京东方恒通创新园生产全面停止、组织体系及人员发生重大变化、历史事项集中爆发，导致固定成本负担沉重、新事业战略定位不清、新组织体系尚未建立、市场渠道缺乏、专业能力不足。

2. 2010年：停产善后、转型探索

为了快速稳步的推进产业结构调整，确保存量资产价值回收最大化，同时加速新事业企划开发进程，确保现金流为正，京东方恒通国际创新园开始透明化处理剩余材料及三期、一期设备，资产处置收入5500万元。完成国外供应商全部赔偿，国内供应商完成7家，总计赔偿金额比诉求金额减少3502万元，回收应收货款5250万元。

京东方恒通创新园根据中国社会发展的总趋势、北京市产业功能的定位、政府对区域的总体规划、土地及厂房等优势以及中方股东的行业经验及专业能力，最终确定了公司未来的发展规划，即：利用现有厂房及土地资源招商引入客户入驻，经营业务也从原生产制造全面向京东方恒通创新园地产经营及物业服务转型，并确定了京东方恒通创新园名称为"恒通国际创新园"。致力将京东方恒通创新园打造成以文化艺术展览展示中心、文化产业营销结算中心、电影导演创作中心、信息传媒中心、国际企业文化博览中心等"五个中心"为主题的特色创新京东方恒通创新园。

2010年在全力推进市场推广及招商工作后，成功引进鹏博士、如家、明德、百度、拉法基、泰尔、房管局等多家优质客户入驻，年度出租率48%，全年现金流入16500万元，经营扭亏为盈。

3. 2011年：提升能力、转型实施

京东方恒通国际创新园在2011年基本确定了规划设计方案工作，生活区改造、动力站整合、110千伏变压器维修等重点工程项目基本完成，建立了以客户为导向的物业服务架构。为便于客户入驻，公司办公地点临时移至二期厂房。截至年末，京东方恒通国际创新园实现向专业化地产经营企业转型，民生现代美术馆、DHL等多家优质客户入驻，出租率达到76%，完成现金流入10260万元，实现利润4000万元。

4. 2012年：精细管理、转型冲刺

2012年，京东方恒通国际创新园的二期设备拆除完毕，原厂区相关设备处置全部完成。公司新办公楼投入使用，三角地体育场建设完成，各项重点工程按计划实施。引进了蓝色光标、导演协会等客户，出租率达到97%，年度现金流入15360万元，实现利润10311万元。

5. 2013年：专业经营、转型成功

2013年，京东方恒通国际创新园品牌影响力持续提升，被北京市誉为腾笼换鸟、产业升级的典范，文化与科技创新相融合的典范。京东方恒通国际创新园陆续增加了餐厅、体育馆、博物馆的建设，继续完善景观美化，配套设施日趋完善，通过了质量、环境、安全体系三证认证。完成现金流入20200万元，实现利润9017万元，京东方恒通创新园成功转型。

三、业态布局

（一）业态划分

京东方恒通国际创新园总占地20万平方米，现有建筑面积15万平方米，入驻了22家企业，共分为七个区块：文化艺术展览展示中心区块、信息传媒中心区块、电影导演创作中心区块、原文化产业营销结算中心区块现为马蜂窝及蓝色光标公司所在地、原国际企业文化博览中心现为京东方恒通国际创新园体育场区块、健康科技研发中和京东方恒通国际创新园配套区块。

区块的划分以实际入驻企业为主，现入驻企业有民生美术馆、中国电影导演协会、蓝色光标、马蜂窝、鹏博士集团、美拉传媒等。新业态主要为京东方恒通国际创新园西部的北京明德医院。北京明德医院为京东方集团所有的一家综合全科服务型国际医院，作为京东方恒通国际创新园福利，明德医院也为入驻企业提供一些项目优惠。

（二）园区改造理念

根据显像管厂原本80年代后期的建筑风格和厂房面积优势，京东方恒通创新园将各毛坯厂房包给入驻企业自行装修，外立面和内部空间各有特色。京东方恒通创新园原有一家小型发电厂，生产的剩余电量无从消耗，于是引进了百度数据机房和鹏博士集团，鹏博士集团也将其机房安置在京东方恒通创新园内，将负担转为优势，解决了用电问题。同时充分发挥原建筑层高与大跨度优势，准许企业自行架构楼层，并引入电影工作室、美术馆这样的业态，未进行大拆大建，保护了原工业遗迹，原有部分工业设备聘请了中央美术学院的雕塑设计团队重新包装打造，在园区南广场内展示。除此之外，京东方恒通创新园旨在打造具有文化内涵的，集信息传媒中心、文化艺术展览展示中心、文化产业营销结算中心、电影导演创作中心、国际企业文化博览中心五个中心为一体的，符合北京市产业升级政策导向的高品质京东方恒通创新园。

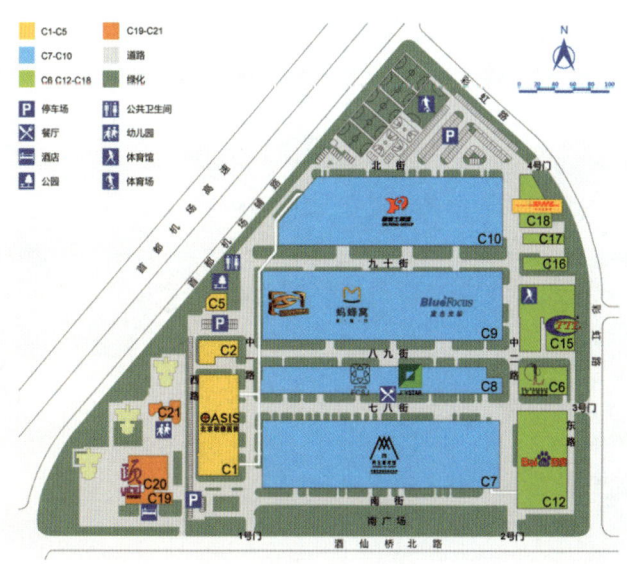

园区企业布局图

京东方恒通创新园园区内建筑范例一

京东方恒通创新园园区内建筑范例二

四、管理运营

管理团队中绝大部分人员为松下显像管厂原厂职工,后通过社会招聘引入部分管理人员。京东方恒通创新园物业与土地产权都为京东方所有。在京东方恒通创新园建立伊始,以营利为目的挑选入驻企业,在 2011 年以后,京东方恒通创新园逐渐意识到仅作为开发运营商,未来可提升空间十分受限,因此开始有目的性的招商。同期,京东方集团提出服务化转型的战略目标,京东方恒通创新园以此为契机积极探索未来规划。京东方恒通创新园根据行业趋势及自身现状,决定依托多年来积累的品牌优势、客户资源、专业团队及标准化流程,结合房地产发展趋势及京东方集团的战略要求,定位为整体解决方案提供商,对外开展投资顾问、项目代建、资产管理等服务。

目前,京东方恒通创新园正在拓展商务空间与健康休旅地产两类业态。结合京东方显示、传感、人工智能、大数据四大核心技术与医学、生命科学,围绕数字医院,打造医、教、研、产、用的医工融合创新生态体系。

五、案例评析

京东方恒通创新园之于其他园区的不同之处,首先在于京东方集团现行推动的健康服务产业,融合科技+健康的概念,将健康园区业务板块深入到恒通创新园之中。在 2015 年京东方收购明德医院后,集团一直意图整合国内外资源,围绕数字医院构筑医疗、科技、健康结合的服务事业群,初步试点就在恒通创新园内,并在园区内划归 2000 平方米作为再生医疗的研发基地。其次,园区内大牌影视制作企业众多,近年来包括电视剧《河神》,电影《芳华》《缝纫机乐队》的制作都在恒通创新园内完成。再次,园区北边建设有 6 块足球场、2 块篮球场和集网球场地、羽毛球场地、健身房、瑜伽房、健身操房、乒乓球和台球桌台为一体的室内综合体育中心,丰富了园区日常活动。

园区体育场

园区位置坐落于 798 北门正对面,与望京一条马路之隔,但与喧嚣嘈杂的 798 艺术区和望京商业区不同的是,闹中取静的京东方恒通创新园既有现代雅致的园区建设,也有安静的氛围。园区总体面积不大,但麻雀虽小五脏俱全,配套设施全面,在"食"方面,除园区餐厅、便利店外,还进驻了赛百味、湘十二楼等多家餐厅;在"住"方面,园区内部有和颐酒店,东门还有多家酒店;在"行"方面,园区提供共享电动汽车,多区域停车场和洗车服务;在"教育"方面,园区内部设有启航双语幼儿园、民生现代美术馆;在"娱乐"方面,除北部的 6 块足球场、篮球场之外,还有室内体育中心、健身房、舞蹈教室。整个园区自成一体,日常生活非常便捷。

目前,在北京市"科技与文化创新"双轮驱动发展战略以及朝阳区"腾笼换鸟"产业升级精神的指导下,园区开始从科技与文化融合着手，在科技方面，重点在智慧科技管理、智慧科技服务、科技产业集聚、科技资源融合、科技创新力量领域建设；在文化方面，主要在建筑遗迹再生、历史文脉延续、文化产业集聚、多元社群融合、文化符号引力上发展。未来园区将逐渐转向健康服务事业，结合京东方集团的半导体显示技术与智慧系统，着力向移动健康、数字医院、再生医学发展。京东方集团将京东方恒通国际创新园作为试点园区进行健康园区的初步探索，未来依托自有科技文化园区的优势，要向全国布局健康产业园。目前，京东方集团已在北京、合肥、武汉、成都、重庆布局健康产业园。

【老总心语】

京东方恒通创新园作为一个业态丰富、优势明显的创意园区，发展前景是十分广阔的。在园区改造上，我们在保留历史痕迹的同时进行现代化设计，园区整体形象精致典雅，非常耐看。在园区建设上，我们求精不求多，被北京市誉为腾笼换鸟、产业升级的典范，文化与科技创新相融合的典范。

目前京东方正在全国布局"健康园区"的概念，围绕数字医院构筑医疗、科技、健康结合的服务事业群，首先在京东方恒通创新园作为试点。园区的发展本身是一个动态的、不断创新的过程，在这个过程中我们需要做的还有很多。

电通文化创意产业园

京城机电转型升级实验园

一、基本情况

电通文化创意产业园是北京能通租赁公司与北京毕捷电机股份有限公司共同开发的京城机电转型升级实验园。园区前身为1958年建厂的国内知名生产电机的大型国有企业——北京市电机总厂。园区位于朝阳区酒仙桥北路7号，占地面积约18万平方米，建筑面积9.5万平方米，北邻机场高速，处于大山子艺术和设计产业功能区，是中关村电子城重点功能产业园之一。

二、改造历程

电通文化创意产业园于2011年开始利用北京毕捷电机股份有限公司腾退出来的老旧厂房进行改造，园区采取整体规划、分步实施的方式进行改造。近7年来，逐步形成了具有京城文创品牌的"商务办公＋休闲娱乐＋运动健身"的高端文化创意产业园。

（一）园区改造的背景

园区的产权方北京毕捷电机股份有限公司是国内第一家电机出口企业，其产品在中国中小型电机行业长期处于领先地位，并远销海外20多个国家和地区，在国内外市场获得广泛赞誉，多次获得北京市"先进出口企业""花园式工厂"等称号，在2008年还成为国家质检总局第一家电机出口免验企业，为北京市经济社会的发展做出了贡献。

但2008年国际金融危机以后，受内外部环境的影响，企业经济效益逐步下滑，连年亏损，产能不足，产品竞争力下降，企业生存面临危机。破釜沉舟，转型升级成为毕捷电机改革发展的必由之路。

毕捷公司经过多方探索和论证，经京城机电审议通过，最后选定了利用老旧厂房开发文化创意产业园的转型升级模式。能通公司与毕捷公司于2011年3月签订了合作开发电通时代创意产业园的合作协议，将部分厂区进行改造，拉开毕捷公司利用老旧厂房开发文化创意产业园的序幕。

（二）改造的步骤

（1）2011年，毕捷公司对生产环节进行了整合，将以前的食堂、生产二车间、三车间、工具车间、库房规划出来，作为园区开发的第一期工程。毕捷公司仍然继续从事电机主业生产，用租金弥补其主业流动资金不足问题。

2011年8月，一期开发包括有证房屋面积22666.42平方米、无证面积房屋4059.85平方米及附属场地。

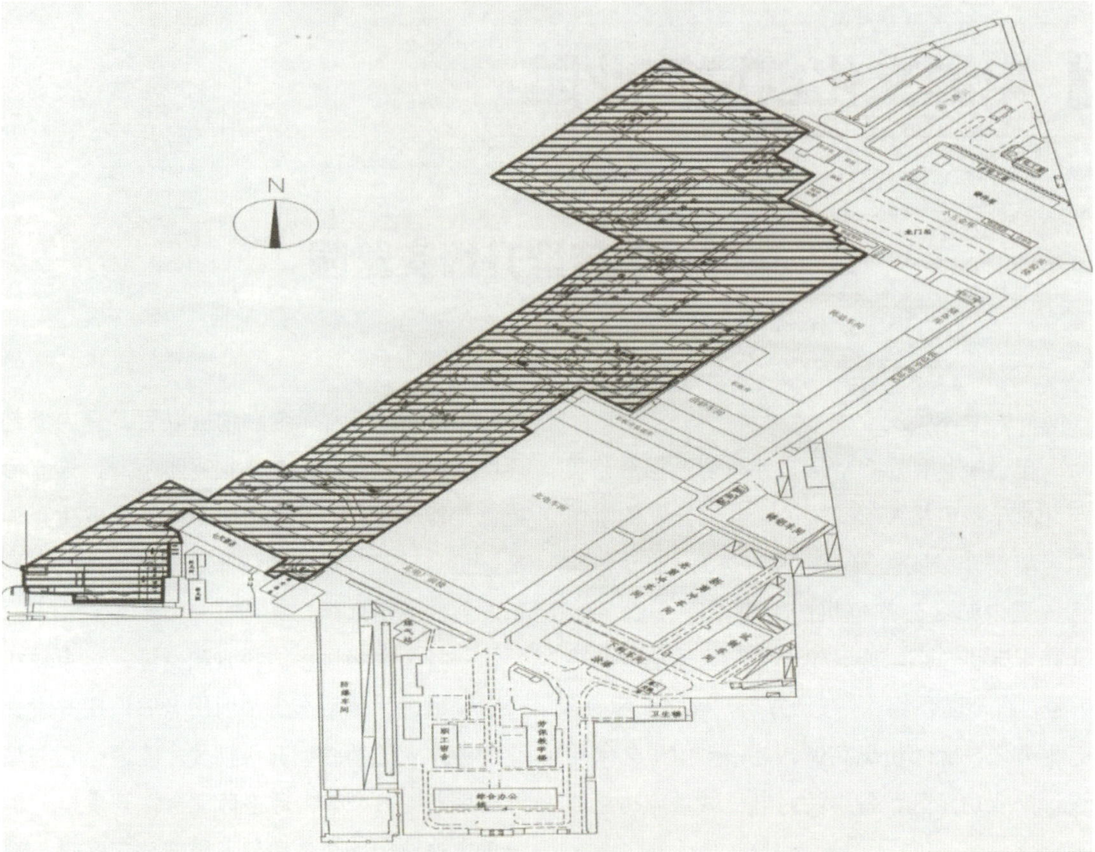

一期改造范围平面图

改造前的二车间

改造后的二车间

（2）2014年6月，毕捷公司职工代表大会通过了公司转型升级方案，毕捷公司整体退出制造业。2014年8月开始第二期工程开发。二期开发包括有证房屋35658.61平方米、无证房屋2767.24平方米。

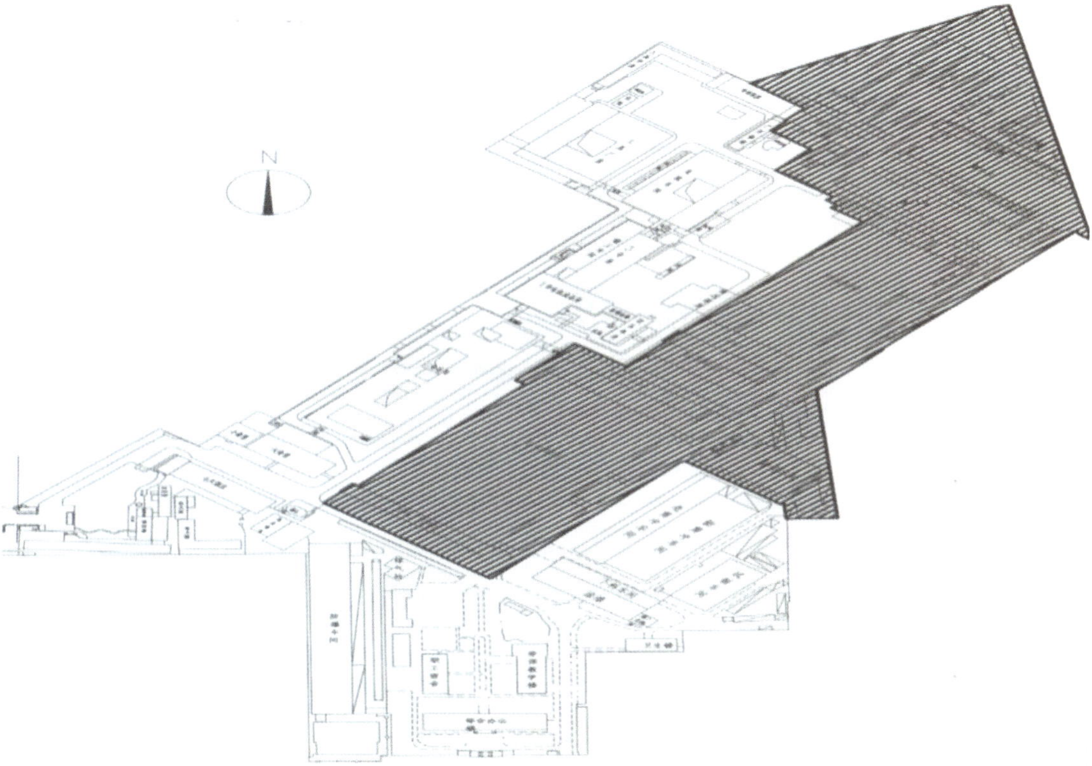

二期改造范围平面图

（3）2015年7月，毕捷公司办公主楼退出，进行了第三期开发。第三期建设的范围包括有证房屋37884.64平方米、无证房屋4127.71平方米及附属场地。

（4）2017年年底，毕捷公司修理车间停产，完成了开发全覆盖。

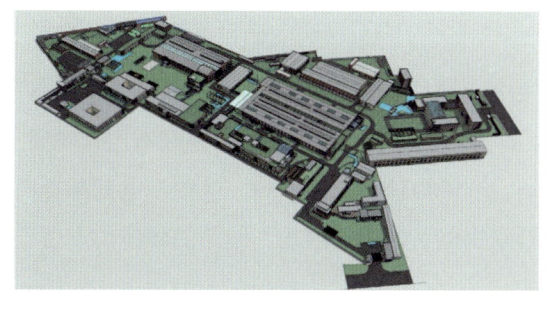

园区效果图

三、业态布局

（一）园区定位目标

电通创意广场自立项开始就目标明确：以打造成大型的园林式高端科研与创意产业园，形成总部经济集聚区，进一步延伸和承接以798、751区域为主的创意核心区的拓展功能，增强和提升对外围地区文化创意产业的辐射作用,最终打造成北京市文化创意产业的示范区,成为中国文化创意产业总部经济的硅谷,促进国家文化创意产业的大发展大繁荣为定位目标。几年来也一直按既定目标进行改造实施,目标也基本实现。

（二）主要业态布局

园区优美的环境、合理的配套实施、良好的物业服务,吸引了近30家企业入驻,园区对企业的筛选非常严格,目前园区呈满租状态且企业类型全部为集团总部。业态涵盖文化传媒、IT产业、教育咨询、设计研发、酒店餐饮、营销咨询、批发零售等七类文创企业。

主要业态类型和代表企业

业态类型	代表企业
文化传媒	北京优扬文化传媒有限公司、灵智精实广告有限公司、乐视体育文化产业发展（北京）有限公司、上海本来影业有限公司北京分公司
IT产业	北京蓝汛通信技术有限责任公司、蓝讯欣润科技（北京）有限责任公司、梦想城堡（天津）电子商务公司北京分公司、北京鉴鉴科技发展有限公司、北京乐呵创新信息技术有限公司、无锡华云数据技术服务有限公司
教育咨询	北京芙葳芳香教育咨询有限公司、北京宝贝家教育科技有限公司、光合新知（北京）科技有限公司、
设计研发	日产（中国）投资有限公司、北京华亘安邦科技有限公司、长春易航智能科技有限公司、北京汉能光伏投资有限公司、北京创昱科技有限公司
酒店餐饮	城市魔方（北京）酒店管理有限公司、一宗（北京）餐饮管理有限公司、北京路通餐饮管理有限公司
营销咨询	上海精实营销咨询有限公司北京分公司
批发零售	北京茂思商贸有限公司、北京瓦坎达电子商务有限公司、艾斯德伦（北京）能源设备有限公司、北京迪宝家超市、北京波米化妆品有限公司

（三）配套服务

经过近7年的发展,园区逐步形成了具有京城文创品牌的"商务办公+休闲娱乐+运动健身"的高端文化创意产业园特色。园区除了为客户提供餐饮、物业等基本服务外,还配有屋顶花园、天井、连廊等特色景观,并修建了篮球场、网球场、沙滩排球等公共设施,这些设施都向市民免费开放,既满足了入驻客户的需求,又为周围群众提供了休闲、娱乐、健身的场所,产生了极大的社会效益。

园区配套服务集锦

四、管理运营："房东+股东"模式

目前，园区盈利的主要来源为租金和物业服务，未来将加入孵化和产业基金方面的营收，重点投资领域为高端制造领域，延续工业文脉，走"中国智造"之路。在发展过程中，园区高瞻远瞩，开启了"房东+股东"模式的探索，也取得了一定的收获。

房东即为进驻园区企业提供相应的物理空间，收取租金；股东则是与民营企业联手成立了北京京城电通投资管理有限责任公司，进行体制机制的创新，毕捷既是产权方，又是合资公司的股东，在腾笼换鸟的过程中，既具有能吸纳民营资本的行业经验和资源及各种要素的优势，提高效率，又能在后期利用国企的规范进行制度化的建设，可谓"国企+民营"的大胆尝试，保证了在不同阶段有不同的资源优势，契合国企重生需求。如大型企业汉能集团、乐视集团进驻园区，老厂房仅用45天就完成了顾客的装修改造要求，投入使用。

"房东+股东"模式也让赢利模式变成了"租金+分红"，租金保障了生存基础，分红则是发展的要求。前期改造阶段，由合作方承担改造费用，由合资公司整体承租，后期以园区的盈利分红来偿还债务，达到互惠共赢，可谓"敢为天下先"。

五、案例评析

园区的开发是对毕捷公司原厂址工业遗产进行改造和再利用。园区以"在自然中办公"为理念，秉承亲近自然的人文关怀，简洁洗练的现代主义风格，延续工业文明的历史主义传承，将现存工业遗产打造成大型的园林式高端科研与创意产业园，形成总部经济集聚区，进一步延伸和承接以798、751区域为主的创意核心区的拓展功能，增强和提升对外围地区文化创意产业的辐射作用。

园区改造升级的一大亮点是在一开始就有整体的规划布局，目标明确，保证了其在创意升级的过程中始终做到有规划、有步骤、符合市场要求。目前，园区发展成了一个挖掘并延续了工业价值和文脉、注重优化设计和关注体验的典范。

园区的开发，盘活了国企的土地资源，让毕捷公司从一个多年亏损的制造业成功转型为年利润9000多万元的服务业，成为京城机电转型升级的典范。园区还将物业管理交由毕捷公司转岗人员组成的毕捷物业公司来经营，大大减轻了公司人员安置的压力，为国企改革做出了贡献。

园区力排众议，采取"房东＋股东"的模式进行改革，也取得了很好的效果，事实证明，"国企＋民营"的混合所有制，能做到共赢，园区的管理运营值得同类型园区学习借鉴。

园区未来发展愿景是打造成北京市文化创意产业的示范区，成为中国文化创意产业总部经济的硅谷。对此，园区将进行智慧化园区建设，提供更多的智能化服务，为实现远景目标打下良好的基础。

园区一角

【老总心语】

挖掘工厂的历史、文化和故事，打造有人文情结的园区是我们始终贯穿的改造理念。园区所在地是北京电机的生产基地，为国家和北京市电机事业的发展做出过巨大贡献，毕捷品牌享誉海内外。在这个几代人为之奋斗的地方，承载着电机人的足迹和回忆。这些记忆被喷水池上的电机外壳，水池边的各种电机、机床，草坪上的试验设备等承载，流水线改造成的摇椅，操作台也变成了休闲桌……这些工业遗产是历史，也是文化，向人们讲解了北京电机发展史，展示出具有人文情怀的、具有历史记忆的园区细节。

电通创意广场充分利用园区植被丰富、茂盛的特点，优化设计，在园区内铺上了大面积的绿色草坪，打造出亲近大自然的都市园林。园区内的工业遗存景观，构筑了具有时代感的三坡、六廊、十二桥、二十四水、三十六个亭台和6万多平方米的绿地、千余棵乔灌木。形成了文化创意产业与园林绿化、山水风光相结合；新兴产业与工业传承相结合；办公与休闲相结合的特色园区。园区免费向市民开放，并成为周边社区游览休闲的场所。同时，我们注重客户体验，打造出独具特色的个性化环境，把客户的设计理念与园区的开发理念有机地结合起来，给园区增添内涵。

"新华1949"文化金融创新产业园

文化投资的重地

一、基本情况

"新华1949"文化金融创新产业园前身为北京新华印刷厂,中国文化产业发展集团公司(前身为中国印刷集团公司)在逐步向文化产业领域转型发展的过程中,于系统内部实施主辅分离、主业改制外迁,抓住北京市大力发展文化产业的时代契机,在原址基础上成功打造了"新华1949"文化金融创新产业园。由中国文发集团统筹规划、统一打造的具有"新华1949"品牌的文创园区共有4座,除了提及的"新华1949"文化金融创新产业园,还有"新华1949"百花文化产业园、"新华1949"人民美术工场、"新华1949"南京文化科技园等。

"新华1949"文化金融创新产业园位于北京市西城区,东临北礼士路,西为车公庄南街,北面是车公庄大街,地理位置优越,周边交通十分便利。园区周边道路状况良好,街道绿化较好,空间尺度感较佳。园区总用地面积4公顷,改造完成后园区用于出租面积达5万平方米、停车位400个、绿化率达25%。园区内的中心庭院、下沉庭院及林荫廊架等绿化景观为入驻园区的文化创意企业创造了良好的工作环境。

"新华1949"文化金融创新产业园区建筑图

二、改造历程

"新华1949"文化金融创新产业园原为北京新华印刷厂的生产厂房及库房,本厂原为正中书局北平印刷厂,1949年4月24日正式宣告成立,至今已有60多年的历史。承载了与共和国同龄的"新华印刷"优良品牌,作为国家级重点书刊印刷企业、中央国家机关和中央直属机关定点采购印刷单位,长期承担着党中央、国务院、全国人大和政协等国家重点图书和文件的印制工作,为繁荣我国的出版印刷事业做出了重大贡献。这也是园区名称中"新华1949"的由来。

"新华1949"文化金融创新产业园占地约4万平方米,建筑面积5万平方米。地理位置优越，交通极为便捷，工业特色显著，现存建筑质量和密度较高，每幢建筑都具有深厚的历史背景。以除旧布新、突出改造再利用为思路，一方面拆除价值不高的建筑，一方面挖掘特色建筑的文化内涵，赋予其现代主义的设计风格，彰显简约大气、新旧和谐共生、富有特色的空间特征。厂区通过改造后，保留了经历革命走向胜利，突破自我走向繁荣的"中国红"，现依旧清晰可见原"大字本楼""苏式折板屋顶"的特有风采。园区分为东、中、西三个区域，东侧以楼房为主、西侧以独栋平房为主、中间为展览展示馆。园区绿化通过保留大部分高龄树木，建造主题庭院，改善景观环境，体现人文、环保与可持续发展的宗旨。园区分东、西两部分，采取不同策略进行装修改造工程。东部的印装大楼、办公楼、大字本楼由北京建工集团进行封闭式施工管理，印装大楼、办公楼从功能使用上分为三个部分，但是整体形象做一体化设计；大字本楼的西侧进行加建，增加园区的载体容量；西部的轮转车间、骑订车间及4、5、6号仓库采取由入驻企业自行设计装修方案，在保持园区整体风格一致的原则下，加入各入驻企业独特、个性的设计理念，以全面提升园区品质。同时，将规划设计与产业引导有机结合，在具有积极的社会效益的同时，具有良好的经营效益和可操作性。

"新华1949"文化金融创新产业园区建筑图

"新华1949"文化金融创新产业园区建筑图

三、业态布局

"新华1949"文化金融创新产业园遵循边施工、边招商、边管理的原则,同步推进园区改造与运营工作,坚持以创新思想为指导,使经营管理处处体现市场化、专业化、精细化,打造"新华1949"的独特品牌。

一是制定翔实的宣传推广方案,利用媒体、网站等信息化方式对园区优势进行多角度的广泛宣传,扩大社会影响力,吸引企业、特别是最具潜力的文创企业入驻;二是结合产业特点和园区定位,举办相关产业活动、品牌活动和公关活动,丰富园区内容,增加收益项目,提升园区经济效益和社会效益;三是利用入驻企业的资源优势,主动与之建立多种合作方式,使园区经营借力发展。

"新华1949"文化金融创新产业园于2011年年初立项并开始建设。逐步与多家企业签订房屋租赁合同,较有特色的单位有北京市国有文化资产监督管理办公室、北京市文化投资发展集团有限责任公司、中旭建筑设计有限责任公司、北京艾迪尔建筑装饰工程股份有限公司、北京开心麻花娱乐文化传媒股份有限公司等。

四、管理运营

园区采用"3+2+1"的建设模式,形成三大增值公共服务平台,办好两大引擎活动和构筑一个品牌化园区。三大增值服务平台包括:创意设计孵化平台、文化公共服务平台、科技创新交流平台;两大引擎活动包括:创意嘉年华(北京国际设计周分会场)、"新华1949"文化金融创新产业园发展高端论坛;推进"新华1949"文化金融创新产业园成为一流的创意产业品牌化园区。通过该运营模式,园区既可以从物业出租、增值服务和活动策划中获取可观的经济效益,也可以借由园区平台来实现"文化创意设计产业""金融产业"和"科技产业"的三业融合,产生用活动去吸引行业、用服务去聚集创意、用融合去带动产业,推动北京文化创意产业发展的良好社会效益。

"新华1949"文化金融创新产业园区建筑图

新华1949文化金融创新产业园区活动图

园区以"科技""创新""文化"三位一体为核心发展理念，以市场为导向、文创园区为载体，深入探索产学研相结合的技术创新体系，培养高素质创新人才，着力增强自主创新能力，结合地区制造业转型的需要，同时满足更多各类消费群体的大众需求，政府公共服务的需求，企业定制化的需求，以及业内专业交流的需求。

园区的运营管理具有明显的人才资源优势。作为国家级企业，吸引了一批具有高水平素质的研究人员、科研人员，形成了良好的设计、科技创新氛围。园区周边聚集了中国建筑设计研究院、北京城建设计研究院、北京市政设计研究总院、北京城市规划设计研究院、北京建筑设计研究院等数量众多的设计研发企业，属智力密集区，具有人才集聚的规模效应，人才优势突出，为创新与科技创新服务业的发展提供了重要支撑。另一方面，园区自有专业的管理团队支持，在已有人力资源基础上，广泛吸纳社会上经验丰富、素质过硬的领域专业人才，培养和招聘有学历又有经历、有经历又有能力的复合型人才，承担起园区开发、运营、维护等全盘工作。"新华1949"文化金融创新产业园把"以市场为导向，全员客户服务"作为经营管理理念，开拓更为广阔的市场，以"改变机制能上能下，任人唯贤，人才强企"为人才管理理念，共同营造"和谐、敬业、创新、拼搏"的企业文化，形成有自己特色的运营管理创新模式。

五、园区评析

"新华1949"文化金融创新产业园是以空间规划的手段构建功能分区，引导和推动园区内主导产业的集聚。通过前期市场调研及分析论证，根据园区的基础条件分析以及国家和北京市的政策支持导向，总体规划目标是创建一个国际化、标志性又有文化创意产业特色的专业化园区。通过对园区内部的道路交通、开放空间与景观、绿化系统、建筑改造设计、工业遗产的再利用、生态节能等方面的规划，为企业入驻奠定良好的基础。

中国文发集团与入驻"新华1949"园区的企业建立了深度合作的关系，联合投资了一系列文化产业投资项目，为中国文发集团转型文化产业积累了丰富的行业资源和投资运营经验。例如，中国文发集团与入驻园区的北京市文资办合作，投资了文化产业私募股权投资基金、文化融资租赁公司、文化产权交易中心等项目，累计投资金额超过4亿元。

在前期积累一定的文化产业投资经验基础上，2016年起，中国文发集团联合社会资本主导发起了3只私募股权投资基金，总投资规模超过5亿元，目前3只基金正在有序开展投资业务。

为响应国家号召，扶持和培育更多的中小微文化企业，打造"新华1949"园区多层次的企业生态系统，"新华1949"园区采取园中园的形式，打造双创空间、引入北京市文资办的文化创新工场等方式，积极开展对中小微文化企业创新创业活动的培育。中国文发集团持股50%的中文发集团文化有限公司积极尝试双创空间的经营模式，打造了新华1949中文创客空间子品牌，相继获得国家科技部火炬中心公布的第三批国家级众创空间和北京市科委授牌的第二批创客空间认证。

"新华1949"园区灵活经营，为了扶持和培育更多的中小微文化企业，采取园中园的形式，打造了众创空间，值得肯定。同时通过园区的建设、改造和运营为其母公司中国文化产业发展集团公司提供了转型的平台、资源和思路，对于其他企业提供了可以借鉴的思路。

【老总心语】

"新华1949"园区作为中国文化产业发展集团有限公司完成主辅分离与主业外迁后,结合北京市打造世界性城市、推进文化、金融产业融合发展的理念,成功打造的标志型园区品牌,在帮助老国企转型升级的同时,也承载着几代中印人(文发人)深深的红色记忆。作为"新华1949"园区改造的亲历者,看着63年的老厂区因丰富的设计元素及创意灵感而焕发生机,成为北京市西城区文化创意产业的新地标,我感到由衷的高兴与自豪,也深刻地从这一过程中感受到北京市文化创意产业发展的无限活力与激情。未来,"新华1949"园区将着力打造品牌,助力北京市的文化创意产业蓬勃发展。

嘉诚

文化空间的筑梦师

一、基本概况

嘉诚品牌产业园起步于 2010 年，嘉诚研究团队曾参与东城区"胡同里的创意工厂"文化创意产业集聚区特色模式的建设及研究，研究成果为之后胡同创意工场模式的形成奠定了基础。作为城市创新服务企业，自 2007 年成立以来，探索出了"空间＋平台＋资本＋资源"的产业生态圈模式与大企业加速模式，为实现城市再生与可持续发展、创新创业引领城市产业转型升级，构建了具有嘉诚特色的城市创新生态体系。历经了 8 年的发展，嘉诚在北京东城区、朝阳区、顺义区、通州区及天津南开区共运营了 25 个主题园区，总运营面积 30 万平方米。

二、改造历程

（一）改造理念

对于老旧房屋的改造，秉持"保护与再利用""修旧如初"的设计改造理念，结合创意产业态需求，基本保留了老厂房的建筑形态，同时利用原房屋的空间高度优势进行进一步改造。

（二）园区改造

嘉诚园区设计改造的空间大致可以分为两类：一类为工业厂房。工业厂房空间通常层高较高，建筑平面规整，单层面积较大，建筑基础稳固，便于根据不同需求进行个性化分割，但分割时，处于中间位置的空间采光会略差；第二类为老旧的学校、办公楼等。这类空间的建筑结构通常较差且内部空间狭小，不利于分割，因此为设计改造留出的创作空间有限。另外，这些厂区或学校的道路、景观及基础设施均较为老旧，为适应新功能，嘉诚同步对其进行了升级改造。改造后的建筑空间包含共享空间、标准办公空间、商业配套空间、公共服务空间等。对于主题定位鲜明的园区，针对性地设置个性化空间，如展览馆、路演中心、艺术交流中心等。

在园区产品系列发展方面，嘉诚形成了"胡同创意工场"品牌园区、文化产业示范园系列园区及文化创业生活街区，分别对应嘉诚园区发展战略之精品文创园、标准产业园与街区产业园。

1. 胡同创意工场品牌园区

胡同创意工场品牌园区以散落在胡同中的废弃厂房为空间载体，通过政府引导、市场参与的方式，对其内部空间进行创意改造，注入文化创意产业元素，盘活这些旧厂房和闲置院落，形成独特的创意工场文化。

胡同创意工场品牌园区以东城区为核心，空间体量较小。通过对原有空间进行合理规划，赋予旧城与现代城市发展相符的新功能，在利用了原有胡同空间的同时，也保护了胡同建筑肌理。

2. 文化产业示范园系列园区

文化产业示范园系列的园区主要以大型工业厂房为空间载体，保留原有空间结构，赋予现代文创风格。文化产业示范园系列的品牌园区空间体量比较大，园区功能集中在标准＋

定制+服务式办公方面，入驻企业以中小企业为主。产业示范园区系列是胡同创意工场模式在京津地区的复制和拓展，是园区功能由创业孵化向产业加速的过渡和升级，是嘉诚在"空间+服务+资本"运营模式方面的进一步完善。

3. 文化创业生活街区

文化创业生活街区系列是嘉诚目前正在探索建设的一个项目，通过市场化运作，聚集包括不同规模企业在内的产业、商业、人群，形成大规模的文创生活区。文化创业生活街区以创业孵化+产业园区+创意生态为主要功能，园区服务对象以大型企业为主。文化创业生活街区是嘉诚园区未来产业化发展的方向。

三、业态布局

（一）嘉诚园区文化产业的主要业态

（1）影视文化：电影制作与发行，娱乐节目制作，经纪业务，影视策划，电视综艺，微电影。

（2）文化传媒：动漫设计与发行，文化艺术交流，新媒体内容出品和发行，传统游戏研发。

（3）创意设计：装饰设计。

（4）广告会展：会议服务，展会策划，广告设计与制作。

（二）嘉诚园区科技产业的主要业态

（1）软件开发与基础服务；

（2）技术开发、交流与推广；

（3）互联网信息服务；

（4）技术转让。

（三）嘉诚园区次核心产业的主要业态

（1）商务服务：市场营销与推广促销，企业规划与管理，咖啡西点，旅游服务等。

（2）咨询：环境环保咨询，经济贸易咨询，市场调查等。

（3）零售：花卉、生活用品、工艺品等产品零售。

（4）医疗：医疗诊断，医疗器械销售，医用软件研发。

（5）投资：投资管理。

（6）教育类。

四、管理运营

（一）管理服务的内容

（1）在空间方面，以城市存量空间设计改造为核心，设计嘉诚特色的产业空间，形成完善、标准的产业空间开发流程。目前，已在京津两地、五个地区（朝阳、东城、南开、顺义、通州）共运营25个主题园区，总运营面积30万平方米。

（2）在搭建产业服务平台层面，为完善软性服务体系，通过与政府共建的方式，形成产业综合服务平台、产业合作平台、品牌增值服务三大类平台。其中，产业综合服务平台以"北京东城中小企业服务中心"与"北京东城国际人才创新服务平台"为代表。目前该类产业综合服务体系可向企业提供包括政策、金融、技术、人才、营销等10大类，包括劳动法专家问诊服务、文化人才认定申报服务、优惠政策申报对接等45细项服务。承接中关村、人保局、组织部等多项政府延伸服务，与华夏银行、民生银行、北京银行、建设银行等多家银行及市场专业服务机构签约合作，为园区企业提供标准化及个性化的服务。每年累计服务5000人次以上。目前，中小企业服务中心的模式已经十分成熟，已成功复制到天津市南开区。嘉诚的产业合作平台以建立京津冀三地文化产业协同发展机制、优化资源配置为核心，主要包括"京津冀文化产业协同发展中心"与"京津冀文化产业园区（企业）联盟"。"京津冀文化产业协同发展中心"由嘉诚与国家文化产业创新实验区管委会共建，旨在更好地发挥北京文化中心的核心角色、促进三地文化资源优化配置。自2017年8月成立以来，已有迁安文创共享产业园、天津生态城国家动漫园正式入驻，共同在政策、人才、技术、渠道、资源、空间上寻求广阔的合作机会。在品牌增值服务平台方面，嘉诚持续形成了北京国际设计周、京津文创节、北京（国际）文创产品交易会、京津冀文化创意产业合作暨项目推介会、北京文化创意大赛等系列品牌活动。

（3）在资本层面，为解决园区企业发展中的资金瓶颈，嘉诚通过整合政府与社会资本，为园区企业定向引入产业引导基金，建立股权与债权融资服务平台。嘉诚成立了文化创投基金和创客基金，目前已投资自在科技、生日管家等20余个项目，累计投资1.8亿元；在融资服务方面，建成快投TV路演平台，为创业者搭建项目展示及对接投资的渠道；同时联合银行等金融机构为文化科技类企业创新瞪羚、展翼贷等6项金融产品，累计为企业融资4.57亿元。

（4）在资源层面，加强与行业龙头企业的合作力度，为园区引入垂直细分行业资源。为实现嘉诚园区垂直产业资源快速聚集，嘉诚开启大企业合作战略。联合行业龙头企业，共同合作开发主题产业园、深化产业内容。目前，已与北汽集团、中国恒天集团、歌华文化、天津中环电子等大型国有企业在工业设计、时尚消费、智能工业等重点产业开展深入产业内容合作。

嘉诚的收益来源主要包括两大部分：其一为租金收入，通过将园区改造成文创空间，为文化创意及相关融合类的企业提供孵化与加速发展的空间，获取租金收益；其二为增值服务收入，增值服务主要包括品牌活动与园区服务收入两大部分。

（二）发展经验

嘉诚通过文化特色产业园区的运营搭建城市创新生态，为文化企业的创业孵化与产业加速提供包括空间、平台、资本、资源在内的立体孵化和企业服务体系，从而促进实现城市再生，以实现增加城市就业与税收、延续城市文脉、塑造城市景观特色、提升城市竞争力的目的。

经过多年的实践，嘉诚共打造了三种园区。

精品文创园系列：空间规模较小，园区体量在1万平方米以下。园区功能以"众创空间＋创业服务"为特色，为创业团队、项目与人才服务。以人才园、和空间、和咖啡等园区为代表。

标准产业园区系列：空间规模较大，园区体量在1万～3万平方米之间。园区主题鲜明，功能以"标准＋定制＋服务式办公"为主，入驻企业以中小企业为主，辅之以少量大型企业。以半壁店1号、天津C92文创园为代表。

街区产业园系列：以开放式的市场运作模式与政府深度合作为主，空间规模大，园区体量在3万～5万平方米之间。园区功能主要为"创业孵化＋产业园区＋创意生态"，入驻企业囊括以大型产业龙头企业为主的大、中、小型企业及创业团队。以天津未来里十字街区项目为代表。

五、案例评析

嘉诚一直致力于入驻孵化企业服务，根据嘉诚的标准，入孵企业的基本筛选原则需要提前了解创业者的创业动机；创业团队的构建是否合理；企业是否具有支付租金和服务费用的能力；企业是否拥有可以商品化的产品或服务；企业是否具有快速成长的能力；是否属于孵化器计划服务的产业对象或技术领域；企业团队是否具有开拓创新精神;是否对技术、市场、经营和管理有一定驾驭能力。负责人是为熟悉本企业产品和服务的创意、开发的生产者或管理人员。

在确定企业符合标准之后,嘉诚会对入孵企业进行创业计划评估。企业入驻后,嘉诚还设有一系针对性服务内容,围绕创业企业"种子期——孵化期——成长期——变现期"的演进路径展开,打造多层面、立体式的多维度的综合创业服务生态圈。

经过多年的努力,嘉诚打造了25个各具特色的园区,在产业服务平台综合运营能力、利用工业厂房存量空间改造产业空间的综合改造能力、国家级科技企业孵化器的运营经验、空间+平台+资本+资源的园区拓展模式、专业政策研究与政府资金补贴申请团队、京津冀跨区域组织平台上都有所建树。

菊儿胡同7号

2012年至今,嘉诚通过整合市场与政府产业服务资源,搭建运营了以"北京东城中小企业服务中心"为代表的综合产业服务平台,形成了一套成熟的产业服务管理运营标准,并实现了在天津地区的复制拓展。并将多年来积累的丰富的工业厂房改造产业园区的综合设计改造经验、入孵企业筛选、孵化流程与管理、孵化服务体系搭建、毕业管理、投融资等方面的成熟经验分享出去,为其他转型期园区提供了借鉴价值,实属社会责任极强的企业。

【老总心语】

突出的空间改造能力、强大的文化产业园运营能力、完善的产业生态整合与复制能力是嘉诚团队一直坚持不懈打造的三大核心竞争力。空间的改造只是构建文化生态的第一步，接下来更重要的是文化生态的植入，产业服务的优化与空间内容的更新。嘉诚模式可以为区域文化资源整合提供更加便捷、有效的产业化转换平台，打造地区产业升级的核心引擎。

中关村雍和航星科技园

文化与科技融合的旗舰

一、基本情况

中关村雍和航星科技园（简称航星园）属中国航天科工高科技产业园之一，其前身为成立于 1998 年的诺基亚和平里工业园。2008 年，中关村雍和航星科技园经中关村管委会批准成为与东城区人民政府合作共建的高科技文化创意产业园。

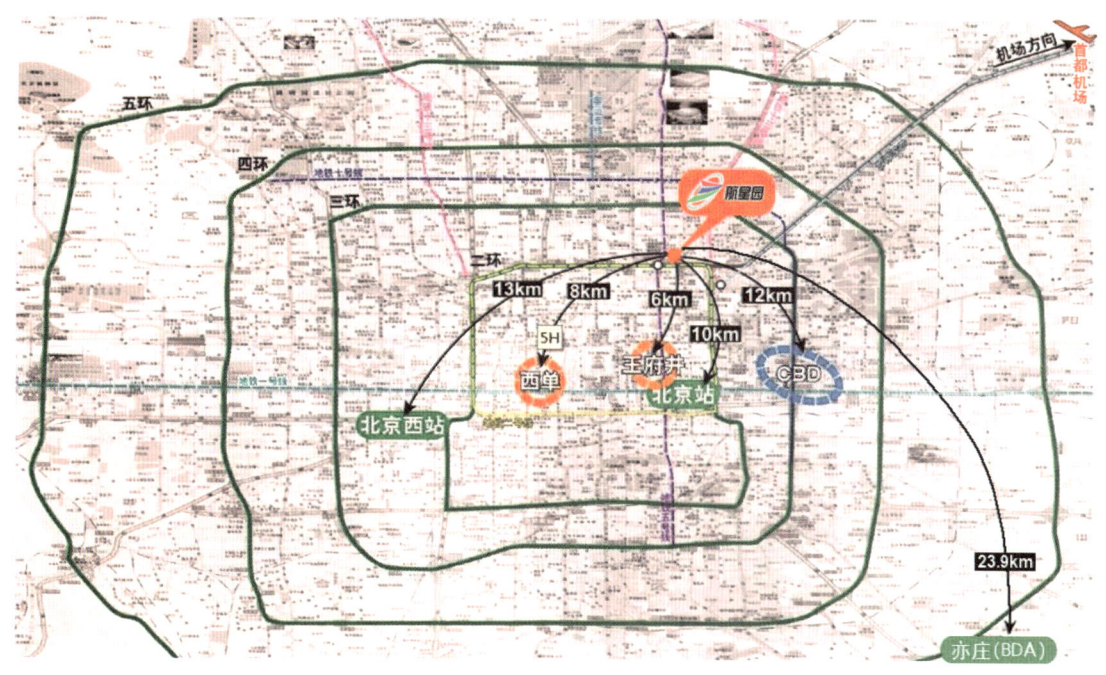

航星园区位环境

园区地处北京市北二环东段,凭借东城"七纵八横"交通网络的便利,拥有优越的区位优势,东起和平里东街,西接地坛公园,南邻北二环、雍和宫、国子监,北至和平里南街。园区位于地铁 2 号线、5 号线交汇处,步行至地铁站仅需 5 分钟,紧邻北二环与机场高速,15 分钟可达北京站,20 分钟可达首都国际机场。

二、改造历程

航星园始建于 1939 年,最初为我国航天科工研发生产基地;1996 年与诺基亚集团合作,建成诺基亚和平里工业园;2008 年与东城区政府、中关村合作共建中关村雍和航星科技园;2011 年航星留创园正式获得中关村管委会授牌;2016 年成为航天科工国家双创示范基地。

园区楼宇注重办公空间的连续性、可变性、舒适性及延展性,设计兼顾办公研发和商业金融,容积率仅为 2.2。楼体采用国际前沿技术,融科技感、现代感、艺术感于一体,强化园区科技主题。每一楼宇配有过滤 PM2.5 新风系统、全维度照明系统、智能停车系统、立体高效电梯、互联云技术宽带配套、高效雨水收集入渗系统等。

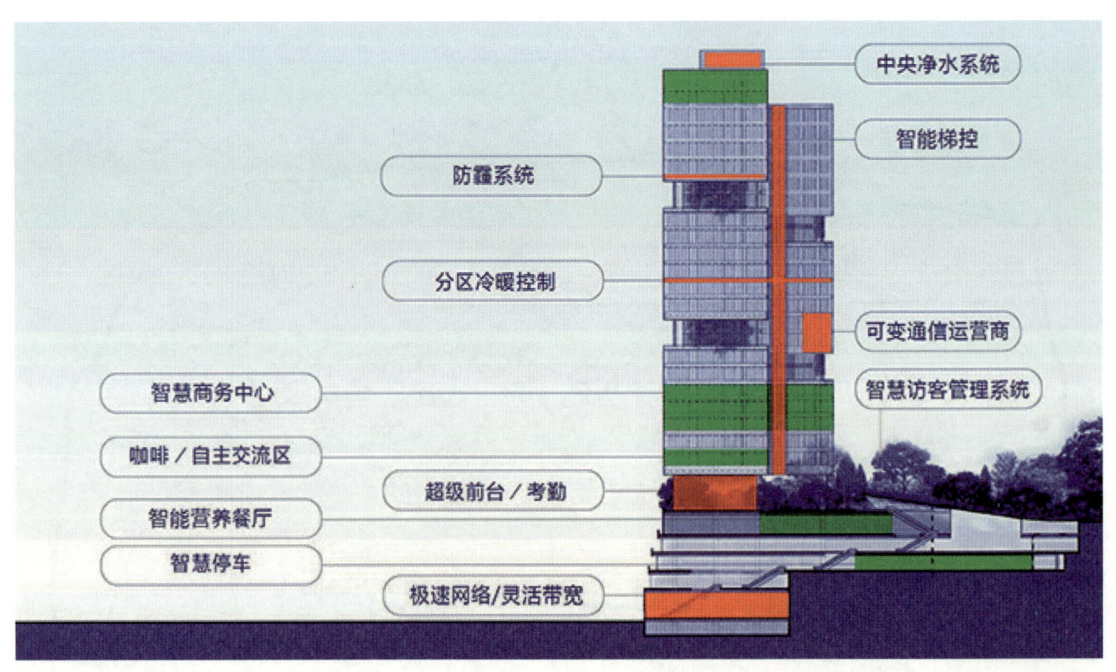

航星园楼宇设计图

目前,航星园 107 号楼正在建设过程中。楼体前身是航天科工集团下属北京航星机器制造有限公司位于和平里南街的 107 厂房。厂房南北 108 米,东西 102 米,高度 24 米,面积 11016 平方米,始建于 20 世纪 50 年代,由原北京市副市长张百发带领成立的全国第一支钢筋工突击队建设而成,见证了我国国防工业发展历史。改造完成后,107 号楼共 5 层,空间内部形成以中间四个自然采光并分割的 6 个功能区域,每个功能区域既相对独立又保持联系，真正实现园内智慧办公、生活一体化，引领人文办公新风尚。

园区人文环境优越，历史印迹与半世纪前的红砖厂房与现代化建筑共存，使航星园成为创意时代科技与文化完美融合的集聚地。传统文化的积淀与航天高科技、电子信息、创意产业及现代都市时尚交融，构成古典与现代的奇妙和谐。置身航星园，既可体味千年古都的风韵，又能放眼高楼林立的现代都市的蓬勃生机；既能尽情挥洒无穷智慧和创造灵感，又可安享暂别喧嚣和水泥森林的一方优雅与舒适。园区占地13.5万平方米，目前建筑面积约25万平方米，未来规划新建25万平方米，届时园区总体量将接近50万平方米。目前园区有15000名员工，将来可达30000人。整体以建筑中轴线和景观带轴线为基础展开区域整体规划，打造花园式办公空间，景观带缔造社交空间。园区花园及建筑绿色景观带相互交织并延伸至地坛及园外城市绿地景观，使二者融为一体。

航星园楼宇外部设计

三、业态布局

航星园聚焦文化创意与信息科技产业，已经初步形成"双创园区 + 高精尖实业 + 产业金融 + 双创生态 + 全球网络"五位一体的特色园区和创新创业集聚区。目前园区企业300家，包括光线传媒、鹏博士、海航等行业领先者。主板上市企业5家，园区企业总规模360亿元。

航星园业态分布情况

游戏与影视传媒	光线传媒
	祖龙娱乐
	网秦天下
移动通信	长城宽带
	鹏博士集团
	北京电信通
高新技术	海航集团
	凌动智行
	叠拓 Tieto
	车音智行
	联创智融
	易建科技
其他	太平洋保险
	顺天学府

园区重点发展互联网、物联网、大数据、云计算、数字内容等新兴业态，特别围绕移动硬件设计与研发、移动终端平台和应用软件开发、移动信息服务运营、数字内容运营等细分方向引入企业。园区在发展过程中注重引进龙头企业，在入驻企业中，光线传媒、网秦天下、鹏博士集团、祖龙娱乐、海航集团都是所在行业的领先者，发挥产业的积聚效应和带动作用，布局形成规模聚合效应，形成园区整体的影响力和价值。

四、运营管理

（一）运营理念：泛生态助力园区发展

航星园着力构建泛生态，即通过构建多样生态，助推自身更好发展，具体包括以下内容。

（1）产业生态：在园区内形成产业上下游联动，形成分工合理产业集群，培育差异化、高端化、特色化产业链。

（2）人才生态：借助千人计划积极引进海内外人才与归国人才，增强园区核心竞争力，计划成立海创园，集聚并支持海内外高层次人才创业，与高校展开合作。在园区内设立博士工作站、院士工作站等，企校联合培养，为园区建立稳定的人才培养与输送渠道。

（3）金融生态：为创业企业提供天使投资、风险投资、为非上市企业提供私募股权投资。帮助企业在新三板上市、帮助新上市企业开展首次公开募股，企业之间兼并购、债券、投保贷联动。

（4）创新生态：园区大力支持企业开展技术研发，协助企业对创新成果开展成果转化为产品，带动产业发展，同时致力于为入园企业搭建协同平台、合作平台，激发创新潜力。

（5）服务生态：园区除提供物业服务、商业配套服务外，建设一站式服务大厅，集中为企业提供入园咨询、客户服务、投诉建议等业务，优化服务流程，合理配置资源，提高工作效率。

（6）政策生态：入园企业可以同时享受中关村国家自主创新示范区高新技术企业优惠政策和东城区关于促进主导产业发展的鼓励措施。可以帮助企业搭建投融资平台，联盟和整合优势社会资源和产业资源，助力企业发展。

航星园以构建泛生态作为企业运营理念，在园区中建立生态系统以帮助园区企业开展创新活动，帮助企业发展。深度推进航星园大中小企业创新主体融通发展，深度推进航星园外创企业与集团、三院、总公司对接合作，进一步聚焦航星园移动信息服务业"云管端"产业链闭环，进一步推进文化创意与科技产业融合，加速以中国－瑞典及北欧创新合作为代表的国际化布局，打造国际创新人才社区。逐步构建连接—孵化—加速—辐射外创生态体系。

航星园"中国－瑞典创新论坛"

诺基亚和平里工业园成立

航星园斯德哥尔摩代表处成立

（二）运营模式

园区运营方航星公司为国有企业，升级转型后，安排了指定部门和员工负责园区服务。为给园区企业提供服务，管理公司聘请知名物业公司顾问进行指导。目前盈利主要来自几个方面：园区自有收入、租金、物业收益、商业配套收益和作为股东投资收益。

（三）服务平台

航星园为航天科工集团国家双创示范基地、国际一流高科技文化创意产业园、中关村科学城航星移动信息产业园、国际创新社区。航星园以"人才、技术、资本"新三驾马车为核心驱动，聚集政产学研经贸媒介等外创服务资源，建立线上线下外创服务清单，重点夯实产业协同、市场营销、资本合作、产能合作服

中关村雍和航星科技园揭牌

务能力。

1. 政务服务

2016年，航星园与东城区政务服务中心、工商分局深入合作，办事大厅设立"东城区政务服务站"并联合运行。

2. 商务服务

2016年，航星园与北京市商务委、北京商务服务联合会共建北京市商务服务中心，聚集北京市优秀的律师事务所、会计师事务所、资产评估机构、知识产权代理机构、投资机构、人力资源服务机构、会展服务机构、金融机构等商务服务机构为园区企业提供优质、快捷的服务。目前正规划建设新的服务大厅，整合园区服务。

3. 商业配套

园区为企业提供便捷的商业、物业一站式服务，园区配套有餐厅、酒店、超市、咖啡厅、健身中心、医院、银行、会议、停车场等商业设施，引入戴德梁行国际一流物业顾问，提供高品质的物业服务。

五、案例评析

中关村雍和航星科技园是中国航天科工集团的高科技产业园之一，由航星机器下属的航星园管理公司运营。作为国有企业，为提升自身竞争力，升级转型，依托航天高科技优势及园区龙头企业优势，为企业提供全链式创新型服务，激发企业创新活力，打造创新高地，培育优秀企业，成就企业家，为大企业参与双创、带动双创、服务双创起到良好示范作用。

园区在注重企业发展的同时，应更注重园区内员工个人的技能提高和未来发展，让员工在园区内更有获得感、满足感、成就感，在设置企业服务站的同时设置员工服务站，为员工提供个人发展指导、未来职业规划、职业技能培训等服务，吸引更多人才进园区，形成良性循环。

航星园努力打造集政务服务、商务服务、孵化服务为一体的智慧化服务体系，建设集技术研发、内容创意、产业孵化、高端示范等多功能于一体的特色产业园，结合自身构建独特"产业链、创新链、金融链、人才链、服务链、政策链"六位一体的泛生态产业链，各类要素在园区内聚集，发挥龙头企业带动能力，实现大中小企业联合，形成移动信息产业闭环。中瑞双创基地、国际创新社区、航天云网全球网络，为初创企业提供国内与国际发展空间，实现园区与企业共赢。

航星园服务平台

第二部分 运营篇

【老总心语】

航星园这些年通过产业疏解、空间盘活、腾笼换鸟、发展高精尖产业,促进文化科技融合发展,推进创新创业集聚,初步形成了特色园区。后续,航星园将加快建设航天科工集团"国家双创示范基地",以"遴选3000个优质项目－培育300家创新公司－扶持30家企业上市"为目标,以"人才、技术、资本"为牵引,以"文化科技融合、国际化"为特色,重点建设影视科技创新中心、军民融合创新基地、北欧科创中心、国际创新社区项目,成为集创新园、人才港、全球网、生态区于一体的特色园区和创新社区。

园区小档案:航星园发展历程

2008	中关村雍和航星科技园
2011	中关村雍和航星留学人员创业园
2013	中关村科学城航星移动信息服务产业园
2014	北京市东城区小企业创业基地
2014	中关村东城园航星创业孵化平台
2016	北京市东城区政务服务站
2016	北京市商务服务业集聚区
2016	北京市服务贸易示范基地
2016	中国瑞典双创基地
2016	航天科工国家级双创示范基地
2017	北京市战略新兴产业科技成果转化基地
2017	北京市东城创新孵化集聚区
2018	中关村创新型孵化器
2018	北京市众创空间
2018	北京市小型微型创业创新示范基地

中关村互联网文化创意产业园

"互联网+"与"文化+"

一、基本概况

中关村互联网文化创意产业园是中共北京市海淀区委宣传部、中关村科技园海淀园管理委员会2014年12月共同创建授牌,由北京中关村互联网文创产业园管理有限公司负责策划、设计、运营的创新型文化与科技、金融高度融合的互联网文化创意产业示范基地。"中关村互联网文化创意产业园"品牌由北京中关村互联网文创产业园管理有限公司唯一商业运营,是科技部、文化部等五部委共同授予的"国家级文化和科技融合示范基地",以及教育部规建中心授予的"校企合作创新发展联盟大学双创基地"。

截至2018年5月,中关村互联网文化创意产业园已逐步形成以五路居文创园为主园,以廊坊文创园、丰台文化创意街、保定文创园等为多个分园的"一园多址"的全国连锁经营发展模式。中关村互联网文化创意产业园以打造文化科技融合的产业链为纽带,建立品牌,集聚资源,自成一套园区运营商业模式,并逐步向全国推广与复制。

下面以中关村互联网文化创意产业园主园——北京五路居文创园为例,详细介绍中关村互联网文化创意产业园在改造历程、业态布局以及管理运营等方面的特点。

中关村互联网文化创意产业园北京五路居文创园

二、改造历程：从"一条腿走路"到"两条腿走路"

中关村互联网文化创意产业园——五路居文创园原为北京市永安机械厂旧厂，随着北京市城市功能定位的转换，永安机械厂产值连年下降，为了顺应"文化+科技"的发展趋势，调整园区发展战略，从单纯依靠科技发展的"一条腿"到融合科技与文化发展的"两条腿"走路。2014年年底，在海淀区宣传部与中关村科技园海淀园管理委员会的促使下，永安机械厂作为海淀区试点进行老旧厂房的改造工作，由北京中关村互联网文创产业园管理有限公司负责策划、设计、运营中关村互联网文化创意产业园——五路居文创园。

北京五路居文创园改造图

至此，中关村互联网文化创意产业园依托中关村玉渊潭科技商务区，引入文化科技产业相关业态，改造提升玉渊潭恩济西园永安机械厂老厂房，实现厂房空间置换，抢占文化创意产业发展制高点，推动了海淀区文化产业结构优化升级。

三、业态布局：定位"科技+文化+教育+金融"四大支柱产业

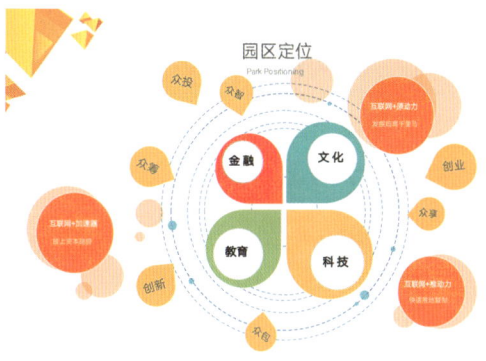

中关村互联网文化创意产业园业态布局

中关村互联网文化创意产业园——五路居文创园在改造之初，即先布局"科技+文化+教育+金融"四大产业定位，继而引入相关业态。五路居文创园运营3年多来，园区内已有122家注册企业，培育了引力传媒、东联科技、泰克贝斯、海唐公关、夏唐科技、人瑞集团、大国慧谷共7家主板和新三板上市企业，另有云图腾科技、椅子网、盛世光影等企业运营情况良好，发展前景可观。

北京五路居文创园业态布局

园区业态	代表企业
科技	大国慧谷、东联科技、云图腾科技、夏唐科技、泰克贝斯、理想梧桐
文化	中国书画美术馆、海唐公关、盛世光影、引力传媒
教育	椅子网、人瑞集团
金融	中能惠通投资、北京中投、联合融信

北京五路居文创园代表企业

此外，中关村互联网文化创意产业园各分园仍以"科技+文化+教育+金融"四大产业为园区产业定位，输出品牌，打包企业资源，与各地政府展开合作，引入科研机构的产业项目，配合相关政府政策的支持，进而调整当地产业结构。

四、管理运营

（一）"一园多址"复制推广，全国连锁经营

中关村互联网文化创意产业园以互联网、文化、科技、人才、金融为产业要素进行全产业链集聚，依托文化产业"内容为王、平台为王"的理念，构建大数据平台，注入互联网创新、科技创新、金融创新、文化创新因子，通过智慧园区平台系统运营。中关村互联网文化创意产业园以北京五路居文创园为主园，通过复制运营理念，对外输出"中关村互联网文化创意产业园"品牌与运营管理模式，下设多个分园，以"一园多址"的推广复制模式进行全国连锁经营。在品牌资源输出方面，主要有三：一是中关村互联网文化创意产业园品牌旗下拥有的由科技部、文化部等五部委共同颁发的"国家级文化和科技融合示范基地"牌照，以及教育部规建中心颁发的"校企合作创新发展联盟大学双创基地"牌照；二是四大产业业态与企业资源；三是园区自身与北京各高校之间的战略合作资源。

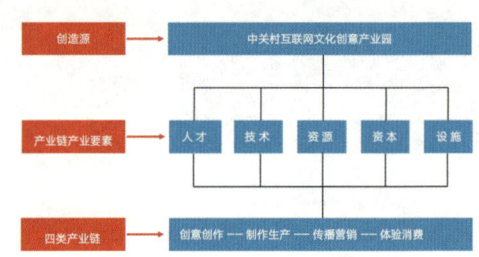

中关村互联网文化创意产业园园区产业链布局

1.北京五路居文创园

中关村互联网文化创意产业园——北京五路居文创园，坐落于中关村自主创新核心区的核心位置，西三环与西四环之间的玲珑路上，昆玉河畔。园区总建筑面积8.6万平方米，依托北京市永安机械厂老厂房改造而成，2014年12月3日正式挂牌运营，现已吸纳大量从事互联网创新、文化艺术、金融创新等行业的优秀企业入驻。

中关村互联网文化创意产业园
北京五路居文创园

1.2万平方米,写字楼占1万平方米。丰台文化创意街以构建集产业、艺术、居住于一体的集成化街区为主旨,将文创与商业、教育、生活相配套,依托区位优势将生态环境融入项目,打造艺术与产业相结合的文创产业街区,以一站式物业管理为商业、办公及创客空间提供完善的配套服务与支持。

2. 河北廊坊文创园

中关村互联网文化创意产业园——河北廊坊文创园,位于河北廊坊经济技术开发区华祥路与云鹏道交汇处的新亚研发总部大楼,总建筑面积约22084平方米,共9层,每层2500多平方米,办公空间大小可自由调整,紧邻东方大学城,采光良好,配套有科研别墅(可用于商务交流)、停车场、宾馆、剧场、艺术展厅、咖啡等。

中关村互联网文化创意产业园
北京丰台文化创意街

4. 河北保定文创园

中关村互联网文化创意产业园——保定文创园,占地面积100亩,总建筑面积18.8万平方米,由保定旭阳光伏科技有限公司开发建设,由中关村互联网文创产业园管理有限公司主导运营与管理。

(二)园区物业、运营分离,赢利模式多元化

中关村互联网文化创意产业园与一般同类型园区最大的不同,即是前者在物业管理与园区运营职能上的分离。中关村互联网文化创意产业园运营方为中关村互联网文化创意产业园管理有限公司,物业由专门的物业管理公司介入。在职责分工上:物业管理公司主要负责租金的收取,园区基础设施(水、电、暖气)建设等;运营管理公司主要负责企业入园服务,与政府的对接,企业工商注册及企业上税等。基于此,中关村互联网文化创意产业园跳出了一般产业

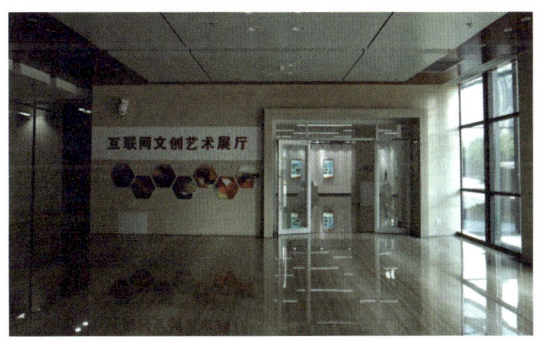

中关村互联网文化创意产业园河北廊坊文创园

3. 北京丰台文化创意街

中关村互联网文化创意产业园——北京丰台文化创意街,坐落于北京市丰台区,是国家重点开发文创产业区域之一,总建筑面积3.6万平方米,其中商业占1.4万平方米,公寓占

园区依托土地、二房东和租金的运营思路，在赢利模式方面进行了创新。中关村互联网文化创意产业园在第一期规划时主要依托物理空间来打造园区；第二期规划时，根据园区的企业和发展需求，进行定制化的产业园区建设，形成以提供增值服务为赢利模式。中关村互联网文化创意产业园赢利模式主要包括以下几大部分：

（1）租金提成。北京中关村互联网文创产业园管理有限公司作为园区运营方不收取园区内企业的租金，交由物业管理公司收取，物业管理公司每年将租金的一部分提成交付到运营方。

（2）股权投资。园区作为企业孵化器、加速器，以占股的方式参与到发展态势良好的企业运营之中。目前中关村互联网文化创意产业园在与企业合作上有合资型与紧密型两种方式，合资型主要就是入股企业运营；紧密型即战略合作，即以较低的物业管理给予企业发展帮助。

（3）税收返还。为支持园区发展，政府每年将园区税收的一定比例返还给园区，进而返还到土地方、企业及运营管理公司三方手上。

五、案例评析

中关村互联网文化创意产业园主打"互联网+"与"文化+"，在运营模式上另辟蹊径，饶有成就。园区对内不依托租金赢利，而是通过将租金、政策、资源、项目、增值服务等置换股权，进行股权投资获取盈利，以及提供政策辅导服务、人才对接服务、金融支持服务、咨询培训服务、上下游产业链资源整合等服务创收。对外输出品牌和运营管理模式，推广"一园多址"，复制成熟运营理念，进行全国连锁经营。此外，以主园北京五路居文创园为例，该园区建筑密度较大，公共空间及公共配套设施设置还有待进一步提升。未来，园区可以主动持开放心态，举办各类文化活动，以公共文化服务提供者的身份有机融入周边社区，实现园区与周边社区之间的良性互动，促进区域公共文化服务更好更多元化发展。

中关村互联网文化创意产业园重点复制北京主园运营理念，先后落户北京丰台、河北廊坊与保定，设置多个分园。以整合中关村示范区内的科技、人才、智力、资本，联动其他项目，推动高新技术展示推广、科技成果转化、创新创业服务等协同创新平台建设，促进文化创意、大数据、电子商务等战略新兴产业发展，有利于加速文化、科技跨区域流动，加快北京非首都功能疏解，助推京津冀一体化深入发展，引导产业转型升级，打造京津冀协同创新共同体。

【老总心语】

文创是国家现在大力发展的产业，我们做文创园一方面是顺应国家的方针战略，另一方面也是让我们国家的传统精髓能够源远流长。园区给予的政策可以给文创企业带来很大的帮助，同时加上科技的助力，让文创与科技能够相辅相成。同时，园区通过自主创新，以灵活的方式给园区企业带来增值服务，助力企业的加速发展！

平客集文创园区

文化创意的新包装

一、园区概况

平客集文创园地处北京市大兴区国家新媒体产业基地金星路 18 号，原为北京市纸箱厂，总占地 75 亩，建成于 1998 年，土地性质为工业用地，房屋规划用途为工交，房屋总建筑面积 26282.34 平方米。2015 年，为响应北京市政府关于疏解北京非首都功能，北京市纸箱厂生产业务全部迁出大兴区。

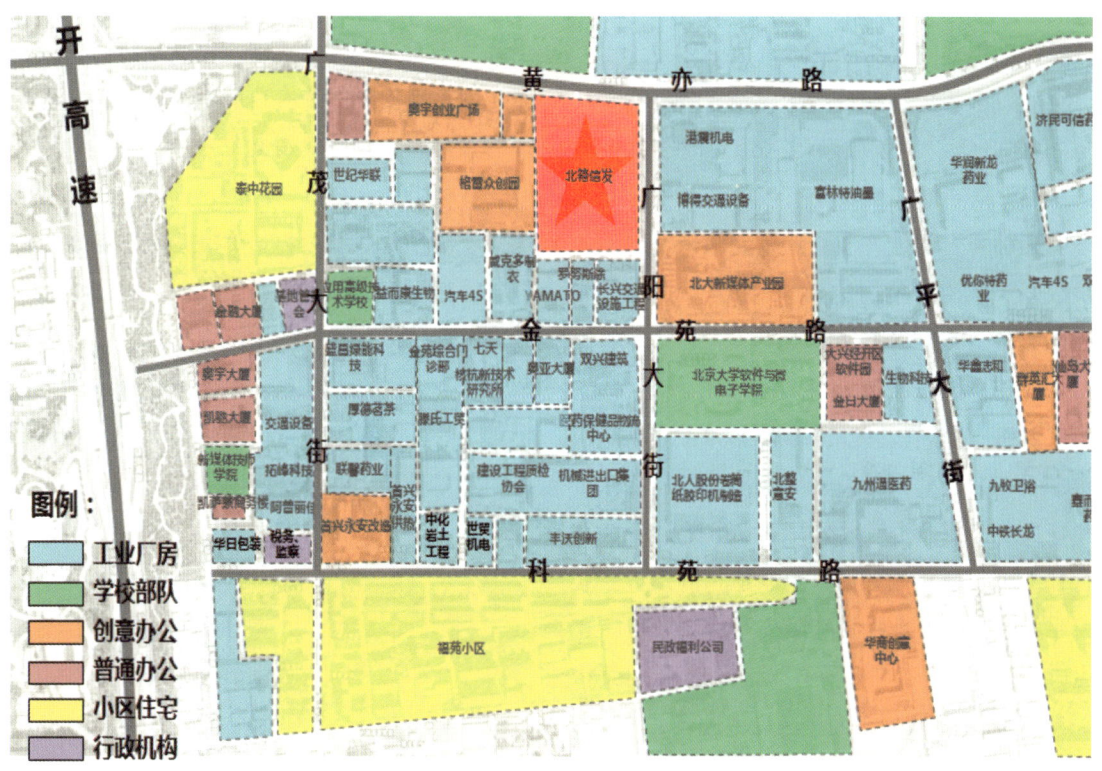

平客集区位环境

平客集文创园产权单位为北京北箱信发包装有限公司，由丰宝恒投资集团旗下北京平科集文化产业投资有限公司负责该项目的整体设计、投资及运营管理。集团在北京海淀区、大兴区、通州区、朝阳区均拥有园区，运营经验丰富。目前北京市内的方家胡同46号、京师科技大厦、纳特园区为代表的十几家以文化与科技为主题的园区均隶属于丰宝恒集团。

二、改造历程

（一）从法华寺到大兴工业开发区

北京市纸箱厂1952年于原崇文区法华寺建厂，1976年迁址潘家园，并引进全国第一条纸板生产线，1998年搬迁到大兴工业开发区，建设了具有现代化生产条件的高大厂房，厂房净高8米，年销售收入过亿元，是北京市纸箱包装行业的龙头企业。

（二）转企改制

2008年，国家鼓励国有企业改制，北京市纸箱厂与吉林酿业集团下属中诚信发投资管理有限公司合资合作成立北京北箱信发包装有限公司，年生产能力达到4000万平方米，成为国家中型I企业。

（三）升级改造

2015年年底，在大兴新媒体产业基地积极推动下，北京北箱信发包装有限公司与北京平科集文化产业投资有限公司采取租赁（15年）合作的方式，将闲置旧厂房改造再利用。由北京平科集文化产业投资有限公司对原纸箱厂6#生产厂房面积19131平方米，8#综合楼面积6385平方米两幢建筑及厂区场地进行总体整体规划、投资及运营管理，将原有老厂房进行升级改造。改造方案保留了工厂原貌和工业元素，依照体育文化产业场地、办公、展示、配套服务的使用需求，将原有的低效旧工业厂区规划设计为以体育文化、影视制作为主导，吸引体育文化产业上下游相关企业相依托，满足企业及周边群众的运动健身需求，提供办公、展示、商务配套等服务的体育文化综合服务园区。

1. 设计理念：空间劣势变优势

原有厂房为单体150米×120米，柱间距30米的大体量厂房，难以作为一般办公室利用，园区经过长时间考察，决定重点引进室内足球场、篮球场、自由搏击比赛场地，并融合赛事转播及影视内容制作，产业定位独特、鲜明，巧妙将劣势变优势。并且邀请艺术家为园区创作雕塑作品"行走的椅子"，形成区别于周边以新媒体和科技孵化为主要发展方向的产业转型升级项目园区。

在改造过程中，园区着重保留了工厂原貌和工业元素，将遗留废旧设备融入园区环境当中，将纸箱造型作为园区历史文化符号加以利用，建成后实现体育赛事的举办与传播、影视内容录制，并吸引体育文化产业上下游相关企业，提供办公、会议、路演、商务咨询以及休闲消费等配套服务，打造体育影视节目制作产业链，建设互动共享平台。

平客集改造前厂房内部1

平客集改造前厂房内部2

2. 改造措施

整个园区改造预计总投入5000万元，施工周期预计为2.5年，预计于2018年7月完成整体改造。总体改造分为基础改造、深入改造、环境改造三个阶段，具体工程包括：分区隔墙；消防设施改造；空调暖气设备更新；强弱电改造；给排水改造；室内外墙面、顶部、地面等装修改造工程。

由于原有厂房电力布置、上水供应、下水排放、冷暖、消防安保等基础设施是按照原工业生产建设安装，远远达不到文创综合园区需求。根据功能区划分，具体需要进行工程改造有：

（1）重新进行分区隔墙。原有厂房为东西长120米，南北长150米的长方形一体建筑，柱间距30米，该状况仅适合工业类型企业整体使用，不能满足体育、文化、影视等计划引进企业使用要求。改造工程包括地下基础处理、地面施工、墙体施工等工程。以"云街"为例，从东向西将巨大厂房一分为二，有效分割厂房原有空间，提高空间运用灵活性，重新划分功能区，增加艺术创作空间的同时优化园区消防。

（2）消防设施改造。原有消防系统是按工业生产需求设计并施工，为满足新规划的使用功能及企业使用需求，需按新的消防设计规范要求、新的办公及体育场馆用途，重新设计、施工并申报审批。改造工程包括：消防水炮、烟感、喷淋系统工程，强排烟系统工程，消防自动控制系统、广播系统、应急指示系统等工程。

（3）空调暖气设备更新。原有设备老旧损坏，制冷供暖标准达不到规定效果，不能满足规划使用需求。改造包括：主管线铺设、空调新风设备采买安装、供暖设备采买安装等。

（4）强弱电改造。因重新划分了功能区，需满足各区独立使用，改造工程包括：新建配电室，配电箱、配电柜采买安装、铺设线路、线缆、桥架等，加装智能化分户用电控制系统、照明系统，监控及网络通信系统等改造。

（5）给排水改造。考虑将来园区成熟后，园区日均人流量将达到5000人，原有给排水条件不能满足使用需求，将进行新建管井、管线铺设，分区入户给排水系统安装等工程。

（6）室内外墙面、顶部、地面等装修改造工程。包括室内墙面刮平粉刷，外墙面清理、喷涂、艺术处理工程；室内吊顶，顶部网架结构防腐处理，屋面更新；室内外部分地面硬化以及建筑周围绿化等工程，使厂房达到规划使用的基本标准，满足企业必备使用需求。

平客集雕塑"行走的椅子"

平客集改造后内部景观

三、业态布局

（一）主题定位：体育与文化融合

园区地处国家新媒体产业基地，周边从文化科技为主题的园区众多，如果不能找到自身独特定位，会与周边园区形成同质化竞争。经过调研，园区决定采用差异化经营模式，以建设文化、体育服务平台为重点，通过改造提高空间品质与利用率，着力构建互动文化服务设施，体现园区社会服务价值。

（二）业态分布：以体育产业为主导全面布局

为了能实现项目的功能定位及规划使用要求，吸引相关类型优质企业进驻，满足企业使用需求，将原有闲置厂房划分为五大功能区，分别为：体育文化区、影视文化区、休闲健身区、会议交流区、商务办公及配套服务区。

1. 体育文化区

捍能国际体育文化中心，是以WKK体育赛事举办、赛事传播，室内足球馆，青少年体育训练，运用"互联网+体育+影视"全新模式为特色的体育文化产业示范项目。项目总面积约6000平方米，包括足球场；综合馆（武术、散打、跆拳道）；羽篮馆；看台休息区及导播等配套服务设施。

2. 影视文化区

左行影视，提供专业影视制作的全面服务制作中心，面积约1000平方米，包括摄制、审片、录音、化妆、制片等配套，围绕文化、体育等相关领域，与新华网达成战略合作，并服务于百度、李宁、CCTV3、CCTV6等企业。

中影影视广告拍摄中心，是目前北京南部规模最大的实景影视拍摄场地服务机构之一。以"互联网+影视"为服务运营模式，拍摄中心总面积约1600平方米，与各大卫视、爱奇艺、乐视、优酷、酷六建立了长期合作关系，并与美空网建立战略合作关系。

3. 休闲健身区

百灵鸟篮球馆，拥有标准室内篮球场地两块，为基地企业、周边居民比赛、日常训练提供场地及专业训练服务。设立看台区，可进行赛事线上直播。线上智能预定实现场馆预定、在线支付等便捷服务。成为基地企事业单位、周围居民重要的体育运动场馆。

赛普体能训练中心，引进国际专业综合体能训练项目，为专业职业人员、体育爱好者提供全面化、体系化的体能训练专业知识与技能服务。组织大众休闲健身、运动比赛等体育活动。

4. 会议交流区

用于筹办组织关于文化、体育、健康等各

类论坛、交流活动，并辅助青少年身心健康研究，面积约3500平方米，并且与北师大建立了长期稳定的合作关系，更好地开展园区公共文化服务活动。

5. 商务办公及配套服务区

这一区域为创业者提供办公场所与活动空间，向初创企业提供比如金融服务、工商注册、法律法务、补贴政策申请等增值服务，帮助企业健康快速地成长。

创客咖啡，定期组织路演、沙龙、训练营、大赛等活动，促进创业者、投资者之间的交流，方便创业者进行产品展示、项目路演等。

平客集业态分布情况

四、管理运营

（一）运营模式：民营企业提供资金支持

平客集文创产业园区运营资金来源于丰宝恒投资集团，目前主要的收入来源为租金，为入驻企业提供丰富的运营增值服务，帮助企业学习成长。同时，园区密切关注企业动向，主动入股有潜力企业，积极引入创业基金为企业服务，形成园区和企业双赢。

（二）运营增值服务

1. 运营管理平台

平客集文创园为入驻的企业和团队提供办公空间、企业服务、共享资源等双创服务，满足创业人员学习交流、项目路演、产品发布、工作生活等多功能的极具青年活力的特色空间。设置物管中心、企服中心，以及共享咖啡、洽谈室、便利店、运动吧等配套场地。

2. 合作共享平台

园区与第三方咨询、服务企业合作，为入驻企业团队提供包括财务、法务、政务、教务、商务服务。集合自有资源定期组织项目路演、人才交流、学习培训等活动，推动创新企业、项目与社会资本对接，并建立长期有效的跟踪服务机制。

3. 交流互动平台

园区邀请名企名师及精英团队，组织多种形式的创业辅导、企业管理、商业模式论坛等学习交流活动，帮扶引导创业人员在企业发展过程中更好的处理解决问题，同时积极与专业金融机构合作，为入驻企业对接银行、担保公司、融资租赁公司等为企业获取债权融资资金，也可为企业提供股权投资、新三板、四板等方式的股权融资服务，解决初创企业资金困难情况。

最有代表性的活动为"私董会"，私董会的本质是通过专业的私董教练激发高品质的集体对话，实现深度集体反思，从源头改变企业家的思维和行动方式，通过讨论聚焦参会人员自身企业当下最棘手的问题，深度分析自身困境，寻找解决方案。

（三）提供丰富资源

集团拥有丰富的资源，入驻企业不仅可以与其他企业合作，更可以利用这些资源寻求更大的发展空间。

（1）市场资源：依托丰宝恒投资集团长达十余年的市场资源积累，有着众多长期合作关系客户，区域客户资源丰富，如文化、体育、科技、服务、电子商务类中小企业，能快速筛选符合项目定位客户，提升入驻客户质量。

（2）渠道资源：集团与众多组织、机构、

平台有长期合作关系，能有针对性的快速发布并到达意向客户，准确有效锁定渠道内高品质客户资源。

（3）社会资源：强大的社会资源，帮助入驻企业经营发展，快速成长。包括媒体、策划机构、市场推广、法律机构、财务投资、工程管理、设计服务、政策咨询等。

（4）政策资源：及时获取政策信息，避免项目发展方向偏差，与各委办局沟通顺畅，能及时了解政府政策指向，享受政府扶持政策。

五、案例评析

平客集文创园区地处大兴区新媒体产业基地内，周边有众多新媒体企业，产业集聚效应强大的同时，也会提高同质化竞争带来的风险。园区在发现后从另一角度出发，结合厂区建筑特点，进行差异化定位，将体育与文化产业结合，打造出以体育为主题的文创园区，新型业态帮助园区从整个基地内脱颖而出。

在开园初期，园区内篮球馆可供附近居民免费使用，并定期发放免费体验券鼓励更多人参与体育活动，带动园区产业发展，传播健康生活理念。大兴新城的东北片区企业及从业人员众多，需要体育运动场馆配套设施，完善生活配套服务。目前，园区在公共文化服务方面仍有很大提高空间，凭借体育产业的独特定位产生的巨大吸引力和强劲带动作用，举办公益性体育竞技活动，为周边居民和周边园区员工传播体育知识，结合2022年北京冬奥会开展服务活动，用社会效益带动经济效益。园区努力打造体育文化产业，填补区域室内综合体育文化场所的空白，满足周边企业以及附近群众的体育文化活动需求，丰富群众的文化生活，既填补了大兴区体育文化产业的不足，极大地促进大兴体育文化相关产业的发展，也为北京市文化产业全方位发展指引了新路径。

【老总心语】

利用老旧厂房升级改造为文创产业项目，要以政策为引导，以市场为导向，努力创新谋划发展。要努力大胆实践，积极响应国家政策。平客集项目通过详细的市场调研分析，精准定位，发挥产业集群效应，助推企业快速成长，依托区域特有产业优势，形成产业内部企业群，借助于产业配套优势反哺企业自身成长，而形成一种良性循环。企业群与产业发展的紧密联系，有利于溢出效应发挥。随着企业群的发展最终促进区域产业的进步和创新，提高产业竞争力。

项目启动阶段充分准备，精准定位，科学规划，严管严控，保障项目稳步发展。平客集项目经过市场调研分析、可行性研究论证，制定了科学的升级改造方案。在保留原有工业元素基础上，将低效工业厂区进行重新规划设计，升级改造为多功能综合文创园区，建设互动共享平台，改造方案经新媒体产业基地管委会审查并出具指导意见，经区经信委征询区规划、区国土、区环保等相关部门意见后，给予项目备案。改造方案的科学性、合规性是项目顺利进行的基础和保障。

项目改造期间注重细节，做好示范带头作用，专业水平促进发展。项目得到了市发改委、中关村管委会、市文促中心、国家新媒体产业基地的大力支持，市区各级领导多次亲临现场指导工作。确保发展方向正确无误，确保功能定位具有带头示范意义。项目的建设积极响应了大力发展科技、文化产业的政策，通过项目的改造建设，不仅使原有的老工业厂房实现了蜕变，成功转型，更为老牌工业厂区的转型提供了可借鉴的模板。

善于总结，不断完善，坚持与时俱进。北京平科集文化产业投资有限公司充分意识到，疏解非首都功能是老旧厂房升级改造，发展文创产业的一个新的历史契机。腾退后的闲置厂房如何有效再利用，这是丰宝恒集团十余年一直研究的问题。结合项目自身特点，符合区域功能定位，满足民众需求，弥补市场空缺，每一个方面和每一个环节都至关重要。平客集项目有效利用腾退出的闲置厂房，重点发展符合首都功能定位的体育、影视文化产业，促进区域产业结构转型，促进京南区域现代服务业发展，助力北京文化创意产业发展，实现腾笼换鸟与转型升级的有机结合。公司将与时俱进，时刻关注国家政策，积极响应政府号召，为首都城市发展贡献力量。

三维六度众创空间

为草根提供创业机会

一、园区概况

三维六度众创空间位于北京市房山区长阳张家场北,一期总面积5000平方米。三维六度众创空间运营主体为三维六度(北京)科技股份有限公司,成立于2015年7月,注册资本2000万元,是一家以文化创意产业、影视动画新媒体、影视动漫全产业链制作为主营,以促进科技成果转化、培养高新技术企业和企业家为宗旨的科技创业服务机构。三维六度审时度势,积极打造具有服务深度与广度的"众包、众筹、众创"三位一体的企业孵化基地,并于2015年9月成为北京市科委授牌的市级众创空间企业。

三维六度建筑外观

二、改造历程

园区由房山区暖气片厂改造而成,原厂隶属于北京金海春光科技有限公司,土地为非工业用地,整个园区占地面积达20000平方米。三维六度改造老旧厂房目标是打造房山区标志型园区,带动全区电影产业发展。整个园区计划分三期开发,目前一期工程已经建成,打造基于4K分辨率的电影数字胶片修复的办公空间,二期与三期工程正在规划中,二期工程主要建设创客咖啡、虚拟影棚、后勤餐厅等园区配套服务设施，三期工程注重 4K 胶片修复培训就业服务平台、花园式办公空间。目前，三维六度一期已改造完成，3500 平方米的众创空间已投入使用。

调，不规则的几何流畅线条和繁复细碎的小物件为身处其中的人带来一种饱满舒缓的感觉。

暖气片厂房原貌

三维六度改造后内部空间

（一）改造原则：倡导新型办公理念

在 2015 年提出改造时，设计师曾考虑过完全拆除现有旧厂房，重建一批标志性建筑。原厂房净高 20 米，内部分为三层，一层和二层为生产车间，三层为储存空间，经过反复论证，最终选择保留老旧厂房主体结构，在原厂房进行功能性改造和外立面改造。更新后的空间保留了原厂房高挑的结构，一层与二层作为企业办公空间，设置数据处理中心、办公室、会议室与休闲区，三层为物业办公区。整个园区风格统一，墙面做刷白处理，空白处利用色彩和线条展示现代感，实现建筑的历史感与现代感的完美融合；空间两侧通透的窗户兼备良好的采光和绿色节能效果，避免了传统办公格子间的压抑感。内部装饰打破了传统办公环境的逼仄感，充分利用高大开阔的空间，采用北欧极简主义风格，强调人和自然和谐共生，倡导共享办公新理念。工作区有景深，有进退，有透视的立体效果，休闲区多了许多温馨的色

（二）改造特色：集装箱拓展空间

改造时，在厂房一层外部加入集装箱，与原本建筑相连，形成一个半开放空间，既可以用作普通办公区域，又可以满足影视公司拍摄需求，打破老旧厂房固有外观，由内而外焕发新光彩。园区还配建休闲、餐饮、绿化等公共设施，在为员工提供更优越办公环境的同时，大幅缩减了预期投资。

三维六度改造后的"集装箱"空间

三、业态布局

我国2007年开始启动电影档案影片数字化修复工程,当年总拨款达2.65亿元人民币,带动一批电影数字修复公司发展。三维六度(北京)科技股份有限公司自2015年成立之初就专注于电影胶片修复及电影后期制作等相关工作,引进国外先进的胶片修复技术,建立了一套完善的4K电影胶片数字修复设施,并与美国MTI Film公司合作,完成多部好莱坞老电影修复项目,如《空军一号》《007之金枪人》《浮生若梦》等。

2018年4月,北京国际电影节前夕,三维六度同中国电影资料馆携手共同完成的最新4K修复版《盗马贼》(田壮壮导演1986年执导)《黄土地》(陈凯歌导演1984年执导)举行了首映仪式。这是我国首次对电影进行完整的4K修复,标志着中国电影数字化修护进入新时代,对我国电影产业发展具有重要意义。

在4K胶片修复的基础上,三维六度纵向发展了影视后期全流程制作,横向深入到房山区职业教育事业,不仅先后参与了动画片《一千零一夜之拯救黄金城》、网剧《少年忍师》等项目的后期制作,还得到了房山区教委的大力支持。公司核心孵化投资领域包括影视数字制作、动画制作、数字内容等,将技术孵化与服务孵化相结合,把办公空间当作产品,使办公空间的设计、智能硬件、管理系统和以4K胶片修复技术为基础的云服务平台作为基础服务,实现轻资产模式空间产品的快速迭代和创新。

三维六度电影修复室

三维六度业态分布情况

影视传媒产业	北京谦合铭泰影业有限公司
	北京纸品的美好文化有限公司
	北京蔚蓝色文化科技有限公司
	北京华采联合传媒有限公司
	北京华夏京瓷艺术品有限公司
	妙音在线（北京）文化科技有限公司
	北京工匠伟业影视文化有限责任公司
科技服务业	北京集思睿景科技有限公司
	北京中唐互联科技有限公司
	北京中同远智商贸有限公司
	北京中农联高科技中心
	北京合泰华移动信息技术有限公司
	亚商天使会（北京）科技有限公司
	北京澈思视景科技发展有限公司
金融服务业	北京华信伟达管理咨询有限公司
信息服务业	北京千都平安管理咨询中心
其他行业	北京三维六度咨询管理有限责任公司
	绿狮（北京）网络科技有限公司

四、运营管理

（一）运营模式：园区孵化企业

三维六度既是园区运营方，也是园区主要企业，其盈利不依靠园区租金，主要来源为公司承接电影修复项目，因此在选择入驻企业时自主性更高，一般流程为：咨询—注册用户—面谈—入驻开放办公区—初审—入驻评估—入驻专属办公室—入驻孵化区。在培育企业的同时，除了吸纳知名企业入驻外，三维六度还吸引了许多中小团队的关注。创业团队可以专注于技术，园区将帮助解决诸如企业注册、财务税务、知识产权、法律咨询、金融投资、上市咨询等。一站式服务极大简化了创业流程，降低了创业难度，带来的直接经济产值达上千万元，为产业发展释放了巨大空间。

（二）管理模式：办公地点灵活多样

园区以4K胶片修复技术为基础，搭建一个技术支持、数字化产品交易和协同制作三位一体的云服务平台，借助互联网实现在线协同制作。这种模式所凸显的优势表现在：运用大众化的终端显示设备即可完成工作任务，进而使得居家、外出随时工作成为可能。以任务完成为导向，不再拘泥于规定的时间、规定的地点，甚至规定的岗位纪律要求，技术人员与企业可以通过一种全新方式进行关联，不仅有效地减少了劳动成本的投入，还为精英创业提供了多样性，更为草根创业铺设了现实可行的路径。

这种模式来源于目前广受大众欢迎的共享模式，园区采用共享办公模式，强调共享、社区、新服务，入驻企业可借助三维六度搭建的技术支持、数字化产品交易和协同制作的云服务平台在线完成，这种联合办公和灵活服务的运营体系更适合互联网思维，在园区内形成影视文化、科技创新、数字娱乐的创新团队联盟。

（三）教育扶贫：贫困学子的发展平台

园区积极与全国各大院校展开合作，开设创业诊所、创业培训、大学生见习基地、技能培训及专家咨询等诸多创业服务平台，并作为大学生校外实践基地，提高大学生校外实践能力。2017年，园区与北京市房山区第二职业高中、北京市新媒体技师学院达成一致，采用"3+2"的培养模式，共建二职高"数字新媒体"专业，实施"新型校企合作模式创新实验项目"，促进该专业贫困生成为"有文化、懂技术、会经营"的技能型人才，真正实现简洁高效的办公体验、别具一格的工业设计、配套完善的新服务方式。

（四）创业扶持：提供均等创业机会

为了帮助入驻企业发展，三维六度不仅开展"痛点"式走访工作，细化企业需求；还提供政府政策指导、项目申报上门辅导服务，共同探讨契合入驻企业现状的申报项目。同时，利用领先的知识产权服务解决企业疑难问题，并且通过创新的宣传推广服务、帮助企业做好市场拓展工作。着力为创新企业成长搭建一个实现创新与创业、线上与线下、孵化与投资相结合，同时高性价比、便利化、全要素的开放式综合服务平台，助力创业者更好地扬帆起航。

为了凸显"双创"主题，园区形成了三大服务功能，包括：载体服务功能，为入驻的创业者和创业群体提供营运载体、创业平台和商务配套服务，负责全部物业载体和设施的常态管理与维护；增值服务功能，为入驻的创业者和创业群体提供政府政策的对接通路，提供业务对接的渠道与平台，为初步创业者提供专业服务的路径与导向、顾问与助手；特质服务功能，为大学生双创实践提供实训题材和指导，通过拓展中心，融合园区及社会资源，共同扶持大学生创业。

五、案例评析

三维六度众创空间作为北京市房山区唯一以电影修复技术为主题的园区，运营模式和建筑改造都具有鲜明特色。园区在运营中担任家长的角色，负责园区项目洽谈、引进，并将成功引进的项目分给入驻企业，帮助企业发展的同时，也不忘孵化人才。园区与高校联合，开展教育扶贫，为家庭困难学生提供学习与实践的机会，也为园区提供了人才，建设稳定高效的人才输送渠道。园区目前只完成一期工程，还有多数空间未开发，作为房山区发展较好、未来潜力巨大的文创园区，可以针对房山区公共文化服务资源较为贫乏的现状，在未来规划中增加公共文化服务的部分，例如提供电影知识讲座、免费放映电影、参观电影制作流程的活动，带动本区域文化产业的发展。

园区的空间改造设计在国内设计比赛中获得优胜，改造过程中不仅保留老旧厂房空间结构，也将环境元素融入改造后的空间，园区内原本栽种大量杨树，由于疏于保护，一部分已经枯萎，设计师通过艺术方式，把树枝收集、修剪，改造成为办公空间内的装饰墙，使原本失去生命的杨树以另一种方式继续生命，过去和现在在同一空间相遇，更是工业遗存与现代科技的融合。

【老总心语】

随着中国加快落实创新驱动发展战略，主动适应和引领经济发展新常态，"大众创业，万众创新"的浪潮在神州大地上激流涌动。在国家政策的支持下，本着对中国文化的热情，我做出了一个决定，将可容纳千名员工的北京金海春光科技有限公司重新改造，把前景无限的科技文化创意元素注入这片生产效益低的老工业厂区，2015年7月，三维六度众创空间扬帆起航，成了房山区首家以文化创意产业、影视动画新媒体、影视动漫全产业链制作为主营的创业服务机构，更多和我一样热爱文创产业的创业者从此多了一个实现梦想的舞台。

如今，三维六度众创空间风风雨雨经历了三个春秋，在摸爬滚打中，我们不仅创立了从企业设立、财务税务、知识产权、法律咨询，到金融投资、上市咨询等"一站式""保姆式"的服务体系，还运用自身的技术，解决了影视制作固有的一些瓶颈问题，为精英创业提供了多样性，更为草根创业铺设了现实可行的路径。

我们一直"不忘初心，牢记时代使命"，兢兢业业。以创新推动创业、创业带动就业、创业促进产业的众创模式，促进中小微企业创新创业，加快科技成果转化，为影视文化产业集聚发展、大学生创业，创造有利条件。"北京市众创空间""国家高新技术企业""房山区文化创意产业园""中关村南部创新城领创示范空间"等称号的获得是政府对我们成绩的认可，也是鞭策我们不断前行的动力。

欢迎更多有志之士入驻三维六度，与我们共同打造创业生态，为创业兴国奉献力量。

隆晟华盾文化产业园区

雪花落地发新春

一、基本情况

隆晟华盾文化产业园由北京华盾雪花塑料集团有限公司生产厂区改造而成，由北京隆晟华盾文化有限公司投资运营，以文化创意、文化艺术传承发展为主，涵盖"吃住行游购娱"多业融合的发展格局。园区位于丰台区黄土岗马家楼119号，地处丰台区马家楼桥西南角，北靠南四环，东接京开高速，占地面积4.6万平方米，建筑面积3.2万平方米。

北京隆晟华盾文化有限公司企业性质为混合所有制，于2013年11月在北京市丰台区注册。主营业务开发建设隆晟华盾文化产业园，立足于将园区打造为京城最具有传统文化与科技创新相融合的特色文化产业园区。公司秉承"文化与园林结缘、文化与社区互动"的工作理念，在获取企业经济效益的同时，兼顾社会效益，先后投入资金逾2.1亿元，对13幢共计2.6万余平方米的厂房、库房进行翻新改建，形成了公园式园区环境、现代式园区管理、富有浓郁文化氛围的文化产业园区。公司现有30余名运营人员，入驻企业员工500人左右。

隆晟华盾文化产业园全景

通过升级改造，华盾塑料厂已经转型成为"隆晟华盾文化产业园"，老国企的旧厂区焕发出新活力。园区目前入驻各类企业 23 家，涵盖智能文娱、创意摄影、网络传媒、传统文化、喜庆文化、珠宝文化、红酒文化等，文创企业比重约占 60%。园区在深入挖掘老厂区的潜在艺术审美和历史文化价值的基础上，将工业筋骨与徽派建筑有机融合，成为北京南四环路一处独特的标志性建筑群，实现了国有企业老厂区在"疏解整治促提升"中的腾笼换鸟、华丽转身，搭建起文化企业平台，在社会中产生的影响日益扩大。

二、改造历程

园区前身是北京华盾雪花塑料集团有限责任公司生产场地，北京华盾雪花塑料集团有限责任公司始建于 1965 年，主要生产农膜、土工防渗、中空容器托盘、塑料包装四大类产品。2014 年按照北京"四个中心"城市战略要求，将塑料生产迁往河北省固安工业园区。2016 年 9 月全部腾退完成。

园区建设紧紧围绕"三年打基础、五年大发展"的战略目标，按照"硬件壮园、特色立园、服务优园"的建设总体要求。2014 年，园区开始改造动工。为能高效推动老旧厂区"腾笼换鸟"，改造工程与生产活动同时进行，腾空一座厂房改造一座。交叉作业中，13 栋厂房、库房及辅助用房旧貌换新颜。2017 年，基本实现了工业厂房遗址"大变装"，过去生产时期造成的周边环境拥堵、空气污染等问题得到了解决。

隆晟华盾文化产业园园区内景

目前，园区基本实现设施完善、功能齐全、风格独特、效益可观的规划设想：营造了优美园区绿化环境、优美整洁的办公环境，打造高端物业管理品牌；工业厂房风格结合徽派建筑风格形成了时尚的气息和氛围又具有传统文化气息；兼顾社会效益，便利性生活文化设施惠及周边社区居民及游客，切实服务于市民的文化需求，注重市民的文化体验与参与，为居民和游客提供了餐饮住宿、休闲散步的好去处。

三、业态布局

园区现入驻企业 23 家，文创企业约占 60%，涵盖娱乐机器人研发、网络传媒、传统文化、喜庆文化、摄影技术研发、珠宝文化、红酒文化等企业。其中，智造未来（北京）机器人系统技术有限公司是全国首家大型载人娱乐机器人研发公司，公司在园区内召开了创新研发完成的第二款高 3.5 米、重 3 吨，载双人并实现简单变形机器人的发布会。北京花嫁丽舍温莎婚庆服务有限公司是国内婚庆文化服务行业唯一一家上市公司，每年在园区内举办 600 场喜庆庆典活动。入驻园区企业文化丰富，经营业绩良好，2017 年园区营业收入 2 亿元，纳税 1000 万元。

除此之外，中艺智融（北京）文化发展股份有限公司，是中国文化艺术智能融通共享系统的发起公司，是国家级文化艺术人才库，为园区提供相关服务。为推动园区进一步做大做强，隆晟华盾文化产业园分别与中国戏曲学院、中国煤炭文工团、北京保利新舞台演出制作公司、北京戏曲艺术职业学院等单位签订了战略合作协议，将在高端引领、品牌带动，差异定位、特色发展方面密切合作。

四、管理运营

北京隆晟华盾文化有限公司于 2013 年 11 月在北京成立，由北京雪花电器集团公司、北京华盾雪花塑料集团有限责任公司和北京中晟基业投资有限公司为北京市之民营投资企业三家企业合资创立。

首先，园区在规划管理上，合理确定文化产业园区发展方向，明确园区的功能定位和特色产业。在定位上，园区的目标是要打造区域领先的文化产业园，全市优秀的文创平台，以及京城最具有传统文化与科技创新相融合的特色文化产业园区。园区秉承诚信、敬业、务实、创新的企业理念，引进具有发展前景和带动性的重点文化企业，使园区朝着品牌化和专业化发展。

其次，园区注重和政府高校的合作交流。丰台区"打造中国戏曲文化中心"的区位规划给隆晟华盾文化产业园发展和华盾公司提供了转型发展的契机。园区将区域优势和市场需求结合起来，获得了丰台区文创文化扶持资金。此外，隆晟华盾文化有限公司分别与中国戏曲学院、中国煤炭文工团、北京保利新舞台演出制作公司、北京戏曲艺术职业学院等单位签订了战略合作协议。园区中，J 座功能定位为综合办公楼和艺术教育在线直播，G2 座和 K 座为项目延展功能，致力于构建和谐完美的文化艺术生态系统。

园区在企业引进规划和建设中，注重避免低水平重复建设和资源浪费。公司经营团队认为，产业园区的改造要结合园区实际，"不要大拆大建，要适当保留"。园区里，33 米高的土工膜车间是目前南城最高的车间，已服役近 20 年，这个独具特色的建筑被保留下来，改建成特色演播厅，承接文化演出。

五、案例评析

面对大体量、大规模的空间腾退带来的后续发展规划和产业引导等问题，北京华盾雪花塑料集团有限责任公司在深入挖掘老厂区的潜在艺术审美和历史文化价值的基础上，将工业筋骨与徽派建筑有机融合，成为北京南四环路一处独特的标志性建筑群，实现了国有企业老厂区在"疏解整治促提升"中的腾笼换鸟、华丽转身，发展成绩显著。

首先，注重打造环境，提升服务品质。依托老厂房工业遗产提升园区文化氛围，通过工业筋骨与徽派建筑有机融合，将老厂区潜在的艺术审美和历史文化价值挖掘出来，工业筋骨与徽派建筑有机融合，形成颇具中国古典意蕴的园林氛围。园区秉承"文化与园林结缘、文化社区互动"的理念，在获取企业经济效益的同时，营造了优美整洁的园区环境。将老厂房旧食堂改造为高端食府，员工办公楼改造为主题酒店，老旧资源都做到了合理利用。

其次，在业态的选择上，园区摈弃引进企业，一味追求企业入驻率的做法，除了传统弘扬与创新成长外，园区突破单一发展模式，打破业态壁垒，实现了多元业态的跨界融合。不同业态在文化产业园区内良好共生，为文化产业园区的发展带来了新的启发。园区已经引来入驻园区文创企业23户，涵盖从事红酒文化、喜庆文化、网络传媒、摄影技术研发、建筑设计、珠宝文化、娱乐机器人研发、传统文化主题餐饮等企业。园区注重引进科技创新企业，以租金减免、资源对接、场地支持等多方面对高新技术企业进行扶持。

此外，丰台区"打造中国戏曲文化中心"的区位规划给隆晟华盾文化产业园发展和华盾公司提供了转型发展的契机。园区周边聚集了中国戏曲学院、北京戏曲艺术职业学院和专业剧团，戏曲氛围浓厚，曲艺人才济济。推动传统文化艺术的传承，对当前社会产生积极影响，把区域优势和市场需求结合起来。

同时，园区在未来发展上也面临着周边配套设施不健全、交通道路容易拥堵等问题，园区自身也需要进一步改善服务品质、丰富服务种类、提升辐射能级，更好地服务入驻企业，更好地助力区域文化建设和经济社会发展。

【老总心语】

北京隆晟华盾文化产业园建设紧紧围绕"三年打基础、五年大发展"的战略目标，按照"硬件壮园、特色立园、服务优园"的建设总体要求，现已达到了设施完善、功能齐全、风格独特、效益可观的规划设想；营造了优美园区绿化环境、优美整洁的办公环境，打造高端物业管理品牌；实现了国有企业老厂区在"疏解整治促提升"中的腾笼换鸟、华丽转身。结合徽派建筑特色，改造后的工业厂房既具传统文化气息又颇有时尚氛围；园区运营兼顾社会效益，便利性生活文化设施惠及周边社区居民及游客，切实服务于市民的文化需求；园区文化建设注重市民的文化体验与参与，是周边群众餐饮住宿、休闲散步遛弯的好去处，使人们在城市功能疏解中不断增强获得感、幸福感。

北京天图文化创意产业创新基地暨
北京博展创意产业联盟创新基地

展陈创新的首发之地

一、基本概况

北京天图文化创意产业创新基地暨北京博展创意产业联盟创新基地位于昌平区沙河镇，由原沙河镇属企业工业厂房改造而成。基地于 2008 年正式建立，由北京建筑装饰协会、北京市工业设计促进中心及北京天图公司联合发起主办，占地面积 83 亩，改造建筑面积 3 万平方米。

基地由天图集团投资改造，是以文博产业为核心，集创意孵化、艺术创作、科技研发、展览展示、人才培养、成果转化、教育实训为一体的产业发展及综合服务平台。基地聚集行业优势资源发展合作，通过跨界融合的发展模式，推动行业的创新发展，同时促进区域的文化科技与产业融合。

创新基地正门

目前，基地已为国家博物馆、故宫博物院、北京奥运博物馆等众多文博展馆的建设提供了展陈创新设计及技术研发平台。未来，基地作为北京博展创意产业联盟创新基地，将发挥行业服务平台的功能，为文博行业提供文化创意、科技创新、资源整合、配置优化、成果转化、模式创新、管理创新、行业培训、市场拓展、品牌传播、文博展览行业的产业升级平台。

老厂房改造内景

二、改造历程

北京天图文化创意产业创新基地由天图集团投资改造，由原沙河镇属企业工业厂房改造而成。2008年，基地建立之初设立了传统工艺创作、绘画、工业设计、多媒体设计在内的多个专业工作室，雕塑车间、木加工车间和金属加工车间以及科技类产品研发工作室和实验室。

2012年，"北京博展创意产业联盟"正式在基地成立，并将基地设定为北京博展创意产业联盟创新基地。随着集团业务不断扩张，向产业链上下游辐射，以及联盟职能发挥，基地承载的业态和功能不断丰富。在空间布局上，基地根据功能将空间分为不同的功能区域，设置了包括接待中心、展示中心、创意孵化中心、实训中心、展览展示交易中心、管理服务中心等功能中心；装置艺术、漆艺、陶艺、雕刻、绘画、工业设计、多媒体设计等多个专业的创作工作室；科技类产品研发工作室和实验室；同时还设有木制作、金属加工制作等生产试制车间。

在建筑改造上，基地保留了老旧厂房建筑，根据全新的使用功能需求和定位，对建筑的外立面和建筑内部进行设计和装修，融入现代艺术元素，营造了富有创造力的办公空间。在空间景观设计上，在开放的绿地空间上设置极具风格的雕塑作品，展现基地特色。

三、业态布局

基地聚集了文博行业艺术、科技等优势资源，形成为文化主题项目及各种空间提供全案策划、规划与设计、工程实施、产品开发与服务为一体的多元化产业业态。目前，基地已吸纳包括博展联盟成员单位在内的企业、协会、院校组织、工作室等共16家单位入驻，涉及博展行业的设计、艺术创作、科技产品开发、多媒体产品开发、影视动漫制作、工艺美术传承和创新应用等方面。

基地内传统工艺美术创新应用作品展

基地围绕文博产业，整合内外资源，搭建了"三个中心和一个平台"的基地产业板块，即文博技术创新中心、新媒体创意应用中心，新工美研究发展中心以及国际金融文博服务平台。

（一）文博技术创新中心

以智慧文博（博物馆、博物馆群、文博社区）建设、研究、保护、运营中的技术需求为目标，采用核心主力技术引领、应用技术汇集打造完善的体系化、一站式的专业文博技术建设服务的市场模式。

代表企业：北京数字博文科技发展有限公司。

北京数字博文科技发展有限公司创建于2008年，是中关村物联网产业联盟智慧创新设计专委会主任单位，拥有计算机系统集成相关资质。公司立足文物预防性保护（智能文物展柜）、智慧展陈、文博数字服务三个领域，主要打造"数字博文®""数博城市®"两个产品与服务品牌。目前，公司已获得几十个专业软件著作权及专利。

（二）新工美研究发展中心

中心面向文博产业，以创新传统工艺美术产品设计、工艺技术，拓展工美美术应用和交易渠道为主要内容，充分发挥基地多学科、多专业、跨行业、跨领域的整合创新能力，以未来发展的眼光致力于工艺美术行业的产品创新和经营模式创新。为文博行业提供新的、更有民族文化内涵的文创产品设计制作及文物保护技术研发平台，催生民族自主品牌的文化创意品牌企业。

代表企业：北京天图天美创意文化有限公司。

北京天图天美创意文化有限公司是以文创产品、艺术品为主要经营业务的专业化创意型公司。公司以工业设计为主要手段，集成了中国传统工艺和现代艺术各专业艺术方向。以整合创新与商业模式为核心竞争力，以开发产品

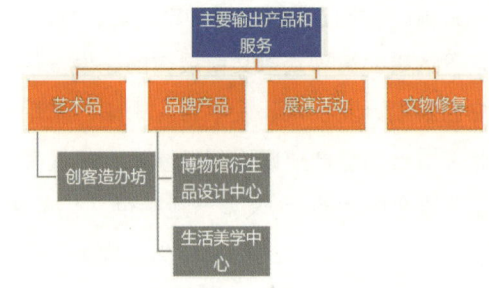

天图天美创意文化有限公司主要输出产品和服务

塑造品牌为工作目标，完成产品的商业转化，实现设计的核心价值与营利目标的研究、设计、产品开发的产业链过程。

（三）新媒体创意应用中心

新媒体创意应用中心是以多媒体创意应用产业为核心发展方向的跨媒体专业中心。通过政策引导、创新要素聚合、服务体系建设、科技金融对接和产业循环体系的打造等，形成涵盖物联网、移动互联网、电子支付、交互游戏、软件开发、系统集成、广告会展等领域在内，集产品、服务和应用等方面于一体的跨媒体产业集合。

主要输出的服务包括：博物馆IP的衍生数字内容服务、数字多媒体展项定制化研发、数字内容制作、特种影院创意设计与集成技术。

（四）文博金融服务平台：投融资+品牌运营服务+基地管理

面对博物馆领域产业升级和跨越式发展趋势，天图文化创意产业集团与中关村物联网产业联盟共同发起成立"中物文博文化发展股份有限公司"，以资本和品牌运营为推手，落实文化+科技双轮驱动，打造文博行业新模式新业态，完善博物馆领域全产业链布局。

开展项目包括：文字文化一带一路传播项目、博物馆文化大篷车项目、博物馆文创与运营平台项目、军事科技馆投资运营项目等。

四、管理运营

（一）运营理念：行业资源纵向集聚

基地以对文博行业的文化、技术、市场、人才等资源的纵向整合为基地运营中心理念，围绕文博产业，通过原创产品和关联产品以及相关产业链之间的互动发展，形成了基地完整的产业链和文博创新的生态环境。将基地打造成一个以文博产业为核心，集行业创意孵化、艺术创作、科技研发、展览展示、教育实训为一体的综合性平台，通过基地内部各环节企业之间的联动，形成自身核心竞争力。

（二）运营路径：文博行业产业化发展

基地以文博行业为主导，通过产业化运作实现基地内部资源的整合和专业分工，形成合理的功能结构布局，打造主题型、创新型、专业型基地，实现基地功能优化。通过产业协作，基地能够产生最大的资源优化配置，形成规模效益和集约化效益。与博物馆、展览馆、纪念馆等文博事业单位对接时，企业以基地为平台，以产业化的运营方式提供专业高效的服务。

（三）双效统一：项目制非遗传承人才保护

基地内设置了多个国际一流文创大师工作室，为知名艺术家以及非物质文化遗产手工艺继承人等高端艺术人才提供创作空间和创作专项资金支持。基地以固定工资＋项目收入提成的方式资助非遗手工艺人传承与创新传统手工艺，艺术家们通过基地平台承接项目，通过市场化开发和跨界合作等方式，将传统手工艺进行市场化开发，在传承保护的基础上进行创新，实现传统手工艺的活化重生。以基地内部设置的漆雕手工艺工作室为例，基地负责商业洽谈，市场化运营，展览展示等除创作之外的一切事务，为漆雕手工艺传承人提供专心创作的空间。

（四）平台打造：助力行业创新

基地设置展览空间，分为可移动文物保护研究展示、优秀文创设计产品展示以及艺术设计类专业院校学生创作成果展示等不同类别的展览空间，形成优秀设计成果和艺术作品的集合。通过举办博展联盟行业论坛、展览等交流活动，能够为会展行业及相关领域的产业链各要素主体搭建交流交易平台，推动高校、相关行业协会、展览单位、艺术家等各方交流互动，推动行业创新进步。

五、案例评析

在天图集团的投资与助推下，北京天图文化创意产业创新基地逐步发展成为以文博产业为核心，集创意孵化、艺术创作、科技研发、展览展示、人才培养、成果转化、教育实训为一体的产业发展及综合服务平台。

基地办公楼内荣誉墙

作为全国唯一一家以文博文创为主导产业的创意产业基地，天图文化创意产业创新基地以传承中国文化，创新传统工艺与技术，推动产业发展为宗旨，聚集行业艺术、科技等优势资源发展合作，在基地建设和基地运营上摸索出独特的发展道路。基地积极打造成果转化平台，对于具有市场潜力的文博＋工美＋科技项目提供全方位的资源支持，帮助项目落地。在资金方面，基地设立了专项支持基金；在技术层面，基地以国家消费物联网和智慧城市建设为核心抓手，利用自身集聚的技术平台与合作资源全程对接推动项目落地变现，积极打造文博+科技新产业形态，推动智慧文博的发展，形成核心竞争力和品牌价值。同时，基地与工美艺术类专业院校合作，吸引和培育优秀人才，为学生搭建创作实践培训平台、创作团队孵化平台以及创作成果转化平台，为文博行业输送人才。

在发展过程中，北京天图文化创意产业创新基地不仅要考虑基地内部产业价值链条的完善，而且要考虑基地与周边城市功能的融合和利用，注重与基地所处区域的政府、社区、居民等其他社会主体之间的互动，广泛发挥文博产业的社会效应，积极服务区域文化建设。

【老总心语】

天图集团秉持"共识、共创、共享"的合作发展原则，与国内外一流的大专院校、科研技术团队、艺术创作大师紧密合作，以传承传统文化为己任，以科学创新引领发展，将文化、艺术与科学技术有机结合，多方引进先进的工艺技术，招揽优秀的专业人才，已形成多学科、多专业的智慧群体核心及集产、学、研、用于一体的运营模式。

新时期，天图集团在"传承、文化、创意、科技"的发展理念指导下，进一步完善产业链体系和一体化服务流程，打造全方位文化产业项目开发板块，构建崭新的天图集团产业架构和科学经营管理模式，努力成为国际一流的文化专业服务提供商，为国家文化产业经济的发展做出贡献！

大稿国际艺术区

隐匿于钢筋水泥中的当代艺术

一、基本情况

大稿国际艺术区位于北京城市副中心通州区梨园镇大稿村，交通便利。园区隶属大稿国际文化有限公司，占地面积45亩，利用原中意合资的废弃工业厂房进行改造。建设改造后建筑面积达37000多平方米。是一处具有后工业感和当代意味的国际型艺术区，有着独特的创意感和鲜明的时代性。

大稿国际艺术区外景

园区以"当代艺术精神+时尚文化产业"为理念，集当代艺术、先锋时尚文化、创意设计、休闲娱乐于一体，使艺术融入公众、融入生活，由此形成产业综合体模式，努力打造艺术与生活完美融合的综合服务平台。文化创意产业的市场潜力和空间巨大。园区通过准确的市场定位、广阔的国内外艺术资源，以及专业的团队与完整的产业模块，积极拓展市场，以艺术融合科技为主导的物联网创意空间，形成强势的社会聚集效应及经济价值。

目前大稿国际艺术区北京总部拥有130多家当代艺术和文化创意产业机构，集合了当代艺术、时尚设计、影视媒体、演出团体、网络传媒、音乐原创、动漫动画、策划及创意公司、艺术家原创工作室等各类文创企业，同时拥有众多当代艺术家、演艺时尚达人及国际级时尚设计师，成为一个综合的创作、展览、交流、演艺娱乐基地。

2016—2018年，连续成为北京国际设计周、北京文化创意创新创业大赛通州区的指定分会场。2017年，被评为"中国文化创意产业十大特色园区"。

二、改造历程

20世纪六七十年代，大稿村以传统农耕为生，全村收入不足百元。为使村民尽快脱贫，从1976年始，大稿村领导带领村民率先转型发展起了第二产业，先后创办了机械加工厂、锻造厂、建筑装饰、材料生产等村办集体工业企业。"伊美斯门窗厂"和"大稿村办小型直升机装配厂"即是当时创办的53个大小企业中的两个。因此，作为改革开放的最初探路者、作为社会主义新农村（是当时颇为有名的"亿元村"）、农民参与工业生产的典范，大稿村的这些工业企业受到了时任国家领导人江泽民等的高度重视与称赞，曾先后多次来此实地视察。时至20世纪后期，后工业落幕，厂房一度闲置。但是，一个时代虽已远去，它留下的"骨骼"却成了另一种文化的孕育地。

2006年始，艺术家们在原厂房的建筑基础上进行创意改造，使其变身成为一个有着当代艺术与时尚文化意味的"大稿国际艺术区"。对于艺术区的定位，创始人楚智程先生的构建是清晰的："它不像以往我们理解的那种里面首先是有画家，以及画家的工作室，其次就是画廊和美术馆，我们以前理解的艺术区基本都是这样一种区域。现在我们园区创设的不再是单纯只有画家的艺术创作工作室，我们更主要的内容是文化艺术创意产业这个群体。"

北京国际设计周大稿国际艺术通州分会场

大稿国际艺术区创意空间

整个园区由八大厂房建筑空间，和一栋三层综合楼及辅助功能建筑组成。厂房均由钢筋混凝土框架构成，可随意改建，艺术区环境条件基础较好，具有后工业感，可设计改造性条件很大，厂房建筑最低空间高8.5米，最高可达15米，屋顶有天窗，非常适合作艺术创作工作室、美术馆画廊展厅、影视大棚等使用。艺术区内清静幽深，树木与建筑协调自然。经过整体改造，目前已有画廊空间、影像艺术空间、新媒体艺术空间、艺术家设计师工作室空间、酒吧餐饮空间、运动健身空间等配套齐全的格局。

文化机构进驻后，成规模地租用和改造空置厂房，逐渐发展成为画廊、艺术中心、艺术家工作室、设计公司、影视影棚、餐饮酒吧等各种空间的聚合地，形成了具有国际化色彩的"SOHO式艺术聚落"和"LOFT生活方式"，现已在业内引起了关注。

三、业态布局

大稿国际艺术区的产业筛选十分严格。申请入驻的企业中，与文化产业距离较远的产业业态都会被筛出，以此来确保整个园区文化产业发展方向。对于符合园区业态发展的企业则会享受相应的补贴措施，以激发产业发展、业态升级。

园区内的入驻企业并不仅仅是因为有优惠政策而入驻，更多的是慕名而来或是追求产业合作而自发形成的集聚。由于这种自发形成的集聚效应，使得大稿国际艺术区打通了上下游产业链，并且完善了配套产业以及配套设施，如健身房、茶餐厅等等。而且园区内部的餐饮也有着独特的艺术性，比如"暖时"餐厅的马卡龙就是一种"食品+艺术"的结合，完美呈现了将艺术融入生活的生活方式和态度。

虽然大稿国际艺术区占地面积并不大，但是园区产业的整体发展却非常优秀。园区现在共有130多家入驻企业，业态丰富。

园区充分利用了老旧厂房的结构特点，对空间的挑高进行了充分的利用设计。比如园区内的摄影棚就是直接利用了老旧厂房原有的挑高进行的修整。摄影棚内还提供水下场地，由章子怡领衔主演的风云大片《太平轮》、周星驰导演的《美人鱼》等水下片段的拍摄都是在大稿国际艺术区的水下影棚拍摄完成的。除了对层高进行摄影棚式的直接改造，园区还将以前四层楼的生产车间进行了LOFT式的改造设计。这四层楼的生产车间如今包含了上百家企业，包括设计、影视、文创品牌、动漫设计等各种类型的企业。

园区内的代表企业有大呈印象科技发展有限公司。公司业务涉及游戏宣传片、动画短片、次时代游戏动画、电影、电视特效、VR技术、广告栏目包装等多个领域，为客户量身打造过100余部CG宣传动画作品、知名网络游戏预告片等。自成立以来，公司一直致力于保证高质量作品，全力保持动漫游戏CG制作业内首屈一指的专业水准。目前是中国最大、产量最高的游戏CG动画提供商。比如电影《功夫熊猫》《捉妖记》，游戏《倩女幽魂》的宣传片都是大呈印象的代表作。

除此之外，园区内的瀚正造型形象设计培训是另一代表性质的工作室。这个工作室主要为影视剧提供服装造型服务。比如前几年大热的电视剧《甄嬛传》《芈月传》《秦时丽人明月心》等的服装造型就都是瀚正造型的作品。

园区内的一个名为"功夫街"的舞蹈培训机构更是将中国的太极、京剧与现代舞蹈相整合，独创了民族特点浓厚却又现代新颖的"功夫舞"，因此曾多次受邀与杨丽萍同台演出。在2017年度的北京市文投会杯"第二届北京文化创意创新创业大赛"中，这一IP功夫舞还荣获了组委会特别奖。

大稿国际艺术区"功夫舞"

程是永远的,每一次成功后又是过程,所以"稿"永远是一种状态。而这种释义正符合当代艺术的观念性、多元化、提倡实验性、创造性等特点,也体现了大稿国际艺术区不断追求、探索、创造的主题。

大稿国际艺术区内景

大稿国际艺术区"功夫舞"海报

四、管理运营

（一）理念：不断追求、探索与创造

曾经的"大稿"因何得名已无据可查,但是,今天的"大稿"却独具深意——"稿"已不再只是个地名,"稿"的本身含意是指未完成的作品,或文稿深思熟虑推敲过的观点记录。因为追求完美似乎是每个人的理想,但完美又是相对的。在追求每个目标的过程中,人们体验着创造的快感和每一个成功的愉悦,过

（二）定位：当代艺术精神 + 时尚文化产业

大稿国际艺术区对自己的发展定位十分清晰,旨在做一个艺术品到产品的孵化器,而不是专注于提供公共文化服务的文化产业园区。安迪·霍沃尔说："未来的艺术馆将会变成百货商场,而百货商场都将会变成艺术馆。"这句话不仅完美诠释了艺术与生活的不可分割性,同时也是大稿国际艺术区有别于其他艺术区的核心理念——"当代艺术精神 + 时尚文化产业",即用当代艺术引领时尚文化的方式,将艺术与生活紧密融合,使其成为未来的生活方式。未来的生活是需要艺术的,大稿国际艺术区要让艺术融入公众、融入生活。

大稿国际艺术区内景

（三）运营：打造文创园区的"宜家"

大稿国际艺术区致力于像宜家那样发展模式。宜家是一个来自于北欧的家居企业，它在销售家居产品的同时也在传播着北欧的极简生活文化和方式。尤其是宜家不执迷于室外景观样式的复制，而是专注于打造室内的另类现代性想象。这种北欧的现代性想象是可亲近的、可负担的，并且可以由个人消费达成的，它并非是美国那种需要花大本钱来拥有、炫耀的豪车或者豪宅。比如宜家会利用各种温馨的场景设计和一楼的大仓库设计营造一种自由愉悦的氛围，它不强制顾客进行消费，但是在各种随手可及的货架中放上一两块钱的小器具，如杯子、碗，让顾客很容易产生购买欲望。

大稿国际艺术区就是想像宜家的发展理念这样，不仅仅发展园区内部的各项产业，形成产业链，发挥产业集聚效应，引领行业发展，还希望在这个基础之上成为"艺术生活超市"，传播推广一种艺术生活文化，将艺术融入人们生活的方方面面。

正是由于这样一种运营理念，大稿国际艺术区虽然占地面积有限，但是业态却十分丰富。而且大稿国际艺术区正好被包围在居民区之中，作为一个文化产业园区，它可以利用园区内部得天独厚的艺术氛围举行一些艺术活动，让人们对园区产生一种逛街式的心理，潜移默化的推广艺术的生活方式。

大稿国际艺术区小剧场

（四）拓展：输出大稿模式

由于大稿国际艺术区在北京通州发展得很不错，园区将这个成功的模式因地制宜地进行复制应用，并且也取得了成功。

2015年，大稿国际艺术区与河北省承德市双桥区人民政府签约，对承德市磁性材料厂和承德东方运输机制造厂进行有效保留建设改造，建设"大稿国际艺术区·承德后街"。2017年，"承德后街"成为河北省及承德市重点文化创意项目之一。

大稿国际艺术区"承德后街"园区

2018年，大稿国际艺术区又在德国柏林建立了"大稿国际艺术区·德国柏林艺术基地"。希望能够通过这些国际性的文化艺术交流，拉动城市间文化艺术的活动与发展，打造出一个个富有当代艺术特色的城市艺术品牌。

大稿国际艺术区　　德国柏林艺术基地

五、案例评析

大稿国际艺术区其实是一个发展较好，并且还有自己特色的文化产业园区。尤其是大稿国际艺术区的发展理念——将艺术融入生活，推广艺术生活文化，在众多文化产业园区中独树一帜：园区整体发展成熟，对于影视产业已经打通产业链上下游，充分发挥集聚效应。在产业发展的基础之上，大稿国际艺术区积极推动园区与周边社区的文化互动。

（一）发展"大运河文化"

大稿国际艺术区同样也致力于"大运河文化"的发展，园区内的威腾晟阳文化传媒就策划编排了运河舞蹈，采用《通州赋》作为背景音乐，运用少儿舞蹈演员加上声光电的舞台特效体现了大运河滋养的通州之美，威腾晟阳文化传媒的《功夫街》也参与了文博会和艺博会的演出。除了这个运河舞蹈，锦溪传媒出版的漫画《大运河传奇》也是通州区的特色产业。这个漫画区别于传统意义上的漫画，因为它借鉴了中国传统国画的工笔技法，让"大运河文化"不仅在本土传播，还要"走出去"。

（二）口碑营销

园区的招商出现了很有特色的"口碑营销"的特点。园区内的进驻企业很多都是一个介绍一个来的，除了产业的集聚，也能说明园区的整体发展态势良好。

（三）厂房改造

大稿国际艺术区对于原有老厂房的改造基于不大拆大建的原则上进行改造建设。比如利用天然的老厂房层高优势进行改造摄影棚、改造LOFT办公楼等。由于之前的厂房面积就不大，对于改造后的园区而言，对有限的空间进行合理的规划利用也是大稿国际艺术区的特点。比如空中停车场的建设。园区内有130多家企业，地面上的停车位远远满足不了需求，更不用提园区举行文化活动的时候了。所以为了缓解停车位的问题，园区设计了空中停车场，在三维空间上更大限度地利用有限的空间。

（四）艺术教育服务

园区内中还引入艺术教育内容，通过艺术教育，使艺术不再于外在的表象，更从学术角度对各类艺术形式与内涵进行了挖掘与研究。这些教育服务还会定期举办公益的艺术活动，既为园区带来更多的人流量，更进一步拉近了艺术与普通民众的距离感。

当然，园区自身也存在一定的问题，比如宣传力度不够、品牌建设不足等等。未来发展中，园区不光要重视园区内部——"艺术融入生活"的文化建设，还要重视这种文化理念的宣传推广，通过各种类型的文化活动，更好地推动"艺术生活"理念被更多人所接受，更好地发挥园区的文化引领作用。

【老总心语】

"让艺术融入公众、融入生活"这一理念,既是大稿国际艺术区的努力方向,更是当代艺术在文化创意产业当中发挥积极作用的最佳体现。因此,大稿国际艺术区将以"当代艺术精神+时尚创意产业"为基点,有效衔接旅游产业,在时代经济发展的大潮中,努力为文化、艺术、创意生活做出自己最大的贡献。

弘祥1979文化创意产业园

优雅的文化空间激发着创意

一、基本情况

弘祥1979文化创意产业园位于通州区九棵树西路90号,距地铁八通线九棵树站仅900米,临近3条地铁沿线,贯穿15条公交路线,交通便利。园区以推动首都地区文化创新产业大发展、大繁荣,服务文化企业,引领产业发展为企业核心定位,以服务成就企业,勤勉实现自我为企业的核心价值观,以务实、高效、创新、发展为企业精神,为入驻企业提供高效、务实的高品质配套服务,已经逐步成为通州地区有特点的高端文化创意园区。

弘祥1979文化创意产业园规划效果图

经过几年的精心打造，弘祥1979文化创意产业园区已经成为一个环境优雅的人文创意园区、一个功能齐全的文化创意体验基地、一个文化产业新锐企业聚集共生的发展平台、一个高品质文化创意服务平台。

二、改造历程

园区由通州区北京英特塑料机械总厂厂址升级改造而成，占地面积为48000平方米，总建筑面积约28000平方米。园区风貌以旧工业建筑改造为主要特色，秉承"整旧如新、以旧利新、新旧对比、传承记忆"的宗旨，保留材质色彩，加入点缀元素和新旧对比和谐的设计理念，突出文化主题，展现创意特色，彰显园区深厚的文化底蕴和独特魅力。目前园区已建设完成三座建筑，C座主要保留了原厂房的建筑结构，A座和B座则为后期建设，园区建筑物在保持原有工业风格的基础上增加了现代潮流感，建筑楼内墙壁多是裸露的红砖，与此同时加入了玻璃、电梯等现代元素，打造成为LOFT模式的办公空间。园区改建完成后，最小租赁空间面积为45平方米，最大租赁空间面可达到1000多平方米，能够满足不同入驻企业对于使用空间面积的不同需求。

弘祥1979文化创意产业园的发展思路与目标是通过旧厂房的改造实现创意园区的文化

改造后园区内景

发展,吸纳对艺术创造有独特见解的企业入驻,满足创意阶层对高品质创意办公及文化生活方式的追求,秉承绿色生态与人文并重的理念,将文化创意园打造成为低碳环保的绿色园区。在创立初期,弘祥1979文化创意产业园就尝试以工业遗存资源为载体,发展文化创意产业集聚区项目,在都市核心连锁经营汇集文化精英群体的"独特文化创意园区"。

三、业态布局

弘祥1979文化创意产业园从2016年11月18日开始招商,历时七个半月就达到了90%的入驻率。园区有专门的物业部负责园区内部的商户更替和招商引资。如今,园区已经有70多家文化、传媒、设计、科技等文创企业入驻,其中文化传媒类企业占60%左右,互联网科技类企业占30%左右,其他类型的企业占10%左右,形成了一定的规模集聚与深度产业链闭环。

目前园区内的主要代表性企业有樂语花植物生活、左岸卡漫、八通网、金桥文化、北京鑫尚文化传播有限公司、昂秀科技等。

樂语花植物生活是一间创意咖啡馆,主人是青年音乐制作人毕健博,主要作品为2018平昌残奥会北京八分钟《我要飞》、雄安新曲等,也曾担任过张靓颖演唱会的音乐总监。小小的咖啡馆将植物与音乐、植物与空间、植物与艺术完美结合,是商务谈判和三五朋友小聚的好去处。

左岸卡漫是一家坚持原创内容IP孵化的全产业链公司,在业内全国排名前3,主要针对女性用户做小说与漫画的同步孵化。目前已合作国内外漫画平台30余家,包括跨界合作,以及原创IP的孵化,现在同步连载漫画作品已达60部以上,也是2018年北京文创赛弘祥1979推荐参赛选手。

八通网是通州本地最具影响力的新媒体平台,官方网站自2004年成立至今,已拥有98万用户,日均页面访问量达120万。同时拥有手机APP及微信公众号矩阵组成的移动新媒体,覆盖50万移动用户粉丝。是本区域排名第一的全媒体平台。

金桥文化是一家专业的配音公司,主要出品了电视剧《毛泽东三兄弟》、大型纪录片《中国通史》、电影《饥饿游戏》《黑衣女人》等,战略合作伙伴好莱坞制作团队、美国佛罗里达制作团队,外语配音团队服务范围涵盖17个语种。

昂秀科技依托全国各大知名高校一线教师、资深外教及归国留学人员为核心的编撰团队,目前已出版200余种产品。其中《人人说英语》《365天英语口语大全》《英日韩语30天入门》《马上说英日韩语》等丛书在多家新华书店以及京东、当当、天猫等网店的排行榜上一直名列前茅。

四、管理运营

（一）依托功能分区开展综合管理

弘祥1979文化创意产业园根据各个产业不同的功能定位谋划建设相应的配套设施,譬如规划了办公区、会议区、商务区和休闲区几大功能板块,不仅能够更好地提高各个功能板块的服务效能和精准化服务程度,为入驻企业提供更加专业的服务,同时也有利于对园区进行更加高效的综合管理。

（二）打造特色平台提供专业服务

园区为入驻企业提供金融服务、综合商务、政策服务、资源共享、人力资源、创业服务、管家式物管七大平台。

金融服务平台就是为入驻企业提供融资渠

道与平台、融资顾问,进行并购培训、上市培训等服务。综合商务平台是为入驻企业提供工商注册、税务咨询、财务顾问、商标专利、法律顾问等服务。政策服务平台是为入驻企业提供政策咨询、扶持政策申报代理等服务。资源共享平台利用入驻企业形成的产业链,使各企业之间通过专业化分工与协作,建立彼此间的互惠信任与信息共享,从而获取经济效益、降低交易成本,在产业链内部为各企业创造发展机会。人力资源平台是为入驻企业提供人员招聘、猎头服务、薪酬福利咨询、员工培训、高级人才库等服务。创业服务平台是为入驻企业提供孵化服务,包括市场研究咨询、企业策划顾问、创业投资、创业指导等服务。园区致力于打造管家式物管平台,利用互联网智能化管理园区,为入驻企业提供物业维修、物业保洁、设备维护、安保监控、绿化、停车管理、装修顾问等专业化服务。

园区除了向企业提供这些服务,还会对入驻进行定期培训,并且还会发布最新的行业资讯,对于企业员工落户也有相关的政策。

(三)开放园区设施强化公共服务

园区的生活服务配套设施十分完善,包括图书馆、健身房、运动场地(篮球、网球)、会所、银行终端机、饮料餐饮终端机、高速网络等。此外,园区还在规划更好的公共文化空间,计划推动建设5人制足球场、网球场、主题餐厅、花园式私人会所等高端配套设施的计划。这些设施不仅仅面向园区入驻企业,同时也向周边小区开放,成为区域公共文化服务的重要枢纽,有力地配合当地政府开展各类公共文化服务活动。

五、案例评析

弘祥1979文化创意产业园发展中规中矩,标志性的红砖建筑让人产生对工业文明的怀旧之感。园区主要发展文化创意产业,并且已经聚集了一定规模的文化企业,发展态势较好,园区也打算申请示范文化产业园。并且园区内部的整体环境也很是美观,建筑风格统一,园区绿化率超过50%。在这样一个基础设施完备的园区内,稳定的日常人流量对园区文化活动的举办也提供了一定的保障。

(一)创意环境优美

在老厂房改造上,园区邀请清华设计院设计了园区外部形象,请中天泰和设计对内部规划进行了科学的设计。园区整体保留了原有厂房的红砖设计,并大量运用了铁艺、飘窗和木板等元素,营造出了怀旧的风格。同时,结合园林景观营造,创造出低密度舒适的办公环境与休闲空间。园区高度重视配套设施建设,着力进行了商务会议室、公共会客区、咖啡厅等空间的打造,建设了带有水系的园内小公园、楼顶共享空中花园、大型停车场等,未来还将继续建设公共图书馆、公共电影院等公共文化服务设施。整体而言,园区闹中取静,文艺气息浓厚的梧桐大道,水系花园与空中花园蓝绿交织,优雅的花园式绿色文化创意空间,有利于激发创意者酝酿独具匠心的创意,让游人及周边居民以慢生活的心态去体会文创空间的文化底蕴。

园区内景

（二）探索非公党建的文化路径

园区不仅配合通州区政府、教育部门、宣传部门开展主题教育类公益活动，还建立健全党、团、工、青、妇等组织，凝聚人心。园区内部共有20多位党员，针对平时的党建活动，园区专门建立了党建活动中心，设立专门的文化创意工作室，开展写字作画等文化活动交流，将文化艺术氛围融入党建活动的每个环节。园区党支部还定期开展党员参观红色基地，组织各种友谊比赛等，充分凝聚共识，集聚人心，充分发挥党员在园区发展中的重要作用。

（三）依托名人效应推动特色集聚

园区的招商部除了传统方式以外，更多的是通过艺术家群体中"圈子"的口碑来进行的。由于艺术家群体之中存在的一种"圈子影响"，会不断聚合更多的艺术家到园区来"落户"，从而产生更大的集聚效应。譬如樂语花咖啡馆的主人毕健博，在他的带动力和影响力之下，陆陆续续有其他的艺术家也进驻弘祥1979文化创意产业园。这些艺术家经常以樂语花咖啡馆为基地进行创意交流，逐步形成了区域文化高地，有利于园区吸引更多的创意者入驻。

总体而言，立足于通州，放眼于全国，弘祥1979文化创意产业园以打造"文化产业新锐企业共生平台"和"高品质文化服务平台"为己任，正在积极地强化硬件建设，优化软件服务，尤其是在创意空间打造、非公党建和公共文化空间运营方面做出了积极探索，入驻企业的质量越来越高，在动态调整中逐步实现着园区产业的优化升级，同时为周边老百姓提供了一个良好的文化体验空间。未来发展，园区仍需高度关注"龙头""特色"文化企业的引进或培育，通过特色文化活动更好地塑造园区品牌和形象，为通州乃至北京文化创意产业发展提供更好的助力。

【老总心语】

文化创意产业被称为是目前国内最有前景的产业之一，有着巨大经济效益和社会效益，政府对这一产业的发展给予了特别关注和高度重视。弘祥1979以匠人精神，正在逐步打造出具有自己特色的园区。

在未来几年里，弘祥1979除逐步落实二期规划建设外，将以非公党建、优化文化产业共生链、完善公共文化空间建设三方面为工作重心。其中，党建工作将依托互联网平台组建党组织，以开展党的活动为着力点；优化文化产业共生链工作将以制定人才培养计划和人才引进机制为重点；完善公共文化空间工作将以满足百姓文化需求为理念，大力服务百姓文化生活。

在积极的产业政策推动下，我们的园区将迎来更美好的发展前景。

第三部分　策划篇

751D·PARK 北京时尚设计广场

北京时尚之都的窗口

一、基本情况

751D·PARK 北京时尚设计广场位于朝阳区酒仙桥路 4 号，园区原为北京正东电子动力集团有限公司（原 751 厂）下属煤气厂，始建于 20 世纪 50 年代，是我国"一·五"期间重点建设的 157 个大型骨干企业之一，隶属北京电子控股有限责任公司。占地面积 22 万平方米，西至 798 艺术区，南临万红路，北依酒仙桥北路，周边环绕燕莎、望京和丽都商圈，紧邻使馆区、草场地、中国电影博物馆及中央美术学院等，与首都机场仅相距 12 公里，交通便利，四通八达，具有浓厚的文化和时尚氛围。

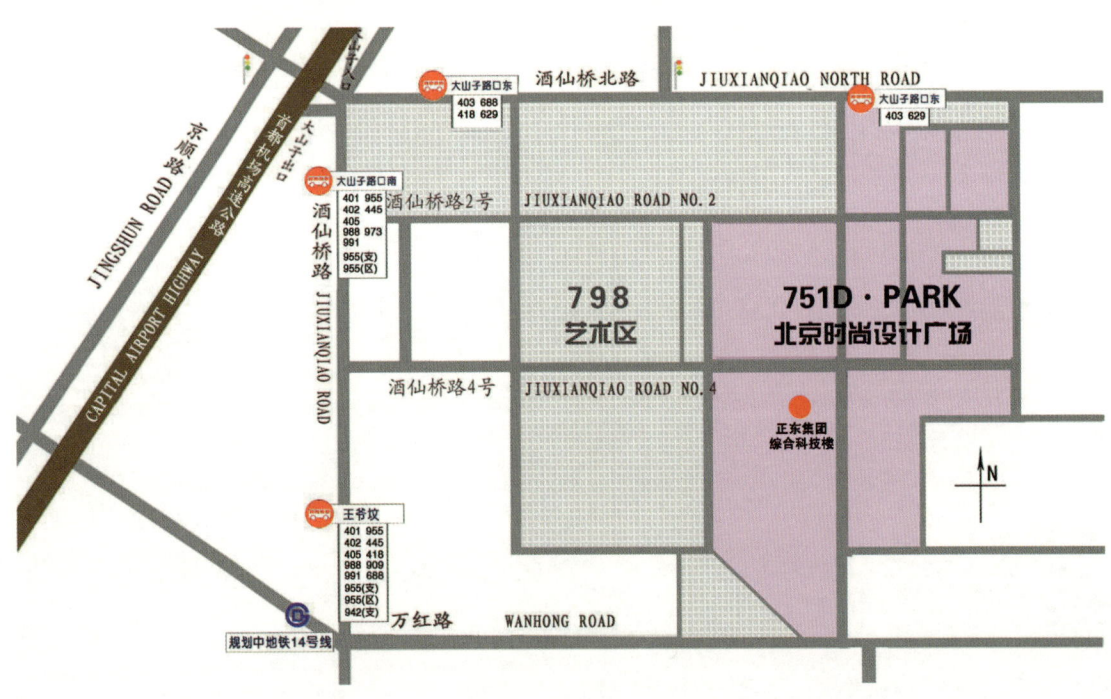

751 区位图

二、改造历程

（一）改造时间线

2003年，北京正东电子动力集团有限公司（原751厂）按照市政府能源结构调整退出运行。2006年，正东集团响应政府号召，将煤气厂厂房、设备设施等工业遗存与科技、时尚、设计、文化紧密结合，发展文化创意产业。2007年3月18日，751D·PARK北京时尚设计广场正式揭牌，正东集团形成了能源产业与文化创意产业两大产业共同发展的格局。

（二）建筑改造理念：工业资源的保护与再利用

751D·PARK北京时尚设计广场利用原有煤气生产的厂房和设备，通过老工业资源与时尚设计的强烈对比和冲击，进行工业特色园区的改造。园区秉承延续工业文脉的思想，在改造过程中保存了中国现代工业文明发展的历史记忆，也彰显了北京的城市工业文化个性和发展脉络。在尊重历史的基础上，使工业遗存实现新生，以植入时尚产业内容、打造现代城市生活体验方式等手段，赋予老厂房新生机。

目前园区已经改造利用占地面积共约20万平方米，从2006年至今，在保护老工业资源的前提下，进行充分而巧妙地再利用式改造，完成了厂房共约建筑面积14万平方米的改造，同时又陆续对原循环水泵房、脱硫塔、五号炉等老厂房进行了改造利用。园区在保护原有的工业煤气裂解生产炉的基础上，又同时拓展了户外广场资源。陆续建成了不拘讲堂、中央大厅、第一车间、79罐、751罐、传导空间、时尚回廊、火车头广场、动力广场、炉区南、北广场等区域，为时尚设计科技文化融合创新平台举行准备了充足的空间条件。

三、业态布局

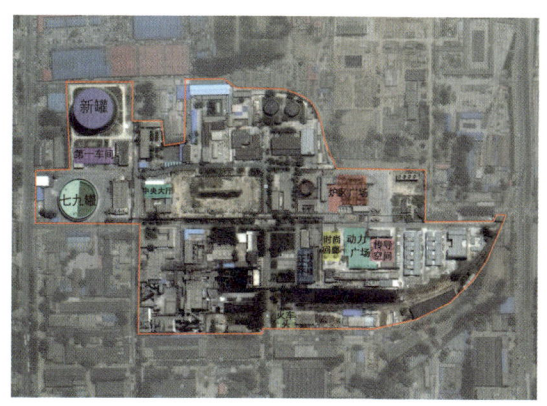

空间布局

（一）特色空间布局

1. 动力广场

建筑面积为3000平方米。举办过的活动包括：INTRO电子音乐节、皮尔卡丹发布会、摇滚与流行原创演出季、百事可乐发布会、Vibram非凡设计体验营。

改造前

改造后

2. 老炉区广场

占地面积为 5700 平方米。举办过的活动包括：创意婚礼、北服时装秀、路虎鉴车会、士力架等。

改造前

改造后

3. 时尚回廊

园区最富特色建筑之一，由 10 个脱硫罐和一台起重量 40 吨的龙门吊组成。脱硫塔始建于 1990 年，是对人工煤气进行脱硫处理的设备。2010 年 10 月进行改造，2011 年下半年开始投入使用，改造后的脱硫塔命名为"时尚回廊"。建筑面积为 3400 平方米，地下一层、一层、二层采用错层设计，三层采用屋顶式错层设计，包括 260 平方米阳光舞台。自 2011 年北京国际设计周开始，时尚回廊已经成为 751 国际设计节的主要核心场区，承载着展览展示，论坛发布、推介交易等主要功能，目前已经成为各大国内外品牌展示、发布的主要区域。举办过的活动包括：izzue 品牌秋冬时装发布会、北京国际设计周暨 751 设计之夜、751 时尚互动论坛等。现已成为 751 自主品牌的又一创新——751 设计品商店。

改造前

改造后

4. 火车头广场

建筑面积 1448 平方米。举办过的活动包括：纵贯线北京开站记者会、INTRO 电子音乐节、北京国际设计周 751 设计之旅启动仪式等。

5. 1#15 万 M3 煤气储罐（79 罐）

北京市煤气生产历史上第一座 15 万立方米低压湿式螺旋式大型煤气储罐，建于 1979 年，1997 年退出运行。罐体外径 67 米，升起高度 68 米，容积 15 万立方米，面积 3500 平方米。是园区最具特色建筑之一，举办过的活动包括 Max-Mara、TOD'S、佳能、奥迪、兰博基尼等国内外知名品牌的发布及庆典活动。

改造前

改造前

改造后

改造后

6.2# 15万M3煤气储罐（97罐）

与79罐遥相呼应的特色建筑之一，经过基础改造，现已成为国内外著名设计师及奢侈品牌展示、发布、交流的平台。建于1997年，2003年退出运行。罐体外径72米，升起高度61米，容积15万立方米，面积4000平方米。举办过的活动包括：爱马仕、CHANEL、卡地亚等国内外知名品牌的发布及庆典活动。

提升园区安全保障等功效。以工业与时尚的完美结合的突出亮点丰富园区的特色景观，提升北京时尚设计广场景观环境品位。步道贯穿园区南北，将园区内36个"景观节点"一一联系，总长度约1800米。在8米高的空中形成另一个交通空间，既增加了交通的多种可行性，又改善了地面行车通道，可以作为时尚表演与艺术展示的舞台。

改造前

改造前

改造后

改造后

7. 三维交通体系（空中步道）

利用动力管廊建设园区独具特色的公共基础设施——空中步道交通系统，该系统兼具引导观赏、分置人流流向、缓解道路交通压力、

（二）主要企业类型

园区的核心产业以服装设计、建筑设计为主，相关企业数量的占比近几年持续保持在30%~40%。近五年来，入驻园区的企业数量

一直呈现逐年增加的态势。截至目前，入驻园区的设计师工作室及辅助配套类公司已达150余家，其中服装设计、建筑设计、环境设计、家居设计、智能科技等类70余家，设计类企业超过80%，相关配套类企业近20%。入驻设计师1500余人，实现了时尚设计行业及文创关键人才集聚，形成高端时尚设计资源的集聚。如中国高级时装定制第一人郭培、知名时装设计师王玉涛、邹游；著名音乐人小柯、解晓东、张亚东等；双创代表海军、雷海波、冯芳、张鹏等。

入驻设计师代表

园区工作室集锦

园区业态和代表企业

业态	代表企业
服装设计类生态板块	以中国服装设计师协会为中心，聚集了一批中国著名服装设计师如邹游、郭培、王玉涛等的工作室
机车研发销售生态板块	奥迪亚太研发中心、大众经营管理中心、摩德威等
建筑室内、家居设计生态板块	以"想想再设计"中心及荣麟家居为核心的集商业美陈、艺术地毯、家具设计、软装设计等企业，包括知名设计师王永刚、宋涛、刘峰、马清运工作室等
科技创新板块	引领前沿科技与文化结合的"极客公园"，依靠大数据分析设计产业及商业发展趋势的"数据公园"，"太火鸟"智能硬件孵化企业，极地国际创新中心，以及梦想加等
文艺创作与表演板块	著名音乐人小柯开展原创音乐剧公演的"小柯剧场"，中国知名音乐人解晓东的演艺传播公司"城市理想"，中国著名音乐制作人张亚东的"东乐影音"文化公司等
国际文化交流板块	中韩文化交流中心，意大利生活体验馆等
时尚设计资产配套服务板块	模特经纪、设计咨询、公关、舞美、造型、传媒等配套服务的企业

四、管理运营

（一）管理模式

园区由北京正东电子动力集团公司负责规划、运营及管理。创意产业的相关部门包括：创意产业办公室，负责园区空间及产业内容规划、住户引入及服务管理、创意产业政策的落实与实施、园区年度活动的筹划，园区刊物。北京迪百可文化发展有限责任公司，是园区内容经营管理公司，提供服务的同时大力开展自主经营各类大型活动策划。正东集团物业管理分公司，聘请第一太平戴维斯为物业管理顾问，服务园区客户。信息媒体服务中心，负责www.751info.com网站运营管理，园区宣传摄影、摄像服务。

（二）运营模式

751秉承以资源集聚为格局的产业经营，走规模经营，注重核心竞争力之路。园区定位时尚产业，随着设计师与工作室的入驻和相关活动的举办，带动了相关产业的快速发展，扩大了知名度并产生了初步的经济效益。经过近十年的发展，园区的空间已经基本改造完毕，地产经营和空间经营取得不错的成绩，园区地产面积超过45000平方米。文化创意产业经营也从最初的空间经营开始向内容经营转变，涉入到文化创意的核心阶段。

目前，入驻园区的设计师工作室及公司近150家，园区已经形成了几大产业生态群落，为创新产业园奠定了资源基础；另一方面，公司积极从地产经营向内容经营的方向转变，不仅在文创开发上尝试，也培养出一支富有热情和创造力的751文创团队。园区团队策划组织了2011北京设计周——751设计之旅，同时与服装协会合作，联合主办中国大学生时装周。同时，随着751设计品商店的开业，文化创意产业从展示延伸到交易环节。园区已经形成了以时尚与设计、科技创新企业为主体的趋势。

未来随着园区改扩建工程的进一步发展，园区将逐步实现"第三阶段"的设想，即当园区文化创意产业进入成熟期后，重点是完善园区的产业链结构，增加主产业的竞争能力，形成产业规模效应，使园区成为国内外关注的时尚创意示范区。

五、园区评析

目前,该园区能源产业和创意产业的比重为8:2,能源产业仍处于国际领先水平,在腾退过程中,正东集团形成了能源产业与文化创意产业两大产业共同发展的格局。在腾笼换鸟的实践中,751认识到文化的力量,并主打"时尚牌",煤气产业逐渐退出,创意产业开始兴起。

在数十年的发展中,751充分利用老工业资源,以时尚设计为核心,依托"产品+服务"发展模式,结合"创新创业""大数据""人工智能""创意+"等发展趋势,丰富文创内容经营,推动展示发布、交流交易、时尚体验等业态的发展,设立文创发展基金,促进产融结合,成为文化创意和科技创新的全球首发(国际发布)平台与国际交往和文化交流的时尚步行街区。近几年以来,园区平均每年开展各类创意活动500余场,参与人数达80余万人次。以服装服饰设计为引领,让园区成了"动静结合"平台。

在服务过程中,重版权保护,扶植原创设计,打造中华原创品牌,促进"设计引导生产",使得企业间形成系统的高效结合,体现产业链的完善程度,致力于打造国际化、高端化、时尚化、产业化的创意产业集聚区。通过进一步推进与落实空间改造,全面提升服务品质,打造品牌活动,实现产值突破,同时让社会大众在此区域体验分享时尚创意生活体验。使751D·PARK成为以设计为核心的生活体验、消费、交易的国际化新街区,成为老工业资源再利用的典范。

在深耕时尚为核心的创意产业过程中,751从空间经营转向内容经营,打造了线下商店,并培养了自己的团队,成为了拥有自主品牌及文创内容经营亿级以上规模的,集品牌价值与社会价值于一体的时尚设计产业示范区。

【老总心语】

751是一个见证了中国工业文明发展历程的地方,曾经为三分之一的北京城提供生产生活用煤气,为北京市城市能源供应做出了应有贡献。由于对"一五"时期中国工业文明的尊重和保护,751将生产设备改造再利用,颇有年代感的老厂房和机械设备得到了完整保存,曾经的能源动力厂转型发展文化创意产业,留住了工业文化的温馨记忆。保护性利用和创新性改造结合起来,盘活了存量资源,也拓展了文化发展新空间。目前,园区可利用空间约10万平方米,地产经营和空间经营都取得了不错的成绩。751园区承载空间的逐步扩大,为创意产业的发展带来了充足空间,推动了创意设计的发展。751D·PARK通过"产品+服务、产业+资本"的融合发展新模式,打造品牌效应,实现由自有园区经营商向设计园区运营服务商转型,发展成为具有国际影响力的老工业资源再利用的典范,成为拥有自主品牌及文创内容经营亿级以上规模、集品牌价值与社会价值于一体的时尚设计产业示范区,成为首都城市生活圈的新地标和北京城市文化的靓丽名片。

未来的751,继续围绕首都"四个中心"城市功能定位,坚持国际一流和谐宜居之都的发展目标,坚持以设计为核心,实现创作、展示、发布、交易的业态聚集,通过经营各类文化创意活动,为品牌展示发布提供独一无二的平台体验,逐步实现"国际化、高端化、时尚化、产业化"的发展目标。

铜牛电影产业园

电影产业园的主旋律

一、基本情况

铜牛电影产业园项目位于朝阳区朝阳路 85 号院，是原北京铜牛京纺物资公司库房。东临黄衫木店路，南接朝阳路，西靠天鹅湾小区，北隔朝阳北路与朝阳大悦城遥遥相望。占地 30 亩，总建筑面积约为 2.5 万平方米。园区定位为"国内最专业的电影产业园"，始终坚持电影行业优质企业优先入园原则，目前已入驻的几十家企业涵盖了电影产业链上下游各个环节，已具备整部电影策划、投资、制作及发行的能力。

铜牛电影产业园是一个年轻的园区，项目于 2015 年 7 月实施启动。园区以旧厂区原有建筑为主体，结合"大工业"风格改造更新，在彰显建筑表面历史肌理感的基础上，保留了传统建筑的基本格局，增加了采光，同时增强了原有建筑结构的坚固性、稳定性，更加保暖隔音，也更加符合电影人创意办公的特点。

铜牛电影产业园基本信息

铜牛电影产业园基本信息	
地理位置	朝阳区朝阳路 85 号院
占地面积	2.5 万平方米
建筑面积	2.5 万平方米
房屋数量	12 幢
房屋年代	20 世纪 70 年代
房屋保留情况	大部分厂房墙体已风蚀老化严重，经建委指定的房屋安全鉴定机构鉴定为危房，继续使用存在一定的安全隐患

铜牛电影产业园改造前后

园区规划改造以"整体设计、合理布局、绿色生态"的思想进行规划设计。结合现有老建筑，统一设计、分区规划、合理布置，既保留老建筑的人文气息、历史气息，又兼有电影创作与文化休闲相互依存紧密配合，功能区划分明确互不干扰。同时兼顾园区未来，树立影视产业园发展的标杆。环境方面，重视低碳环保、绿色、生态、可循环，强化各类建筑所体现的景观特色与园林有机结合相映生辉，使入园人员感到赏心悦目。

铜牛电影产业园

二、业态布局

作为老国企淘汰落后产能，实现产业转型升级的试点项目，铜牛电影产业园始终坚持做"国内最专业的电影产业园"，建立以"一站式"服务为原始支点的全产业链电影产业集群，以缔造新的电影产业核心区为己任，打造"项目与金融对接的高端电影产业区"。业态涵盖电影投融资、电影项目孵化、电影剧本孵化、导演艺人工作室、演艺经纪公司、影视后期制作、电影宣发、电影院线、演播室等。出租率达到100%，入驻的50余家企业包括：湖南省文化艺术产业集团、云南电影集团、东海电影集团、编剧帮、中央电视台《奋斗》栏目组、优酷网、者尼私人影院等知名企业。

（一）主体产业：国内最具影响力的电影创作与制作资源

铜牛电影产业汇聚国内外影视产业精英企业，知名院校及著名导演、编剧等。通过成立主旋律电影产业联盟、北京市慈善义工联合会明星义工分会、影视音乐产业联盟等形式，着重建立电影产业"一站式"服务为原始支点的全产业链电影产业集群，突出园区内上下游各企业间的互动与合作，在加强园区内部企业竞争的同时，提升园区自身在整个电影行业中的整体竞争力，从而打造国内最具影响力的电影创作与制作平台。

（二）辅助产业：打造国内最具影响力的电影文化交流平台

以电影为主题，突出文化创意，打造电影文化主题园区，重视电影产业的交流交易，园区设立铜牛艺术影院、电影文化交流中心，力争把园区打造成为知名的电影交流交易的平台。

三、管理运营：以明确定位发展全产业链平台

（一）坚守主题，深耕产业链

园区一开始就拥有明确的定位，紧紧围绕电影产业为核心展开，不仅能够在区域范围内形成电影产业聚集效应，提升国家文创实验区在行业中的知名度，还能发挥园区平台效应。

园区在发展过程中坚守主题，始终做到"专注一个专业，发展一个产业"，深耕做强做细全产业链发展。目前，电影行业的全产业链已在园区初步形成，园区坚持优质企业优先入园原则，产业链中各个环节均有4-5家企业入驻，已具备了整部电影的出品能力。预计未来整个园区每年将出品影视作品20余部（不包含网络大电影和网剧）。

（二）特色亮点："一个协会、两个联盟"

在做好园区建设与基础运营的基础上，铜牛电影产业园更注重发挥影视行业平台效应，注重园区内企业间的合作与交流，成立"一个协会、两个联盟"——北京市慈善义工联合会明星义工分会、主旋律电影产业联盟、电影音乐版权联盟。

1. 北京市慈善义工联合会明星义工分会

北京市慈善义工联合会明星义工分会由铜牛电影产业园联合北京市慈善义工联合会共同成立，旨在发展公益事业，弘扬公益文化，整合公益资源，组织明星义工队伍，帮助明星树立正面公众形象的同时，通过明星的社会影响力宣传公益、宣传慈善，用责任和公益来回馈社会。

义工分会最有影响力的活动是"星星相连系列文化援疆活动"。2017年5月19日，活动在铜牛电影产业园正式启动。此活动一方面是借助明星的影响力帮助边疆地区的小学生们更快地掌握汉字阅读、书写、使用方法，让更多的孩子接触和了解汉字在日常生活中的应用，掌握正确的汉语发音；另一方面，通过明星与孩子们的互动，提升学生们对体育健身、竞技体育的兴趣，同时增强孩子们的体质。从而加强不同民族间的文化交流。

目前，已邀请了上百位著名主持人录制了多集学生们学习阅读课文的音频资料，募集了铜牛儿童内衣、各类文体用品等物资，并邮寄给和田地区3所小学的千名学生，为他们带去知识和欢乐。2017年8月，来自新疆和田地区和云南省昆明市联合乡的21名品学兼优的小学生受义工分会的邀请来到北京，开启了为期一周的游学活动。孩子们先后参观了铜牛电影产业园、朝阳传媒影视技术服务中心等文创园区，近距离感受朝阳区文创产业的魅力。同时，还参观了天安门、长城、圆明园、北京大学、鸟巢、水立方、中国科技馆等著名景点，深入了解和学习北京古都文化。本次活动旨在通过多种文化援疆的形式，进行文化交流，增强文化认同，全面推进新疆文化建设，实现以现代文化引领新疆发展的目标。未来将会有更多的品学兼优的边疆儿童参加到系列活动中，来感受国家文创实验区文化创新的魅力，体验博大精深的中国优秀传统文化。

2. 主旋律电影产业联盟

主旋律电影产业联盟是国内首个以主旋律电影为主题的电影产业联盟，联盟由北京星影联盟投资管理有限公司（铜牛电影产业园）、北京铜牛集团等联合园区内30余家电影企业共同发起成立，旨在联合电影文化艺术领域优势资源，共同制作以新华社、新华网重点支持的"中国网事·感动人物"、中央文明办"全国道德模范""最美慈善义工"等故事原型为基础，以树立文化自信、继承革命文化为宗旨的主旋律电影。

主旋律电影产业联盟

联盟通过整合产业上下游资源，达到企业之间互通有无、优势互补，共同探索主旋律电影制作新思路，力争制作出更多弘扬社会主义核心价值观，宣传正能量，观众喜闻乐见的主旋律电影。联盟预计每年将出品5至10部主旋律电影。目前随着园区入园企业的不断增加，联盟规模正日益壮大，未来联盟将走出园区，联合社会上更多影视资源，引领主旋律电影产业发展，为繁荣我国的主旋律电影市场做出更多的贡献。

2016年11月1日，作为第十一届中国北京国际文化创意产业博览会朝阳展区的分会场，铜牛电影产业园举办了"2016主旋律电影发展论坛"，并宣布了主旋律电影产业联盟的正式成立。2017年9月5日，作为第十二届北京文博会朝阳分会场，首届铜牛电影艺术周为期3天，期间，《临时演员》《逆时营救》《玩酷青春》《春风十里不如你（电影版）》《欠债还钱》《沙漠之心》等多部由"主旋律电影产业联盟"成员企业及签约导演提供的电影作品将进行公益展映。2017年9月15日，由主旋律电影产业联盟、国家文创实验区文化企业信用促进会共同承办的"2017主旋律电影产业发展论坛"在铜牛电影产业园内举行。国内首份由中国传媒大学、主旋律电影联盟、编剧帮等共同发起的，关于新时代年轻人对主旋律电影看法的调研项目成果《青年人眼中的主旋律电影》发布。

2017主旋律电影发展论坛

3. 电影音乐版权联盟

随着电影产业的发展，版权日益成为关乎多方经济利益的话题。音乐版权大环境日益规范，影视音乐作为音乐产业中的边缘分支，也开始受到关注。在这一背景下，园区与索尼音乐、中国传媒大学版权研究中心及诸多国内知名音乐制作人合作共同成立"电影音乐版权联盟"。联盟旨在联合影视音乐制作人、音乐公司、版权公司、影视制作公司、音乐推广公司，力求建立一个更加规范的关于影视音乐制作使用及版权管理的行业模式。通过整理整合电影产业、音乐产业信息流，建立电影版权、音乐版权标准化数据库，为电影产业、音乐产业健康发展服务。促进电影产业、音乐产业全面融入信息化时代、全面提升电影的现代化水平、推动电影产业与信息产业相接轨。

四、园区评析

铜牛电影产业园是北京铜牛集团有限公司实现生产型国企成功文化转型的项目，园区始终注重与企业间的深度合作，充分发挥平台效应联合园区内企业共同协作。始终把社会效益放在首位，力争实现社会效益和经济效益双效统一。在履行好公益服务职能、确保文化资源系统梳理和合理开发利用的前提下，调动各文创企业的积极性，鼓励和引导社会力量参与，促进优秀文化资源实现传承、传播和共享。同时，推动各民族间文化交流，推动民族大融合，宣传主旋律，增强正能量，彰显文化自信。

园区作为老国企老旧厂房转型升级的典范，短短三年内发展成为文化与艺术的新坐标，始终践行社会主义核心价值观，坚定文化自信，打造专业化园区，用文化企业回馈社会。园区在发展过程中，也有自身的困境：园区物理空间体量小，限制了发展，也错失了部分合作的机会；因为定位与资源的关系，品牌不具备可复制性。未来，铜牛产业园应当成为行业领先品牌，努力"走出去"，走"不同主题"的模式，根据当地文化资源发展新业态新主题或成为园区努力的方向之一。

【老总心语】

最近看了一本叫《时间简史》的书，书中提出了一个观点，人类之所以在进化中胜出是因为人类会讲故事。看完之后深以为然，觉得这个观点非常好地诠释了电影为什么会那么让人着迷，因为电影就是讲故事的工具。

铜牛电影产业园的几个创始人也是现在的高管，之前都有电影从业的经验，有做制片人的，有做演员的，我本人之前也当过编剧，也导演过院线电影。随着年龄的增长，如何继续自己的电影梦成了我们的一个心结。一个机会让我们接触到了"文化产业园区"，于是就有了现在的铜牛电影产业园。大家一致的观点就是要打造成最专业的电影产业园区，国内最具影响力的电影产业集群，往大里说是为中国的电影事业做出贡献，往小里说就是整合更多更优质的电影资源，未来能够继续自己的电影情怀。

朝阳规划艺术馆

科技改变人与城市的对话

一、园区概况

朝阳规划艺术馆（以下简称"规划馆"）隶属于北京市朝阳区委宣传部，由政府投资并运营管理。规划馆位于朝阳公园东五门内，地处朝阳区中部繁华地带，西面为CBD、使馆区，北面紧邻燕莎商圈及使馆区，自然环境与人文环境优势明显。前身为北京市燕山燃气用具厂。规划馆由三座老厂房组成，改造后将三座厂房融合在一座现代化建筑内，实现从老旧厂房到公共文化空间的华丽转身。

朝阳规划艺术馆外观

二、改造历程

（一）原厂历史

北京燕山煤气用具厂前身为1956年成立的联合五金厂，在1959年正式更名为朝阳第一机械厂并跨入市机械行业，1960年企业划归公用局，企业性质由集体所有制改为全民所有制，正式开始煤气用具生产，至迁出时，工厂拥有1200多名员工，属于国有大型二类企业。北京燕山煤气用具厂是国内较早生产燃气具的专业工厂，主要产品分为四类：液化气钢瓶、燃气热水器、灶具、调压器。共46个品种，80个规格燃气具。

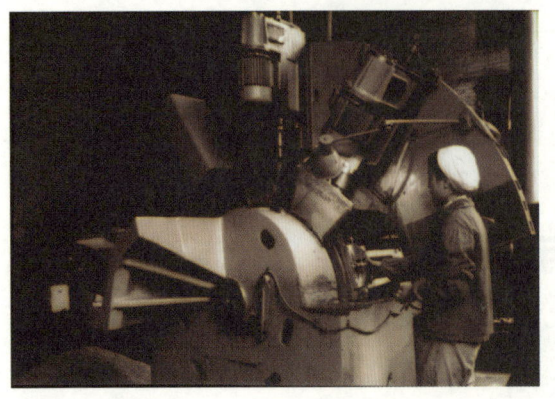 

北京燕山燃气用具厂车间

（二）搬迁改造

2004年，为支持朝阳公园建设，北京燕山煤气用具厂整体搬迁，原有部分厂房建筑和部分工业设施被保留，质朴的红砖楼、风雨冲刷后的铁锈等待着重新焕发生机。目前，北京燕山煤气用具厂经过腾笼换鸟，改造升级成为朝阳规划艺术馆，已经从一座工业厂房成为宣传朝阳区的窗口，运用最新科技讲述朝阳过去的故事，展示朝阳的未来。

（三）改造过程：用最新科技讲述朝阳故事

1. 设计原则：修旧如旧，建新如故

朝阳规划艺术馆在改造过程中广泛考察国内外各地规划馆，包括上海青浦区规划展览馆、重庆市规划展览馆、北京市规划展览馆、堪培拉市规划展览馆、美国加州生态馆，借鉴大量成功经验。改造过程中，秉承着"修旧如旧，建新如故"的原则制定具体改造方案：第一、规划馆要以规划指导发展，通过对历史回溯，解读最新政策，把握朝阳区未来的发展方向；第二，全面展示北京朝阳区的风土人情、历史沿革及城市规划的成就与未来；第三，为市民提供一个具有国际水平，同时富于中国特色尤其是北京朝阳区风格的集展示、教育、休闲为一体的城市规划体验场所。

2. 改造措施

在2008年北京奥运会中，厂房曾作为沙滩排球比赛附属场地使用，因此具有奥运遗产的性质。规划馆作为北京市唯一"工业遗存"和"奥运遗产"的双遗产改造再利用项目，厂房在腾退过程中，把握时代特征，通过融入科技和绿色理念，为老旧城市建筑注入新的活力，具体改造如下。

规划馆改造过程1

规划馆改造过程2

（1）与工业遗址相结合。规划馆在改造时充分考虑对工业遗址的保护和利用，并积极融合CBD、国贸的现代化、科技化、国际化特征，利用现代化的设计理念、玻璃材质、钢架结构将三座厂房融合为一栋充满现代气息的空间，将原本质朴的老旧厂房转化为引领时代的科技展馆，在升级中焕发出新的生命力。

（2）与奥运遗产相结合。2005年，奥运会沙滩排球场馆移址朝阳公园，并将北京燕山煤气用具厂旧址作为场馆用地，为给运动员与奥组委提供良好的休息场所与工作空间，在改造过程中，多次修改设计方案，确保比赛有条不紊地进行。三座厂房内部改造为贵宾、运动员及赛事管理、安保、技术和媒体用房。比赛结束后，将奥运遗存空间再次升级，改造成为规划馆的展示空间。

（3）与公园景观相结合。规划馆位于朝阳公园东5门，为改造后建筑能够完全融入公园整体景观，设计师在最大限度保留原有植被的前提下，在场馆周边种植白茅草与向日葵，既营造出怀旧氛围，又与朝阳公园整体环境呼应。沙滩排球主体场馆采用钢架架构充满艺术气息与具有艺术风味的老旧厂房，也成为朝阳公园的独特风景。

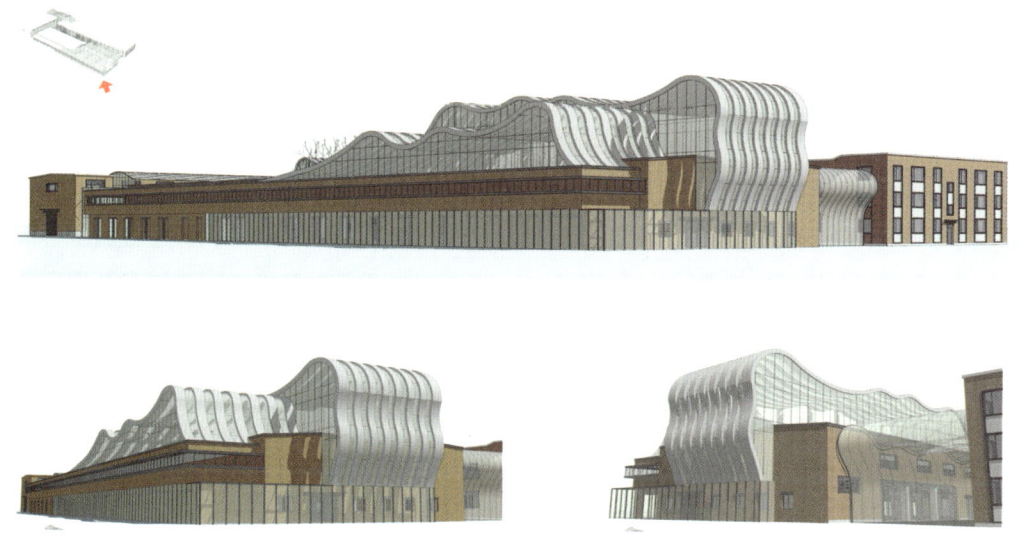

规划馆设计效果图

三、空间布局

（一）地域文化展空间

作为政府投资并运营管理的规划馆，展示朝阳区文化是必不可少的，场馆内拥有众多展厅，这些展厅承载着规划馆最基本功能。

（1）历史展区：历史长廊由三大部分五个篇章组成，以朝阳历史年谱为时间轴，集中展示了朝阳历史的演变过程和发展沿革，同时伴随展出的还有在朝阳出土的具有代表性的历史文物。

（2）发展成就展区：该展区以展示朝阳区发展成就为主题，共分为八个篇章，分别从城市规划、产业发展、文化提升等方面，对朝阳区建区以来至"十二五"规划末期的光辉发展历程和所取得的发展成就进行集中展示。同时，此展区内的"朝阳荣誉室"展出了自1958年建区以来所获得的诸多奖项中的部分重要奖项。

（二）文化创意活动空间

（1）3D剧场：剧场拥有205个座位，是向来馆参观者播放有关朝阳宣传影片的主要场所，同时也是馆内举办有关3D类技术活动、发布会、论坛、演讲等活动的主要场所，空间配备的影院播放系统为4K高清3D播放系统，可满足影院级的观影体验。

（2）T-SPACE：T空间位于场馆中部，呈英文大写字母"T"型，总面积达2000平方米，红毯长度为127米，是目前最大的室内自然T型空间，可容纳300~500人，适合举办新品发布、电影首映发布、新车发布、时尚走秀及装置艺术和雕塑展览等活动。

（3）2号馆：位于场馆南侧，长78米，宽24米，通高10米，最低高度8.5米，可用面积达1800多平方米，可同时容纳300~500人，独特的空间优势适合举办临时性展览、主题文化活动、大型会议、各类新品发布及时装走秀类活动。

（4）水云间：位于场馆三层，总面积400平方米，可同时容纳100~200人，配有电梯，可从独立通道由一层直达，另周边工作间、门厅、序厅、四层休息厅及空中花园等配套空间，适合举办会议、论坛及小型商务活动。

（5）空中花园：位于场馆三层外侧，为水云间配套户外活动场所，总面积达1400平方米，全部铺设人造草坪，环境幽静，最多可同时容纳200人，可配合水云间共同使用，亦可独立使用，适合举办小型商务酒会。

（三）数字科技空间

（1）未来空间：该展区以展示朝阳区"十三五"规划内容为主，在运用传统手段——物理沙盘展示重点功能区规划之外，在展区内运用通过体验式的互动展项和新技术、设备例如虚拟现实、裸眼3D、大数据等技术，配合LED屏、触摸屏、背投等设备，使参观者能够直观了解朝阳区"十三五"发展新思路、总体布局以及重点功能区概况及规划。同时展区增加了很多规划科普知识内容，让来到规划馆的公众能更好与城市对话，感受城市规划发展之美。未来，整个展区将借助大数据及"互联网+"等技术，在有限的展示空间，使规划和未来达到无限的延展，囊括更多的城市规划信息。

（2）数字沙盘：是一款基于数字城市理念的创意产品，其展示过程由动态的数字影像完成。数字沙盘通过遥感、地理信息系统、三维仿真技术等高新技术建立起一个可交互操作的实时虚拟现实环境，具备动态演示、实时更新和快速查询等功能，涵盖城市基础地理空间信息、城市规划信息资源等信息，满足数字城市展示服务与城市规划决策支持，是向公众展示规划成果、发展成就的窗口，也是传播发展理念、进行招商引资的平台。未来，数字沙盘将与物联网和移动互联网结合起来，成为运营智慧城市的有力抓手。

四、运营管理

（一）功能定位

通常情况下，规划馆占地面积较小，仅承载规划展示作用，功能较为单一，缺乏趣味性与灵活性，这是多数规划馆的缺陷。朝阳规划艺术馆在功能定位上大胆创新，将规划馆升级为城市馆，使空间从单一规划展示升级为城市公共文化空间，既是政府文化事业单位，也积极发展文化产业，为规划馆增加新功能，在情景展示的基础上，增加艺术活动，重新定义人与规划馆之间的关系；设置基本情景展示区，等待观众参观；举办各类主题活动，邀请观众参加；策划艺术展览，让观众主动前来。

（二）运营模式：结合市场创新运营模式

一般情况下，城市规划馆主要依靠政府经费开展活动，但是朝阳规划艺术馆整体定位为公共文化服务空间，运营模式便不能照搬普通规划馆运营模式，需要探索新的公共文化空间运营模式。

规划馆探索出通过提供优质公共文化产品，提升公共文化服务的创新路径。规划馆运营资金来源于三方面，除去政府事业活动经费外，还包括补助资金和商业运营。规划馆发挥自身优势，承担朝阳区公共文化服务的功能，通过举办各类群众文化活动，得到政府的大力支持。同时，规划馆改造后空间高挑开阔，周边环境优美，非常适合举办电影首映典礼等文化气息浓厚的商业活动，在不举办政府活动和群众活动的空档承办商业活动，既通过场地租金弥补规划馆运营资金紧张问题，更好地为市民提供公共文化服务，又能充分利用空间，吸引观众主动前往规划馆参观。

五、案例评析

朝阳规划艺术馆运用科技成功地对工业遗存与奥运遗产进行保护开发，避免资源浪费和更多资源消耗，在传播文化时利用最新科技，创造性地提出以3D体验为主导的参观模式，提高信息接受度。规划馆作为北京市新兴文化创意基地，在承担规划展示功能的基础上搭建一个行业交流、学习、合作的平台，突破了传统规划馆的功能。

规划馆通过打造自主策划品牌、策划特色品牌活动以及主办科技博览会，走出了一条不同于一般规划馆发展之路。

——打造自主策划品牌。规划馆将公益性规划展览与自主策划文创活动相结合，形成艺术、文创、时尚三大品牌，囊括"以建设国内首家3D体验中心为目标的文化创意活动""以承办CBD商务节为标志的政府活动""以群众文化活动为主体的公益活动""以新品发布为主题的时尚活动"和"以装置雕塑作品为特色的艺术策展活动"五大板块活动。

规划馆举办电影首映式

规划馆举办电影首映式

——策划特色品牌活动。规划馆策划与合作完成了一系列品牌活动,包括"第43届世界广告大会北京日活动""北京国际中老年模特大赛(2010—2017)""北京朝阳大学生艺术节(2010—2014)""华语青年影像论坛影像展(2011—2014)""北京朝阳海外学人创业大会(2015—2017)""2011中国非物质文化遗产摄影展""中韩书画交流展""'温暖衣冬'大型公益行动"等,以满足不同群体多层次文化需求为导向,展示地域文化,传播时尚文化,体验创意文化,策划群众文化,成为建设朝阳区公共文化服务体系的重要载体和富有朝阳特色的文创活动集聚地。

规划馆举办"北京国际中老年模特大赛"

规划馆举办数字创意活动

为更好展示科技与文化融合，规划馆建设国内首家3D体验中心，自主策划与推出"数字沙盘"和《朝阳最美24小时》两个代表性数字创意项目。《朝阳最美24小时》是国内首部3D实景拍摄纪录片，同步完成了朝阳区城市影像数据库建设。2013年，《朝阳最美24小时》荣获由中国电影电视技术学会授予的"3D影视作品最佳短片奖"和国际3D与先进影像协会授予的"国际作品金奖"。 规划馆让3D技术运用于文化展示领域，打破了3D技术只能运用于电影领域的固有观念，展示城市风貌、政府规划、干部培训、艺术交流、文艺活动等多项内容的运用为技术开拓更多应用领域，给未来城市生活提供更多可能性，为公众与城市对话搭建新渠道，正是符合人文北京发展目标，打造人文朝阳的具体表现。

【老总心语】

朝阳规划艺术馆前身为北京市燕山燃气用具厂三座老厂房，作为首都唯一"工业遗存"和"奥运遗产"的双遗产改造再利用项目，改造中秉承"修旧如旧，建新如故"的原则，通过融入科技和绿色理念，为老旧城市建筑注入新的活力，发展成为朝阳区宣传教育展示窗口、文化创意活动集聚地以及科技与文化融合的创新示范基地，实现了老旧厂房变身为公共文化空间的华丽转身。

在全国范围内命名为"规划艺术馆"的，我们是第一家。"规划展览馆"与"规划艺术馆"区区两个字的差异，却指引着这处老房子走上了一条创新多元发展之路。规划与艺术如何结合？是我们一直在尝试和探索的事情。要回答这个命题，就要回到我们的初心。朝阳规划艺术馆建馆初衷就是建成一处对外展示与传播朝阳区发展理念、地域文化和人文精神的综合性窗口，而朝阳区是中国最国际化的区域之一，使馆区、奥运会主赛场、798、CBD汇集在这里，朝阳这片热土的地域文化是"开放、包容和多元",在这样的土壤孕育下,我们馆的定位和发展就要契合朝阳这片热土的特质,就是要以更开放的姿态,走一条多元创新发展之路,我们找到的实践路径就是"文化+创意+科技"。

朝阳规划艺术馆突破了传统规划展馆固有职能的束缚,将自己定位为一个区域的"城市馆",作为区域的公共文化空间,面向公众提供形式多样、内容丰富的公共文化服务与产品,重新定义了人和馆之间的关系,由原有的单一展览展示职能,拓展成为等着大家来参观体验区情展示、邀请大家来参与主题活动、期待大家在规划馆遇见艺术。

我们创造性地将公益性规划展览与自主策划文创活动相结合,形成艺术、文创、时尚三大品牌,囊括五大板块活动,以满足不同群体多层次文化需求为导向,是想以更接近社区、更贴近群众生活的方式,让我们走出规划馆的狭义范畴,让馆重新回到老百姓的生活中去,让老厂房焕发活力,重新让文化基因改变城市的肌理、丰富城市的业态。

科技融合文化是我们馆的立馆之本,规划馆作为一个公共文化服务机构,自建馆之初,对待科技的态度就是拥抱科技、引入科技,让科技成为老房子的DNA。老厂房的涅槃重生,源于将3D技术对存量工业遗存和奥运遗产进行保护性开发再利用的理念引导;建馆之初,我们引入国际3D技术资源,打造国内首家3D体验中心;在科技的引领下,规划馆实现了由"传统展馆"向"体验展馆"再到"数字展馆"的进化;持续推出了朝阳主题IP数字文化产品,推动数字创意产业在数字城市、电影工业化、数字文化遗产、展览展示、主题景区等领域的创新应用。

一处老房子,用最新科技讲述朝阳故事,为城市老工业区的复兴探索新的路径,成为老厂房转型再利用的新地标。

北京 DRC 工业设计创意产业基地

构建工业设计的红星

一、基本概况

北京 DRC 工业设计创意产业基地（以下简称"DRC 基地"）坐落于中关村高科技园区德胜科技园，西城区新外大街 28 号院，毗邻北二环，属西城区政务与商务中心地带。基地前身为原北京邮电电话设备厂旧厂房，总建筑面积 8800 平方米。

北京 DRC 工业设计创意产业基地

DRC是英文Design Resource Cooperation的首字母缩写，释为"设计资源协作"。DRC基地旨在通过利用、整合、优化和配置区域设计产业资源（政府、院校、企业、商业、制造、金融），围绕设计资源体、技术资源体、服务资源体三方面展开协同设计，率先在北京乃至全国建立一个完整的资源协作体系，简称DRC设计资源协作。

DRC基地是中国首家工业设计创意产业基地，其包括设计企业孵化、共性技术条件平台和设计人才培养三大功能。自2005年创建以来，基地一直以"资源共享、协同创新"的理念，通过示范引领、持续创新，以小博大，孵化了一批有影响力的企业，整合了一批高新技术的应用，带动了一批设计产业基地的发展，影响了一批产业政策的制定，培养了一批高端设计人才。经过多年的发展，DRC基地逐步以中关村德胜科技园为核心，汇集政策、信息、技术、人才等资源，辐射外围，联通产业，集产业发展引导与社会服务为一体，与普天孵化器形成科技、文化、设计融合的5万平方米集聚区，在孵企业200余家，吸纳就业1万余人，年产值超过20亿元，年缴税费总额超2亿元。

二、改造历程：突破物理空间限制，辐射外围

2005年，在北京市科学技术委员会和西城区人民政府的支持下，北京工业设计促进中心与中关村西城科技园管委会利用北京邮电电话设备厂508厂废旧厂房改造，建立了以"科技+设计"为核心内容的特色园区——北京DRC工业设计创意产业基地，形成了委区共建和企业为主体的合作新模式。

北京DRC工业设计创意产业基地改造对比图

原北京邮电电话设备厂老旧厂房总建筑面积 8800 平方米，物理空间较小。DRC 基地在改造过程中，一方面通过空间的建设、升级与环境治理，改善企业发展的环境与条件；另一方面通过共性技术平台的建设与完善，拓展基地外围发展平台空间，为企业的自主创新提供共性技术服务与支撑，提升基地的企业孵化能力，促进设计创意资源的集聚和产业的发展。

如今，DRC 基地已突破原有物理空间范围，与科技园普天孵化器深度合作，打造出科技文化设计融合的 5 万平方米产业园区，形成了位于首都中心城区的设计产业发展示范区和引领区，成为北京支撑科技创新中心建设的重要抓手。DRC 基地的创新发展，逐渐形成了以依托的"DRC 品牌"为核心，辐射引领带动整个设计产业发展的新格局。

三、业态布局：以设计打通科技转化的最后一公里

DRC 基地孵化企业以设计、科技类企业为主。通过利用、整合在设计产业领域丰富的科技、文化、人才、信息和设计资源优势，为企业提供包括设计科技条件支撑、设计服务资源对接、设计品牌推广、设计价值评估、设计交易撮合、专属金融服务等综合孵化服务，以设计打通科技转化的最后一公里。DRC 基地已累计孵化企业 100 余家，培育出洛可可、视觉中国、灏域科技、智加设计、光彩无限等一批设计领域领军企业。

北京 DRC 工业设计创意产业基地业态布局

企业类型	代表企业
工业设计类	洛可可、灏域科技、智加设计、斯巴科、心觉设计、感感佳、易造
设计传媒类	设计癖
品牌设计类	智鼎品牌
内容版权交易类	视觉中国
设计管理咨询类	光彩无限、正邦

四、管理运营

DRC 基地由原北京邮电电话设备厂、北京市科委、西城区政府三方合资组建的北京迪希工业设计创意开发有限公司负责管理与运营。在运营模式上，基地致力于构建自身的设计生态，打造自我"造血"功能，充当外界与企业之间的沟通桥梁，推动多方朝着互利共赢的方向前进；在收入方面，基地主要以政府补贴、租金以及附加增值服务实现赢利。

（一）拓展服务平台体系：以"大平台"带动"小平台"

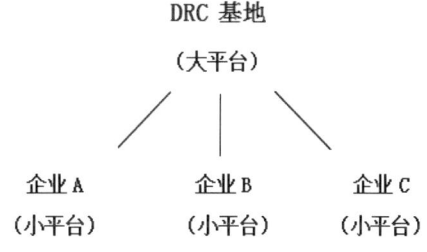

北京 DRC 工业设计创意产业基地
"大平台"带动小平台

DRC 基地建设项目，主要围绕三个核心内容开展工作，科技条件与科普平台即为其一。长期以来，DRC 基地一直致力于设计技术共

享平台的搭建，以"大平台"带动"小平台"的理念，立足设计产业前沿技术，不断拓展服务平台体系。企业进驻 DRC 基地存在一定的准入与淘汰机制，基地要求入驻的每一家企业都能够是一个小的平台，每一家企业都有其平台的身份，在基地这个"大平台"的带动下，所有"小平台"各自发力，强化基地内企业之间相互协助，丰富基地平台服务体系，打造基地设计生态。

北京 DRC 工业设计创意产业基地平台服务体系

基地企业	平台角色
北京乐品乐道科技有限公司	物联网产品设计与研发服务平台
北京华新意创工业设计有限公司	文创产品创新开发设计平台
北京光彩无限管理咨询有限公司	品牌管理与服务设计平台
北京硬店科技股份有限公司	智能硬件设计服务平台
北京相信未来科技有限公司	工业设计新媒体服务平台
智加设计创新集团	医疗与健康创新服务平台

DRC 基地作为国内首家工业设计创意产业基地，拥有快速成型、CNC、逆向工程、新材料展示、快速印刷等科技条件平台。作为最早开展 3D 打印尖端技术研发与应用的机构之一，DRC 在原有基础上，以 3D 打印技术服务为核心，搭建了 3D 打印快速成型产品验证服务平台，建立了全国首家 3D 打印体验馆及首个 3D 打印电子商务网叁迪网，形成由网络服务、设计研发、3D 打印组成的技术服务平台，提供产品模具、汽车与航空零部件制作、建筑模型、医疗器具打印等服务。

北京 DRC 工业设计创意产业基地代表企业

（二）完善设计产业孵化体系

针对 DRC 基地物理空间小，以及企业在不同发展阶段下的不同需求，DRC 基地通过对入驻基地企业提供个性化的精准服务，建立了高效的孵化体系并获得了一定成果，基地自 2005 年建立以来已累计孵化企业 100 余家。

——形成孵化初创型企业的新路径。DRC 基地依托"设计资源协作"的核心理念，为设计、科技型企业提供优惠租金的办公空间、专业共性技术条件平台服务、创业辅导、政策指导、人才培养、市场渠道支持和投融资顾问等孵化服务。DRC 基地对初创型企业的孵化取得了显著的成效，其中孵化出的洛可可设计已成为全国十佳设计机构；视觉中国是目前中国最大的视觉内容版权交易平台，并在深交所上市。

——形成培育成长型企业的新模式。

DRC 基地结合成长型企业的发展特点和需求，为其提供包括资源整合、创新服务支撑、市场化机制建立、项目支持、产业链企业对接、推介宣传、投融资等有关服务。培育出的灏域科技承担了多个国家 863 重点项目，如天河二号超级计算机、浪潮 32 路服务器、浪潮 K1 关键主机等研发工作，并在新三板挂牌上市；上拓科技已被美国 3D Systems 公司合资并购；智加设计已发展成为知名的创新设计集团，带动的设计产值超过 100 亿元。

（三）充当嫁接桥梁：“引进来"&"走出去"

DRC 基地自建立以来，其成功经验及示范效应吸引了各种调研团队前往参观调研、借鉴与学习。基地方面十分重视此类交流与自我展示的机会，充分担当外界与基地企业之间的沟通桥梁，解释双方需求，秉持在"引进来"的同时尽可能带领基地设计企业"走出去"，嫁接需求，促成合作。DRC 基地已组织在孵设计企业与北京亦庄、顺义、浙江宁波、上海、广东佛山、东莞等地制造业进行服务对接，并成立设计服务小分队，为近百家制造企业提供设计诊断与咨询，推进设计交易，形成了一批有示范带动作用的设计创新企业和成果。

五、案例评析

由北京迪希工业设计创意开发有限公司管理运营的北京 DRC 工业设计创意产业基地是国内首家专业化工业设计产业基地，"科技 + 设计"的产业结合，使其成为中国首家以科技为手段引领设计产业发展的集聚区。DRC 基地的创建为集中科技创新要素向核心功能区聚集创造了有利条件，为区域发展不断注入新的内涵。随着基地设计技术共享平台的搭建，中小企业创新基金、红星奖、设计创新提升计划的跟进，人才培养、国际交流的同步开展，DRC 基地已形成了多管齐下，"组合拳"引领设计产业发展的格局。

基地基于 DRC 设计资源协作理念，利用北京 DRC 工业设计创意产业基地的资源优势及公共服务平台建立"学生–DRC–企业"的 DRC 人才培养体系。针对就业盲点，以企业人才需求为出发点，企业为实施主体，高校为依托、基地为平台，开创采用了"真项目、真操作、真环境"和模拟设计师或项目经理（即"三真一模拟"）的产学研人才培养模式，专攻就业难题。DRC 基地与清华大学、香港理工大学等全国近 50 所高校签订了就业实习基地协议，接纳全国 72 所高校的学生设计实习，年培训学生 3000 人，就业率达到 90% 以上。DRC 基地充分发挥其公共服务平台优势，连接高校学生与企业，一方面，为学生提供了实习与就业的机会，开展未来设计师实训；另一方面又为企业输送了新鲜血液，填补企业人才需求。

作为北京"设计之都"、中国设计红星奖、北京国际设计周策源地的北京 DRC 工业设计创意产业基地，虽空间有限，但培育出了洛可可、视觉中国、灏域科技、智加设计等一批设计领域领军企业。DRC 基地是以首都核心功能区为启动点，从高端示范向地域拓展、领域渗透、产业延伸，发挥了以点带面功能。DRC 基地在培育孵化设计机构的同时，也凭借红星奖、设计提升计划对创新理念的广泛传播带动了社会各层面对设计价值的认知和重视。

【老总心语】

近年，我国经济发展进入不断优化结构和动力转换的新常态。特别是首都北京"四个中心建设"，新型经济发展模式逐渐取代传统模式，因此对产业提出了提质增效、升级转型的需求。按照党中央、国务院和北京市委市政府的工作部署，通过围绕推动供给侧改革的目标来加快推进科技创新中心"三城一区"建设，"北京设计之都"建设工作正是其中的关键环节之一。

产业升级导致原有低端产业腾退出的大量空间需要新的内容注入和运营管理。以DRC工业设计创意产业基地为代表的高端设计服务平台载体，在提升"设计之都"品牌影响力，推动设计、科技、文化融合产业成为首都支柱产业过程中起到了关键核心作用。DRC通过利用、整合、优化和配置区域设计产业资源（政府、院校、企业、商业、制造、金融），建立了一个包括技术、设计和服务资源体在内的完整的资源协作体系，培育出了视觉中国、洛可可设计创新集团等一批在行业内具有相当影响力的企业。

同时，依托现有设计资源，汇集了中国设计红星奖、北京国际设计周等一大批科技与文化融合的产品与活动，为企业、产业输出提供了优势资源基础。所以，目前北京在产业升级中已经形成了大量的发展新空间，需要导入高端的设计资源，实现科技成果转化和落地。最后，随着我国科技产业园区不断发展壮大，特色化园区、专业化园区也在不断涌现，园区在转型升级过程中逐渐催生出4.0版本的产业园区。

"天宁1号"文化科技创新园

热力四射的文创园

一、基本情况

"天宁1号"文化科技创新园由中国华电集团投资,北京天宁华韵文化科技有限公司建设运营,原址是有着30多年历史的北京第二热电厂。园区位于西便门外天宁寺前街1号,紧邻国家级文物保护单位天宁寺,与道教圣地白云观一路之隔。园区总占地7.9万平方米,建成后地上地下总计建筑面积约10万平方米。在北京市促进文化科技产业发展的大环境下,"天宁1号"按照西城融合式的功能定位与发展要求,依托于该区金融业的雄厚力量,将原北京第二热电厂工业遗迹与文化、科技、金融等元素进行融合重生,打造首都核心区中具有国际水准、产业高端、行业领先、业态丰富的综合示范性园区。

园区正门

园区采用修旧如旧的方式还原了我国70年代工业建筑风貌，围绕产业发展的需要创造了形式丰富、功能多样的空间场所，配置了全方位、一体化服务模式，满足各类高端文创科技类企业的发展创新需求。工程分两期施工，一期先改造确已闲置、不影响供热备用的北部和东部厂房设施。2016年10月28日，借助与西城区文创办共同举办第十一届北京国际文化创意产业博览会西城分会的机会，举办开园仪式，标志着一期建设的竣工。园区二期建设目前正积极推进，主要以主厂房及余热锅炉作为工业遗产保护改造的重点，同步对其四周建筑、设施进行全面规划建设，构筑以文化与金融、文化与科技融合为主导的开放型产业园区。

二、改造历程

（一）前世今生：中心城区唯一的热电厂，承载城市工业记忆

20世纪70年代初，北京出现严重缺电局面，中央重点单位和使馆区靠市内分散的小锅炉供热，飞灰严重影响城市环境卫生，北京第二热电厂应运而生。1972年，二热开始筹建。1977年11月5日，第一台机组并网发电，1980年7月15日全部建成。作为毛主席纪念堂的配套供暖项目，并且承担中南海及前三门地区居民的供暖，二热不仅成为首都新的电源，而且大大提升了首都供暖能力。厂区内高达180米的大烟囱的建成，减少了700~800台小锅炉，取消250~300个小烟囱，缓解中心城区环境污染压力。时至今日，二热大烟囱仍是西二环附近最高的建筑，它代表着北京城市发展进程中的工业文明成果，成为首都繁荣和发展的缩影。

老厂房部分原貌

2009年8月5日，燃油发电机组关停，二热部分厂房闲置，主厂房基本结构不变，设备未拆除，保持状态良好。2014年，中国华电集团启动了老厂改造工作，工程改造计划分两期建设。2016年10月28日，园区一期竣工开园，占地面积约3.2万平方米，建筑面积约2万平方米。园区二期建设正积极进行推进中，二期的建设以主厂房及余热锅炉作为工业遗产的保护改造为重点，保留城市工业时代留存的历史记忆。

（二）改造思路：修旧如旧，工业遗存的延续与新生

响应北京市对于旧城区的更新观点从主导规划、大拆大建到鼓励旧城区的自主微循环的转变，"天宁1号"园区在改造规划上提出利用旧有建筑实现自我更新，保持城市肌理与文脉的思路，在保留建筑原有风貌的基础上，通过整体改造布局，赋予老厂房新的功能，逐步将园区打造成为高端的文化科技创意功能区。

"天宁1号"保留了厂房、仓库等原有建筑，在全新业态定位和使用功能需求基础上，对整体空间进行改造布局，尽可能原汁原味地还原20世纪70年代工业建筑风貌。在园区一期的建设中，由原厂房改造成的展示空间共

25栋，单栋面积从30余平方米至3000余平方米不等。

在空间布局上，园区有机地融入热电厂遗存元素，原热电厂内具有艺术价值、历史价值、科普价值的机械零部件等"老物件"以装饰景观的形式延续原热电厂的历史记忆，与大型开放式绿地广场、小花园绿植等自然景观相映成趣。其中，被保留下来的最具丰富的文化内涵和鲜明的象征意义的大烟囱，不仅成为园区的标志性建筑，更成为西二环的文化地标，承载了北京城市的工业记忆。

三、业态布局

"天宁1号"园区定位高端，一期招商工作中，引进突出"文化＋科技、文化＋金融"核心内涵，具备一定影响力和品牌效应的企业。截至2018年6月1日，"天宁1号"文化科技创新园已与中国互联网投资基金管理有限公司、开元国创资本管理有限公司、北京珠江钢琴文化艺术有限公司、新华网股份有限公司、北京奇赋阁文化发展有限公司、北京新发投资管理有限公司、国开金融有限责任公司、北京新华音像电子出版社有限公司等10家公司签订租赁合同，出租率达到100%。

园区中高耸的烟囱

业态布局表

业态	企业／空间
金融投资管理类	中国互联网投资基金管理有限公司
	开元国创资本管理有限公司
	北京新发投资管理有限公司
	国开金融有限责任公司
艺术展览类	北京奇赋阁文化发展有限公司（古玉文化馆）
	北京珠江钢琴文化艺术有限公司
信息技术服务类	北京新华音像电子出版社有限公司
	新华网股份有限公司
文化空间	"天宁1号"壹空间

四、管理运营

2014年,中国华电集团启动了老厂改造工作,并批准成立了北京天宁华韵文化科技有限公司负责园区的建设和运营。

(一)创新管理模式,打造"三生融合空间"

"天宁1号"文化科技创意园立足于打造文化和科技为核心业态的全方位空间生态圈,为入驻企业提供个性化办公、休闲体验、生活配套、互动交流的承载空间。园区在未来的规划中,计划引进品牌超市、药店、中小型餐饮等基础服务设施,为入园的企业提供舒适宜人的工作生活环境和人性化的配套服务。

在园区的管理运营理念中,未来全面建成的"天宁1号"不是仅具有办公单一功能的生产活动空间,而是能够为园区内工作者、园区周边居民提供休憩互动、文化体验创新的多功能复合空间,是集科技创新中心、文化创意中心,交流展示中心和文体活动中心为一体的城市活动中心,实现生产空间、生态空间、生活空间的融合共生。

天宁一号国际文化科技街区功能图

(二)创新运营模式:以文促商,以商养文

园区通过整合利用空间,将部分厂房和公共空间改造成一系列多功能、开放性公共活动区域,承接符合园区定位和品牌特色的商业活动和文化活动。2017年,园区对外承办了土木建筑学会年会、北京义工联年会、新华小记者、学而思年度颁奖典礼、湖光山色圣诞儿童慈善音乐会等8场商业活动,签订了包括腾讯汽车年会等20场租赁意向。对于园区运营方来说,既打破单一房租收入的赢利模式,同时优质文化活动为园区提供了良好文化氛围,助力园区品牌建设,吸引更多高新技术研发机构和高端文创企业、名人入驻园区。对于实现园区内入驻企业,以园区为平台与外部对接,实现了园区内外资源联动,打造企业与企业,企业与园区,企业与社会资源之间展示交流互动平台,为企业提供发展空间和发展机会。

——观宁阁:位于单体31A/B/C二层平台的31楼顶吧台,场地开阔,可以近距离观赏天宁寺风貌,有着浓厚的文化艺术气息。两侧相对而立的"双塔"(大烟囱&天宁寺塔),楼顶吧台可成整个园区中历史文化与工业元素的交汇点,特色鲜明,承接年会展览、商业发布、小型演出等活动。

——壹空间:剧场文化区位于天宁一号园区中的最南端,是一个结合了工业元素与现代简约科技设计的综合性文化活动建筑群。它包括了演艺区、候场区、休闲区以及观众区四大区。壹空间按照国际剧院标准建筑,建筑面积765平方米,可伸缩座椅309个,可容纳400名观众,最大舞台展开长25米,宽15米,面积375平方米。主要用于话剧、歌剧、音乐会的演出,也可举办会议会务、商业发布、培训演讲、主体展览等活动。

——南草场:小剧场旁边宽阔的户外活动区空间开阔,可以举办婚礼、亲子活动、团建、拓展活动、露天音乐会等诸多户外活动。也可作为壹空间室内活动的配套室外休闲区,提高活动舒适度,打造开放型多元的交流空间,逐渐形成文化科技交流平台。

五、案例评析

"天宁1号"园区利用形式多样、功能多元的公共活动空间,策划承接一系列商业活动和公益活动,不仅为入驻企业创造多维的展示空间和多元的交流平台,并且通过主题活动的承办塑造园区品牌,实现园区经营模式多元化创新。

园区内室外钢琴音乐会

"天宁1号"注重与周边社区形成良好互动关系,利用自身空间资源,开放公共空间,打破园区的"围墙",打造24小时开放的文创生活功能区。继承原电热厂"讲政治,服务首都,奉献社会;求生存,拓展市场,惠及职工"二十二字厂训,"天宁1号"将社会责任作为园区建设的重要组成部分,将公共文化服务与文化产业有效融合,与周边社区、学校等社会组织、事业单位形成良好互动合作关系,开展面向社会的公益免费活动。例如,园区作为新华小记者的社会实践基地和十四中摄影课的外景地,为孩子们提供了社会实践场所,让教学走出课堂,走向社区。此外,园区协助企业完成了禁毒宣传和夏季草坪钢琴演奏会等活动,组织华电集团"度度关爱"系列活动,开展茶文化讲座、心理讲座、世界地球日植物认养、公众开放日、社会责任月等公益活动。活动面向社会,与志愿服务相连,丰富周边居民的文化生活。在为周边社区提供和谐有序的休憩休闲以及交流互动场所和各种便民服务的同时,公共文化活动也为园区聚集人气,对于园区文化品牌打造具有积极意义。

世界地球日植物认养活动

"天宁1号"园区运营时间不长,仍处于探索合适发展道路的初始阶段,在园区各方面建设仍有提升空间。

第一,从园区产业形态看,入驻的企业业态涵盖金融、艺术、科技、传媒等各类产业,但是在园区内部企业之间未能形成较为清晰明确的产业链关联,入驻企业之间无法形成互动发展,难以形成规模化效益,集聚作用不明显,也不利于园区品牌特色打造。

第二,园区盈利收入仍以物业租金为主,在未来发展中要面向市场拓宽运营思路,通过项目园区创新经营模式,提升项目产业招商、设施管理、入驻企业服务、项目孵化与创新、项目产业投资促进等各种精细化的服务能力，形成园区不可复制的独特价值核心，以获取可持续的收益。充分发挥园区的空间资源和地理优势，实现空间的功能叠加，通过物业产权性收益向产品服务化收益转型，提升空间价值。

第三，园区自2017年开始组织和承办商业和公益活动，但是在活动宣传、活动推广上缺乏有效的宣传渠道，园区的微信公众号、微博等线上推广窗口没有进行时常更新维护，互动性弱，辐射范围有限，难以达到良好的宣传效果。在园区未来发展过程中，可以通过整合线上线下宣传渠道，实现线上线下良好互动，提高园区的关注度和知名度，打造园区品牌，实现企业与园区共赢。

【老总心语】

中国人相信事在人为，所有的事都是人做出来的。老旧厂房是一代工业文明和经济发展水平的代表，其价值和蕴含的历史意义不言而喻，为它注入新鲜血液，承载新的功能，是央企义不容辞的社会责任。我们从实地着手，把"老二热"转型升级为"天宁1号"文化科技创新园，充分实现留存工业文化，惠及周边居民，提升区域文化品质等多种功能。当然，这里面还有很多潜力等待挖掘，要探索的路还有很多，但古语曰：士人有百折不回之真心，才有万变不穷之妙用，希望因道结合，理念相同的我们共同努力奋斗，让淡出历史舞台的老旧厂房重新焕发生机，再一次推动城市的变迁。

东郎电影创意产业园

电影人的街区

一、基本情况

东郎电影创意产业园缔造者——佳卓(北京)文化传媒有限公司。东郎电影创意产业园，国家级文创实验区内重点园区品牌，朝阳区内精品园区，专注于北京核心城区的城市更新项目，代表项目为位于 CBD 核心区的东郎电影创意产业园，前身为北京印刷集团有限公司印刷二厂。

东郎电影创意产业园是国家级文创实验区内第一个提出以影视为主题运营的文化产业园区，平台内企业交叉项目运营，以影视产业链条经济为闭环的专业性运营园区。因运营特色鲜明、文化氛围活跃、公共文化服务平台的示范效应，每年接待政府视察、国际化参观接待、全国各地同行参观交流 200 余批次。每年一届的北京国际电影节同时段的"青影·东郎之夜电影节"活动已经连续举办了 4 届，参与人数超过 2000 人次，直接间接引动电影项目投资 1.5 亿元。

东郎电影创意产业园鸟瞰图

目前，东郎品牌旗下拥有北京电影学院·东郎电影创意产业园、北京电影学院·东郎通州电影中心、北京电影学院·东郎S3艺术文化产业园等项目。

二、改造历程

东郎电影创意产业园位于北京电视台新址东侧，地处CBD核心区，北接长安街，南邻通惠河北路，该项目场地原址是北京印刷二厂的老厂区，项目一期占地12000平方米，建筑面积约24000平方米。东郎电影文化创意产业园园区最大程度利用旧厂房建筑，并结合园林景观创造出超低密度舒适的办公环境、商业与休闲空间，给电影人带来无限的想象空间。

2012年9月，佳卓（北京）文化传媒有限公司与北京印刷集团有限责任公司印刷二厂签署房屋租赁合同并达成战略合作。利用印刷二厂闲置厂房、库房，用以打造文创产业园。2014年8月和北京电影学院签署了战略合作协议，联合创办"北京电影学院·东郎电影创意产业园"。至此，一座既保留传统厂房工业气息，又注入时代新风尚的设计新颖、风格独特、主题鲜明，配套齐全的以电影为主题的示范引领型文创园，在CBD核心区建成并运营。

东郎电影创意产业园内景

东郎通州电影产业园,以工业建筑元素转化时尚、后工业时代建筑为底蕴文化,结合影视创意、影视元素需求为特征,特邀智利设计师阿贝尔先生建筑规划设计,利用地理位置优势、地缘优势等优势资源打造的具有影视创意特征的影视传媒、影视创意办公等多功能的国际影视集聚区。

东郎通州电影产业园内景

东郎 S3 艺术文化产业园项目是利用企业闲置厂房改造工程的规划与设计,建筑定位是致敬经典项目 798 园区的一个项目。利用 798 的国际艺术影响力与其独特的地缘优势,再现第二个 798。经过现场勘查,建筑本质良好,属于优质项目,5 栋地上建筑,总建筑面积 6000 平方米左右,现已进入规划设计阶段。

三、业态布局

(一)打造园区品牌活动

东郎电影创意产业园于2015年、2016年、2017年配合北京国际电影节,连续举办了三届"青影·东郎之夜"大型电影专题招待研讨会,一些为电影行业做出突出贡献的公司、导演、教授、作曲纷纷出席致辞。

中国大学生微电影节是由中国传媒大学和北京电影学院联合主办的大型微电影节。东郎电影创意产业园区作为中国大学生微电影节的主要分会场之一,全程参与了微电影节的各项工作。

园区内影视活动场景

（二）引入特色、旗舰型企业

东郎电影创意产业园成功引入了电影相关的上下游产业链企业入驻园区，例如青年电影制片厂、维塔数码、开画影业、艺恩咨询等众多知名特色企业。

园区与艺恩咨询开展合作以来，双方共同接待了维塔数码、中国传媒大学、文创实验区管委会、朝阳区企业信用促进会、北京市12330等多方人士，就不同的主题开展了广泛的交流。

（三）创建广播电影、电视训练营

第三届青影·东郎之夜活动期间，"成龙电影A计划·新晋电影人实践特训营"在园区盛大开幕。特训营期间，数位重量级国内外专家导师前来授课。特训营的成功举办，不仅注入了新电影的产业板块，也提升了首都文化中心的辐射功能。

除此之外，2017年5月，园区成功举办了第二届"影院经理人精英训练营""赢在现场"院线高级管理人员培训班，共有270家院线经理人参加培训，取得了良好的效果。

四、管理运营

（一）园区发展战略目标明确

东郎电影创意产业园区的战略目标是成立国家电影创作基地和创作中心，使之成为全产业链孵化器（北京电影学院青年电影制片厂创作中心已挂牌运营），为电影事业发展建立中关村式的电影行业聚集新模式，即以电影产业为龙头，以影视制作集成一体化产业链+行业前沿技术交流功能为两翼的创新发展模式，发展成为中国电影产业驱动中心。

（二）搭建资源整合平台

东郎电影创意产业园区入驻文创产业公司

企业共60家左右，其中98%的面积引入了电影行业上下游相关企业入驻。园区每月组织两次专业、新型的影视观摩研讨活动，并与北京电影学院商学院进行主题互动。同时，引入金融企业北京银行、交通银行、再担保公司为企业服务，为创业企业提供场地搭建联合办公孵化器，提供200万资金作为项目补贴，并成功孵化北京影享时代网络科技发展有限公司（投资1000万）和圣坤堂文化传播有限公司（投资500万）。

（三）建立园区生态、协同发展

东郎电影创意产业园联合郎园和国家广告产业园，共同打造CBD地区电影产业集聚区，建立影视文化行业全生态产业链。园区将联合上述两家知名企业以及周边其他影视文化产业园，共同致力影视投资、高端文化创意产业园开发设计和整合运营，定位于品牌化、专业化、产业化，精细打造具有引领示范作用的覆盖影视全产业链的文创产业园。

目前位于通州区通马路上的东郎通州电影产业园正在积极打造国家级电影发布中心集散地，园区将通过紧邻环球影城的千亩城市森林公园的文化休闲创意平台，规划建设"通州·北京电影中心"打造国家级电影发布中心及集散地。

（四）提供公益性服务

建外街道已授予东郎电影创意产业园"建外东郎商务楼宇工作站"，园区成立党支部，并有一名党员成为园区"非公党建指导员"。园区共有三个公司的党员作为联合党支部成员，联合开展"两学一做"党课学习、爱心捐赠等活动。园区还筹备建立捐助站，设置爱心墙爱心捐助，并提供100平方米的空间作为爱心超市使用。此外，北京市朝阳区文创实验区企业信用促进会和北京12330均设立了东郎工作站。

五、案例评析

佳卓（北京）文化传媒有限公司致力于影视投资、高端文化创意产业园的开发设计及整合运营。依托整合北京乃至全国的电影产业资源，结合商业地产项目开发经验，精细化打造并运营了一系列覆盖影视产业链的文化中心和产业园，运营效果显著。

（一）缝合城市功能

在每一个东郎新项目的定位、改造规划中，东郎秉承着共享理念，将周边的环境和项目一起融会贯通来考量。每一块土地都具有它独特的性格，历史是流动的，但文化无边界、生态无边界、运营也可以无边界。变工业繁荣为文化繁荣，从传统工业基地转变为真正的创意产业基地，在改造的过程中尽量尊重原建筑的独特风貌，强调区域的历史文脉感。通过功能置换等多种改造手段使规定用地范围内的旧工业建筑获得新的生命，做到建筑与环境的共生，营造满足创意人需求的人性化绿色园区，做到各个功能块之间保持紧密的联系，使内容和空间成为一个有机整体。

园区内配套设施齐全，服务项目完善，影片放映观摩厅、多功能活动发布中心、开放式露天平台发布场地等一应俱全，可供沙龙、业界聚会等活动；亦设有电影主题咖啡厅及六七十家各类餐厅，为各类活动及会议提供全方位服务。

（二）实行园区的连锁经营

隶属于东郎品牌旗下的东郎通州电影产业园，在2018年五一劳动节期间正式开园。同时，东郎再次携手北京电影学院、北京塑料三厂三强联合，将东郎的运营模式复制到崔各庄地区，在崔各庄乡东南部建设东郎S3艺术文化产业园。该园区建设将充分吸收东郎大望路园区的经验,并进行更大尺度的开放与共享。一方面将构建以电影产业为龙头,以影视制作集成一体化产业链+行业前沿信息技术交流功能为两翼的创新发展模式,打造中国电影产业驱动中心。另一方面,园区建设东方美学生活体验区和像素艺廊、同时在景观规划中增加了天桥、人车分流艺术岛、月光岛、日晕池、彩虹岛、环廊花溪以及城市信息交互亭等更多灵活机动的实用艺术小品与公共艺术展区。

(三)提供优质服务助力初创企业发展

园区将内部优质资源进行整合,通过可点对点对接入驻企业多样化需求,助力初创公司获取资源、寻找融资,推进其快速发展。多元化办公模式,既配备较传统的工位办公,又提供创新性开放空间办公,尤其是通过卧式办公区设计,更能实现躺着工作。年轻、个性又不失严谨,多方位满足员工办公需求和选择。

此外,园区高度重视内部公共空间打造。其中,配备超大共享开放社区,占据整体面积的40%,打造自由、品质体验。从茶水间、休息区、娱乐区,到会议室、打印区,为创业者提供一应俱全的会客、娱乐休闲服务。初创公司所需要的人事、法务、财务、公司注册等多元化服务,均可享受,多维度降低初创企业成本。

【老总心语】

我们是看着这个城市变化长大的,变老的。30年前北京的CBD地区还有庄稼地呢。10年前东郎这个园区还是北京印刷二厂,我还来这里印刷过产品呢。

但是,随着这个城市化步伐的加快和北京城市经济结构的转型,曾经代表着这个城市的工业文明、象征城市经济发展的工厂及工厂群逐渐地退出历史舞台。而这些旧工厂的价值及其所蕴含的历史痕迹并未随之消失,相反,随着全新的创意产业、影视产业、泛文娱产业等等新兴产业的新鲜血液注入,旧厂房的生命也通过承载功能的变化重新焕发出生机,再一次推动着城市的变迁,我们也是这其中一员,这也是做了这几个文化产业园后,我最大的感悟,也是我做这个行业的成就感表象。

对于我们现在这几个旧工厂改造的文化产业园来说,我个人觉得,能准确地把握项目所面向客群的需求才最为关键。在这个前提下,有效地执行项目,只有综合了经济效用、文化传承、环境保护等多方益处所凝聚的高附加值产品才是更具生命力的文化产业园!

真正的文化产业园运营是一个不断调整的过程,也是一个不断挑战的历程,对于自我来说也是一个自我思维更迭的过程。

第四部分 传承篇

北京 798 艺术区

文化地标 798

一、基本概况

北京 798 艺术区位于北京市朝阳区酒仙桥大山子地区，坐落在北京七星华电科技集团有限责任公司（简称七星集团）所属的 718 大院，核心区域占地面积近 30 万平方米，建筑面积 23 万平方米。

北京 798 艺术区

北京 798 艺术区最初是由一些艺术家自发聚集而形成的艺术聚落。原 718 大院具有良好的区位优势和便利的交通条件，闲置的宽敞厂房房租低廉，加之大量保存完好的包豪斯风格的工业建筑遗产，与追求前卫、新奇、自由的现代艺术精神不谋而合，吸引着艺术家们不约而同地聚集在这里从事艺术创作。

北京 798 艺术区汇集了画廊、设计室、艺术展示空间、艺术家工作室、时尚店铺、餐饮酒吧等众多的文化艺术机构，经常举办重要的国际艺术展览、艺术活动和时尚活动，吸引了众多世界政要、影视明星、社会名流来参观。每年到访 798 艺术区的宾客超过 300 万人，其中境外宾客占 30%~40%。这里已成为中国当代艺术的展览、展示中心和国内外具有影响力的文化创意产业集聚区。

二、改造历程

（一）从旧工厂到艺术区的演变

20世纪50年代初，苏联援助中国建造"718联合厂"，又称华北无线电零部件厂，其下分718、798、706、707、797、751厂和11研究所。718联合厂发展历程中经历过两次重大变动。1964年，撤销718联合厂建制，成立国营718、798、706等六厂。20世纪80年代末到90年代初，718联合厂开始衰落，基本逐步处于半停产状态，70%以上的车间停止运行，职工从2万人递减至不足4000人。2000至2001年，718大院五个工厂与院外700厂整合重组为北京七星华电科技集团有限公司，即七星集团——798艺术区目前的物业方。整合后部分产业迁出大院，导致部分厂房闲置，并开始将空置厂房进行对外出租，为形成艺术区提供了大量空间。

798艺术区形成于偶然。1995年，中央美术学院从王府井原址迁出，因望京新校区尚未建好，中央美术学院先租用大山子北京电子元件二厂即706厂中转办学，为期6年，这一时期被称为美院的"二厂时代"。1996年，中央美术学院为完成北京市政府委托的卢沟桥抗日战争纪念群雕，雕塑系租用原798厂厂区的两个1000多平方米的工业仓库进行创作。此举开创了利用旧厂房进行艺术创作的先河，使业绩不断下滑的工厂顺势向艺术区转型。2001年，中央美术学院正式搬入望京新校区，又逢高校扩招，老师们工作空间紧缺，就纷纷租用国有工厂的空置厂房。2002年前后，受便利交通、风格独特的包豪斯建筑等多方面条件的吸引，众多艺术机构及艺术家前来租用闲置厂房并进行改造，使其变为富有特色的艺术空间。黄锐、贾涤非、于凡、喻高、陈羚羊、刘野、孙橙宇等艺术家纷纷进入，创建自己的艺术工作室，推动了艺术区在短时期内的迅速形成。由于艺术机构及艺术家最早进驻的区域位于原798厂所在地，因而这片区域逐渐被称作"798艺术区"。

（二）艺术介入建筑，融"新"于"旧"

798艺术区所在地是20世纪50年代由苏联援建、东德负责设计建造的重点工业项目。艺术融入建筑是798艺术区最直观的特色，艺术家们利用工业时代遗留下来的大量的工业资源和建筑物，如厂房、车间、设备等，将原本略显破败的工业厂区改造成了体现Loft生活方式的时尚艺术区。

北京798艺术区包豪斯建筑风格

798艺术区的部分建筑采用现浇混凝土拱形结构，独特的灰色拱形天花板最高处达8.6米，搭配北向而倾斜的条形天窗，保证了一天中室内采光的均匀、恒定，高空间、大柱距的建筑构件完整保留了兴建之初的德国包豪斯式艺术风格，空间内保留了日渐斑驳的巨大朱红色标语及废弃的设施和仪器，使历史与艺术在这里凝聚成巨大的视觉冲击力，为艺术、文化活动营造出独特的氛围。走进798艺术区，工业厂房错落有致，砖墙斑驳，管道纵横，墙壁上还保留着"文化大革命"时期的标语。在这里，另类的当代艺术作品与过时的机械等历史痕迹相映成趣，仿佛展开了一场跨越时空的对话。

北京798艺术区建筑外部改造

——外部空间的扩充。旧建筑的加、扩建是在原建筑结构基础上或在与原建筑关系密切的空间范围内，对原建筑功能进行补充或扩展。很多原旧建筑的边缘出口均增建了由玻璃钢桁架构成的延展空间，满足了各组成部分用于门厅、休息区、展示等其他需要室内空间体量较大的功能。

北京798艺术区建筑内部空间改造

——室内空间的组织。通过室内空间的组织、分割及界面实际结合各类设备手段满足人们在环境中的各种功能需求。通过增加室内隔墙，使室内空间形成不同层次和深度。

三、业态布局

经过 20 多年的发展，798 从一片废旧厂房崛起为海内外炙手可热的时尚特色艺术区，成为北京的城市文化地标之一。截至 2018 年 5 月，入驻北京 798 艺术区的画廊、艺术家个人工作室以及动漫、影视传媒、出版、设计咨询等各类文化机构约 500 余家，其中包括来自 25 多个国家和地区的 50 余家国际艺术机构，如法国、意大利、英国、荷兰、比利时、德国、日本、澳大利亚、韩国、中国台湾、中国香港等。

北京 798 艺术区业态布局

业态	代表企业
艺术空间	艺·凯旋艺术空间、玉兰堂、百雅轩、红人艺术空间、第零空间、尤伦斯当代艺术中心、水木当代艺术空间、桥艺术空间
画廊	大河画廊、安妮画廊、东岸印象画廊、798 艺视画廊、先声画廊
时尚店铺	CHINA·瓷、798 创意市集、游记店、美好年代、DARA
酒吧饭店	咖浓咖啡店、798 料阁子、爱特咖啡、迷你咖啡
个人工作室	摩尼器物、枫翎工作室、HERS 本色 STUDIO、凹凸印象、王铁琼工作室

北京 798 艺术区代表企业

四、管理运营

为助力北京798艺术区更好发展,将其建设成为世界著名的文化创意产业园区,2006年,朝阳区政府与所属七星集团成立了798艺术区建设管理办公室,推进艺术区的规划、建设与发展,促进产业升级,并且对艺术区采取一些特殊扶持政策,如实行低房租和房租补贴政策等,减轻艺术家的生存压力,确保艺术区能够长期持续发展。

2010年,朝阳区政府至少投入了3000万元对798艺术区进行基础设施改造和公共服务平台的搭建。在保持艺术区当代艺术特色的基础上,为完善管理机制,创新服务模式,朝阳区委区政府成立了北京798艺术区管理委员会,作为朝阳区政府派出机构,下设综合协调办公室、治安管理办公室、文化执法分队、安全生产和城市管理办公室、服务保障办公室,负责798艺术区综合协调、监督管理、产业促进和接待服务等工作,对艺术区实行统一规划、统一管理、统一服务和统一推介,促进改善周边交通环境和园区内的公共服务设施,建立长效的统一管理和联动机制。798艺术区管理委员会按照"政府引导,企业主体,艺术机构共同参与"的发展模式,进一步加强管理和服务力度,积极提升798艺术区功能,把798艺术区建设成为中国当代艺术展示交易中心、国际文化交流中心,成为首都建设有中国特色世界城市的文化名片和文化新地标。

798艺术区发展至今,管委会、物业办公室、七星集团三方各司其职,共同参与艺术区的管理与运营。简言之,管委会主要承担上传下达的职能,争取政策福利,并管理物业办公室;物业办公室承担艺术区物业服务,提供各类园区服务于各家租户;七星集团则负责收取房租。

五、案例评析

798艺术区是北京市政府首批授牌的文化创意产业集聚区之一。798艺术区是一本工业建筑的历史教科书,其保留下来的典型的包豪斯建筑风格,在亚洲亦属罕见,它见证了新中国工业化的历程。798艺术区的存在并不是城市规划的结果,而是众多艺术家自发行为的结果,它的出现使定位为电子科技园的酒仙桥地区充满了特殊的城市活力。

政府引导,企业搭台,多方参与的发展模式使得798艺术区得以健康有序发展。为加快艺术区健康有序发展,朝阳区先后成立北京798艺术区建设管理办公室、北京798艺术区管理委员会,加强科学引导、规范管理和有效服务。在北京市委市政府的重视、支持以及朝阳区委区政府和北京电子控股有限责任公司的直接领导下,经过几年来的建设、发展和规范,798艺术区实现了从原生态的电子制造工厂和原创艺术家工作室,向多种业态相融合的创意产业集聚区的逐步转型,目前已逐渐发展成为中国现、当代文化艺术的展示、交易中心,成为中外文化艺术交流的重要平台。

798艺术区可谓是一个成功的文化创意产业集聚区的典范,但同时它也存在一些问题。近些年,艺术区内画廊等艺术机构不断搬离,工艺品、小商品店数量逐步增加,798似乎走上了一条被大众化商业日渐侵袭的道路。如何权衡各方利益,留住艺术,构建良好的园区生态,是798艺术区在日后发展中必须解决的问题。

总而言之,798艺术区在文化创意产业聚集区中的地位非同一般,其早已成为北京最具文化意义的符号。美国《时代周刊》将798艺术区评为全球最有文化标志性的22个城市艺术中心之一,《纽约时报》将它与纽约的 SOHO 艺术区相提并论。此外,2018 年 1 月 27 日,718 联合厂(华北无线电联合器材厂)(798 艺术区)还入选了"中国工业遗产保护名录",又一次肯定了艺术区在工业遗产保护与改造方面的成就。

【老总心语】

经由当代艺术、建筑空间、文化产业与历史文脉及城市生活环境的有机结合,798 已经演化为一个文化概念,一种生活方式,对各类专业人士及普通大众产生了强烈的吸引力,并在城市文化和生存空间的观念上产生了不小的影响,北京 798 艺术区已经成为北京都市文化的新地标。作为北京现存包豪斯建筑的代表,798 华丽的完成了从老旧厂房到艺术区的转身,以"艺术"介入"建筑",融"新"于"旧",多元文化共存共荣。

莱锦文化创意产业园

广告传媒龙头企业汇聚的莱锦

一、基本情况

莱锦文化创意产业园是由北京国棉文化创意发展有限公司运营的高端、国际化、有特色的文化创意产业园区。北京国棉文化创意发展有限公司是由北京市国通资产管理有限公司与北京京棉纺织集团有限责任公司携手组建，目前由北京北奥集团有限责任公司和北京时尚控股有限责任公司共同控股，由北京北奥集团有限责任公司组建的运营团队将京棉集团二分厂生产区厂房整体改造更新而成。

莱锦文化创意产业园是北京市朝阳区文化创意产业园区的亮点，是北京首批四家市级文创产业示范园区之一，是努力推动企业转型升级、保留城市历史记忆并挖掘工业遗产价值的成果体现。

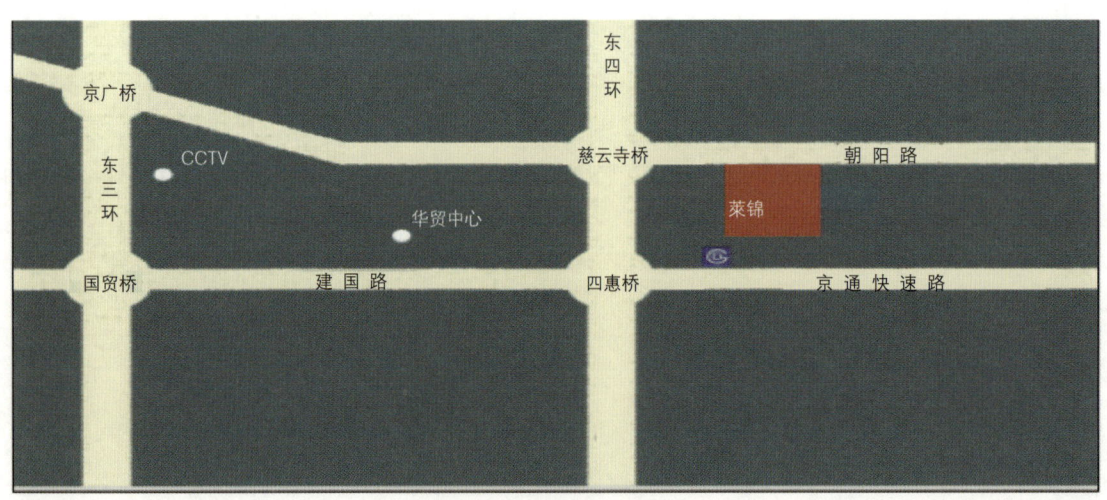

莱锦园区区位图

莱锦文化创意产业园位于朝阳区八里庄东里1号，地处CBD东区门户，北临朝阳路，西距东四环500米，南临京通快速路和地铁1号线、6号线、八通线，毗邻国贸中心、中央电视台、华贸中心等地标性建筑，是朝阳区国际传媒走廊上的重要节点。伴随着CBD核心的东移和国家文化产业创新实验区的成立，园区的区位优势随之增强。

二、改造历程

（一）历史背景

20世纪50年代初筹建的北京第二棉纺织厂是我国第一个采用国产设备、规模最大的棉纺织厂，是新中国工业建设的缩影。但进入90年代后，随着首都产业结构的调整，京城纺织厂陆续停产外迁。此时的京棉集团二分厂何去何从，面临抉择。

一方面，北京的文化创意产业迅猛发展，另一方面，朝阳区政府所倡导并创立的国际传媒走廊业已形成，在这条传媒走廊上，京棉集团二分厂旧址是一个重要节点，它地处CBD东区门户，环抱在一片国际化的传媒创意产业群中。在这种形式下，企业的转型和工业遗产保护势在必行。在当时以高楼大厦取代这块土地上那些凝聚着历史辉煌的建筑无疑是经济效益最大化的捷径。但是，共同的历史责任感使之选择了保留厂区主要建筑，用科学和先进的手段让这片老厂区焕发新生、延续辉煌。

（二）莱锦文化创意产业园改造经过

经过反复的论证，最终，国棉公司决定要打造一个保存着历史记忆的文化创意产业园区，让旧建筑延续新生命，老厂房中树立新产业。为保证定位目标的准确实施，国棉公司聘请了国际知名的日本设计大师隈研吾先生。身为主设计师，他在充分保留原有建筑特色的前提下，采用结构分割、天然采光、立体绿化等措施，充分保留老厂房锯齿式屋顶的建筑特色，发挥利用天窗天光的独特价值，将京棉二厂的旧厂房改造成为46栋300~5000平方米独栋花园式低密度工作室，适合文化创意产业要求，让老厂房焕发出新的生命。

1. 保留老厂房建筑特色，吸引文创企业集聚

莱锦园老厂房内部层高示意图

改造前厂区外景图

莱锦园区改造后的锯齿厂房实景

文化创意产业的核心是创新、创意活动,这就对工作环境有了特殊的要求。许多文化创意企业更偏好于采光充分、屋顶挑高、相对独立的loft型空间环境。而原京棉二厂老厂房恰恰具备这样的改造条件——层高9米、采光充分、锯齿式斜屋顶。国棉公司结合文化创意企业的办公、展示等需要,对老厂房进行了不同形式的改造分割,形成相对独立的办公空间。

2. 充分利用空间优势,营造园林式办公环境

莱锦园区改造后园区绿化实景

普通的写字楼绿化空间有限,空调办公环境使得人与自然相分离,这与文化创意企业的办公需求是相违背的。国棉公司集合国内外园林设计的精华,打造与自然相融合的办公环境,为激发文化创意人才的创新思路,创造更多的精神财富提供基础。

3. 传承纺织文化,延续奉献精神

在尽可能保留建筑历史印记的同时,园区还将通过设立主题墙、雕塑等一系列措施延续纺织文化,弘扬传承新中国纺织人的奉献精神,使得文化创意企业能够在优秀的传统文化感染下,丰富并创造新时代的文化。

项目改造历时1年零4个月,建设者们最大限度地保留和利用原有的结构和其蕴含的历史,并适应了文化创意企业的发展需求。

在改造上,莱锦园除按照最新建筑规范进行老厂房结构加固外,还将原厂区内砖混结构危房改造成航母工作室,并重新改造了全部市政设施,在品质提升的同时,延长建筑物的使用寿命,进一步增加其使用价值,2011年3月底实现竣工。

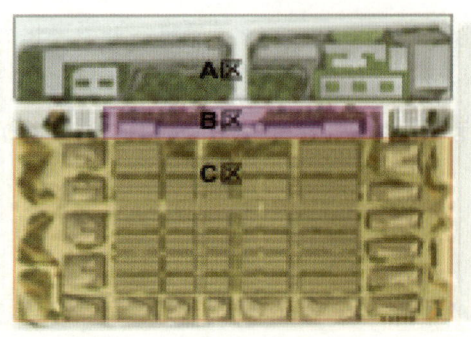

莱锦园区功能区域

莱锦园分为三大功能区域。A区：配套服务区，集商务、餐饮、休闲、生活为一体，作为园区的服务配套设施，满足园区客户的需求。B区：创意服务中心，该主办公楼作为当年我国自主设计的标志性优秀建筑，记载着北京城市的发展痕迹。在保留原有建筑风格的基础上，其被改造成为创意服务中心，为文化创意研讨、交流、展览、会议等提供服务。同时，为入园企业提供展示交易宣传平台和培训招聘服务平台，配合文化创意企业的宣传需要，为其创意成果提供最充分的展示和价值体现空间。C区：城市绿洲（老厂房改造区）。鉴于国外大都市都出现了建筑密度过高、空间狭小、绿化匮乏的"CBD缺氧综合症"，他们都在千方百计地去改变现状，争取更多的绿化空间。高速发展的北京CBD，已经不可避免地面临这样的挑战。

三、业态布局："双效统一"实现园区效益最大化

2011年9月18日正式开园，园区实现100%的出租率，且客户已全部进驻。作为朝阳区CBD—定福庄传媒产业走廊上的示范园区，园区内集中了众多优秀的文创企业，其中传媒类企业占入园企业的43%，创意、设计类企业占入园企业的28%，广告类企业占入园企业的14%，动漫、设计类企业占入园企业的9%，其他文创企业占入园企业的6%。

一批国际国内知名的企业的入驻，大大提升了莱锦文化创意产业园产业链上各环节的地位，也促进了高水平文化创意产业集群的形成。各种高水平的创意资源不断地汇聚于园区，进一步提升了整体实力和品牌价值。

一方面园区取得了经济效益。自2011年开园至今，整体运营平稳，园区吸引了大批的创意企业入驻。运营已带来稳定收入，并将在今后实现稳步增长。园区入驻企业如中国国际电视总公司的全资子公司央视创造传媒有限公司、中国领先的综合广告和媒体服务商昌荣传播、中国最大的工程仿真技术提供商安世亚太科技股份有限公司、国内目前规模最大、实力最强的民营影视企业之一浙江华策影视股份有限公司北京办事处等行业内知名公司。同时，为保证为入园企业提供良好的配套服务，引进了银行、会所、中西餐厅等服务机构。截至目前，驻园机构达到100余家，上市公司10家；产业从业人员6000多人；园区年产值超过200亿元。除此之外，园区以其独特的优势，产生了综合效应价值，包括产业人才孵化价值、产业延伸效应价值和产业带动辐射价值等。

另一方面园区取得了社会效益。铸造莱锦品牌，形成园区可持续影响力。莱锦园已形成新的百亿产值的高水平的文化创意产业集聚区，自建成后先后接待了各级领导，国内外知名企业、团体、学校等的参观，自2011年9月开园至2017年年底，共接待各界来访500多次，10000多人来园参观。中央以及地方媒体多次对莱锦园进行专题报道，园区已成为北京市老旧工业厂房改造发展文化创意产业的知名品牌。

2015年10月29日被北京市文化改革和

发展领导小组办公室、中共北京市委宣传部认定为北京市首批"市级文化创意产业示范园"。

四、管理运营

园区在后期运营中，逐步完善管理服务架构，建立公共服务支撑体系，有计划地与具有高度专业化、具有影响力的机构合作，陆续打造多功能服务平台，为入驻企业提供全方位的帮助。

（一）搭建公共服务平台

搭建园区物业管理平台和公共服务平台，国棉公司负责组织园区各类活动，促进内部沟通交流，提供政策行业信息，定期组织交易活动。与第一太平戴维斯物业顾问（北京）有限公司共同建立物业管理服务体系，包括治安防控体系、基础设施维护体系、交通管理体系等，为企业日常经营提供便利。与相关机构合作，免费为入园企业提供工商注册及迁址等服务。

此外，国棉公司还积极配合政府开展各项调研活动。同时，将政府部门组织的专场招聘会、银企对接会以及申请政府资金扶持等活动和政策的相关信息及时传达给入园企业。

（二）搭建文化金融服务平台

按照北京市关于加快文化金融创新工作的整体部署和要求，为积极发挥市级文化创意产业示范园区作用，进一步建立建全文创产业服务体系，搭建文化金融服务平台，在市文资办、朝阳文创实验区管委会的指导和支持下，国棉公司按照"政府引导、资源整合、市场运作、专业运营"的基本原则，拟建设文化金融服务中心，积极探索破解文创企业"融资难、融资贵、融资慢"的难题，为文创企业打造线下的一站式金融服务平台。

该平台拟选址莱锦文创园西侧CN15号楼，建设规模约4400平方米，全部用于文化金融服务平台建设，初步拟分为三大功能板块：一是北京市、国家文创实验区文化金融政策及服务体系宣传展示中心；二是银行、担保、投资、咨询等多元文化金融服务机构汇集中心；三是文化企业路演、高端沙龙、银企对接的重要基地。目前，该项目已完成整体方案设计，正在同步进行装修改造和与拟引进金融机构洽商工作，计划于2018年上半年正式投入使用，多家银行与相关金融服务机构表示拟入驻文化金融服务中心，为文创企业提供更好的金融服务。

（三）力图搭建创意协作互动平台

园区举办的"2016北京时装周"，为期7天，17场时装秀，近千件作品，共吸引近万名观众现场观看，60多家各类媒体跟踪报道，向国内外展现了北京时装周的特色和亮点，产生了良好的国内国际影响。园区今后将有针对性地组织国际文化交流与项目推介活动，使文化创意企业立足园区面向世界，发挥产业链的整体价值和影响力。

园区通过这些多种平台的搭建，形成艺术家、产业机构的聚集地，构筑中外品牌文化展示交流的舞台，推动文化创意产业升级发展。

五、案例评析

从1952年到2011年，从昔日棉纺业中的骄傲到今天创意产业园中的翘楚，莱锦园经历的定位、改造与创新，构建了一条老企业转型现代创意产业的莱锦之路。在国际技术的保障下，在团队的努力下，以及在市场方式的运作下，京棉转型为莱锦，为中国创意产业的发展贡献一份力量。

秉承北京市"发展文化创意产业、保护利用工业资源"的精神，改造方将建筑的原有风貌整体保留，统一规划、改造成为文化创意产业集聚区，适应了文化创意企业的发展需求。

莱锦园在建设之初便十分重视文化产业园区的整体规划。经过考察后发现，考虑到传媒演艺公司的特殊性，不适宜在普通写字楼内办公。莱锦园为了契合传媒公司对办公场所的需求，且位于居民区周边，能让作为文化传媒从业者获得工作、创作所需要的生活气息和感受，在空间结构方面，园区请日本设计大师隈研吾担任主设计师，因地制宜，把园内C区原来的厂房打造成46栋300~5000平方米独栋花园式低密度办公区，且在这些建筑中留有很大的空间可以进行综合改造和优化利用，这使得文创企业可以获得在其他商圈高楼大厦里办公得不到的充足的个性化空间和自然绿色环境。

这一转变，使老北京纺织工业基地呈现出传统文化与现代时尚、绿色办公与展示交易相结合的崭新面貌。莱锦实现了产业转型升级，创造了稳定可观的收入来源，既妥善解决了下岗职工生活等历史遗留问题，又为未来发展注入了新的活力。由于合理的保护利用和开发老工业旧址，不但保留了宝贵的土地资源，还保留了城市记忆，传承了优秀纺织文化。

【老总心语】

作为首都文创产业发展的践行者、文化创意产业的见证者，北奥集团以丰富的文化产业资源，挖掘源汇聚的放大效应，莱锦文创园所经历的定位、改造与创新，已经成为老工业遗址保护再利用的典范，为全国文化产业创新发展探索了新路径。下一步，北奥将充分借鉴莱锦经验，打造理念先进、定位精准、运营专业的城市文体设施品牌。

北京懋隆文化产业创意园

集中华技艺之大成

一、基本概况

（一）历史沿革

"懋隆"最初由一位法国人出资，交由金琢云先生与黄佩华先生经营。创立之初以洋行的形式开店经营，经营面积约为500平方米，主要向附近的外国人销售中国古旧家具、地毯和少量古玩。"懋隆"二字由马可波罗(MarcoPolo)译音而来，是为了纪念他将灿烂的东方文化和中华文明展现给世界；同时汲取中国传统商业祝词"懋盛隆昌"之意。"懋隆"原位于北平市内七区台基厂5号(现为台基厂10号松鹤楼饭庄)，1966年迁入西交民巷一号。在新中国成立前后数十年间，琉璃厂、东郊民巷、西交民巷这一外国使馆和书画、古董商铺密集的地方经常有不少国家政要和文化名流光顾造访，懋隆也成为20世纪60年代到21世纪初代表国家的唯一工艺品进出口商，积攒了大量的工艺品相关资源。

目前懋隆文化产业创意园是由北京工艺艺嘉贸易有限责任公司运营管理。北京工艺艺嘉贸易有限责任公司（以下简称工艺艺嘉公司）是北京对外经贸控股集团有限公司下属全资国有企业。公司主要从事珠宝、玉雕、雕漆、石雕、瓷器、字画、家具、刺绣、仿古玩、景泰蓝、地毯、黄金饰品、纳纱等中国传统工艺精品的外贸出口、国内市场销售业务；外贸进出口、保税、进口代理业务。

位于东交民巷的懋隆旧址

（二）区位介绍

懋隆自 2005 年重新开业后，13 年间经营地点一直位于北京市朝阳区三间房东路一号。三间房东路地处 CBD —— 定福庄国际传媒走廊东段的核心位置，临近北京科技大学分校、中国传媒大学、北京第二外国语大学等高校。园区南邻地铁八通线，北邻地铁 6 号线与首都机场第二高速公路，交通便利，停车相对方便。

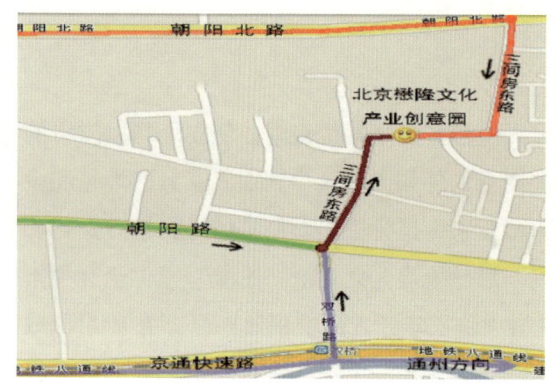
懋隆周边主干道情况图

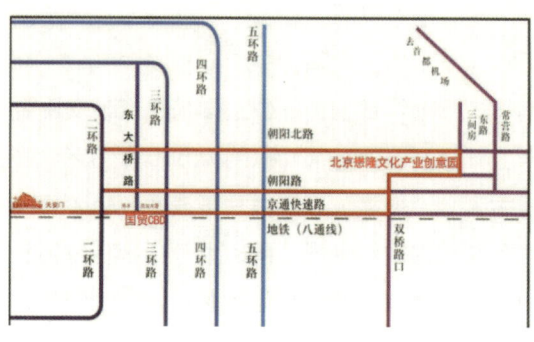
懋隆与国贸及环路的位置情况图

二、改造历程

（一）园区改造理念：保留历史痕迹，传承"懋隆"老字号品牌文化

北京懋隆文化产业创意园基本信息

北京懋隆文化产业创意园基本信息	
地理位置	朝阳区三间房东路 1 号
占地面积	12 万平方米
建筑面积	5.3 万平方米
房屋数量	33 栋低层建筑和 5 栋多层建筑
房屋年代	60 年代
房屋保留情况	建筑完好，保留了浓郁的历史痕迹

懋隆文化产业创意园园区前身曾为进出口工艺品储藏仓库，始建于 20 世纪 60 年代中期，仓库用地原为政府划拨用地，于 2002 年 7 月转为由政府授权经营的仓储用地。

在园区的改造过程中，保留了原先低矮的旧仓库、斑驳龟裂的地面、涂刷着历史标语的老墙等诸多历史痕迹，并依托园区低密度建筑的优势，规划了大片绿化公共区域，使得楼与楼之间不再显得空旷，园区在遗留了旧厂区原有风貌的同时整体效果颇有简约主义的建筑特色。

北懋隆文化产业创意园外景

低密度厂区公共空间绿化展示

（二）园区布局规划：三大功能区以研发—销售—展示为链条，带动新时代懋隆品牌转型升级

园区占地12万平方米，加之已落成的"懋隆艺术馆"形成共计约6万平方米的建筑群。设置了东门、南1门、南2门（现更名为西门）三个出入口，在东门及南2门设有两座停车场。在配套服务方面，园区进驻了多家包括麦当劳在内的餐饮企业，并自营一家酒店。在东门还建设有国内第一家珠宝保税仓库。2010年园区一期改造工程启动，2012年12月园区开业。懋隆原有的旧仓库改造为相互贯通、区域联系、新旧融合的新建筑群，并形成三大功能区：展示功能区、创意研发功能区与销售功能区。

展示功能区即为懋隆艺术馆传统工艺品展示大厅、旧瓷片博物馆。传统工艺品展示大厅展示了包括珐琅、玉器、家具、瓷器等十个不同门类的工艺品；旧瓷片博物馆原本为破四旧、唐山大地震与出口包装时清理掩埋碎瓷片的地方，后来在仓库的发展中两个瓷片大坑被填平、夯实，并在此之上盖起了新的库房，从而使这些瓷片沉睡在地下，形成了三间房瓷片坑。之后园区为了重现瓷片的历史，设立了旧瓷片博物馆。懋隆的展示功能区将中国高端传统工艺品的历史作为特色，旨在让更多人了解我国的传统工艺品。

创意研发功能区即为园区中部区域，这部分建筑承载了手工艺工作室、影视制作、动漫设计、装饰装潢等入驻企业的创意研发部门。懋隆把中国轻工工艺品创意研发作为动力，意图将创意研发功能区打造为国内最具实力的创意研发孵化平台。

销售功能区主要集中在园区入驻的电商企业"尚品网"周围。将中国轻工工艺品民族品牌产品销售作为目标，成为外向型文化休闲产品及服务为载体的消费聚集区。

懋隆园区示意图

目前这三个区域的地域划分并不十分明晰，三个功能区也多有交叉，但总体都以弘扬中华优秀传统手工艺、带动新时代懋隆品牌的发展为主要目的。

三、业态布局

目前园区进驻企业共计 40 余家，在与懋隆文化产业创意园合作的过程中，懋隆除借助这些高端企业续写了品牌实力之外，同时也让这些企业参与到园区活动中来，为企业间搭建了良好的合作平台。

懋隆进驻企业明细表

企业类型	主营业务	代表企业
高端工艺品类	陶瓷、玉器、顶级刺绣等	北京佳美丽家陶瓷有限公司、江苏高淳陶瓷股份有限公司、北京博观机构公司、山东硅元新型材料有限责任公司、广东长城集团股份有限公司等
影视文化类	影视后期制作、动漫设计等	北京华映星球国际文化发展有限公司等
装饰设计类	室内设计、园林设计和博物馆设计	北京房地集团有限公司、天津唯美佳装饰工程有限公司、北京般若企业策划有限责任公司、北京众创国际展览有限公司、北京厚文文化有限责任公司等
电子商务类	软件开发、在线电商运营等	北京鲜生活电子商务有限公司、尚品网等
园区配套生产生活类	餐饮服务、休闲娱乐服务和酒店服务	北京麦当劳食品有限公司、北京世能餐饮服务有限公司、北京懋麟阁酒店管理有限公司
展览展示	企业文化的展示、精品艺术品的展示、工艺品销售	懋隆工艺品展览馆

四、管理运营

（一）打造"绿色、智慧、开放、共享"的以懋隆IP为核心的新型文化产业创意园区

园区的核心运营思路是将懋隆文创园作为一个大IP，突出懋隆文创园整体形象，而不是某一家企业。并且懋隆还意图在北京其他地区建设懋隆文创园分园，规划在珠市口建立懋隆国际文物交流中心，未来还要在北京东部建设文创园。

绿色：园区配有城市供水、排水防涝与排污处理系统、生活垃圾、建筑、餐厨垃圾处理等环保设施，建设绿色生态园区。

智慧：开发文创园区运营APP，为园区入驻企业提供线上展厅，园区管理思想智慧办公、智能停车、远程监控，实现园区运营信息化。园区通过引入科研能力强并具有专利技术的企业，将原有手工艺与科学技术相融合利用在新型材料的研发、展览形式的创新等途径中。

开放：懋隆在园区有重大活动时事前通报入驻企业，征求意见。不定期召开重点企业的座谈会，征求听取他们对园区的意见和建议，尽量做到公平公正公开，定期组织园区企业交流活动，统一思想意识，共谋发展大计。未来懋隆的目标是走向世界，成为中西方文化交流领域代表中国的一张名片。

共享：园区主打互助互惠，合作双赢。园区积极主动邀请入驻企业参与共同举办的大型活动，发挥园区优势和核心竞争力。在与入驻企业的沟通过程中，懋隆会将自身资源共享给入驻企业，为入驻企业提供人力、物力、财力方面的支持，并在园区定期举办的活动中为企业与企业之间搭建桥梁。

（二）打造园区品牌，树立园区形象

2017年之前的活动主要为以销售工艺品

为主的外贸大集。2017年后园区新增了"懋隆文化艺术节"活动，艺术节围绕传统文化宣讲和青少年教育两大主题。在2018年4月14日的艺术节中，懋隆、彩色圆点艺术空间携手青苗荟360度教育联合举办了"燕京八绝嘉年华"活动，活动主要面向青少年群体，现场邀请"燕京八绝"工艺大师们为青少年展示了花丝镶嵌、景泰蓝工艺、宫毯技艺、雕漆工艺、京绣技艺等中华民族的传统手工艺。懋隆借"燕京八绝"架起传统工艺与青少年教育的桥梁，吸引了大批少年儿童和家长参与。

燕京八绝嘉年华活动图

"懋隆文化艺术节"在展示懋隆文化的同时，带动园区入驻企业参与活动互利双赢。并与北京电视台《拍宝》栏目合作举办艺术品公益鉴定会和拍卖会活动，园区还联合市轻工商会、市文物公司、博观拍卖、佳美丽家陶瓷公司推出一系列文化艺术品展，包括国际峰会礼品用品展、懋隆传统工艺精品展、启功先生长物展、博观薄胎玉雕精品展等。园区还建设有"懋隆艺术馆"，作为企业文化的收藏和对外文化的展示，馆内保留了懋隆成立60年以来的珍藏品，日常对外开放。

在2018年5月、6月期间，园区还要举办以"世界博物馆日"和"文化和自然遗产日"为主题的大型活动。同年9月、10月，懋隆文创园将参与"北京设计周"多个主题活动，将传承传统与发展创新相结合，探索开创文创产业新的发展空间。

工艺品，作为颇具艺术价值的产品，是人类智慧的结晶，体现着人类的创造性与艺术性。中国的工艺品历史悠久，从古至今，劳动人民和艺术工匠创造了众多精妙绝伦的手工艺品。作为建国后唯一一家代表国家的工艺品进出口商——懋隆，在过去的近60年间，是代表我国工艺品界最高水准的老字号品牌。

懋隆之于其他文化创意园的不同之处共有三点：第一，中华老字号品牌。懋隆虽然在历史上地址几经变迁，但是其品牌却依然保留下来，作为老字号的懋隆通过科技与艺术、传统和现代的融合，将传统工艺及其文化内涵通过现代手段重新展示，使之焕发崭新魅力。目前，懋隆文创园正在申请成为朝阳区传统文化基地，打造传统工艺传承与文创产业发展相结合的非遗项目创新发展中心。第二，引领带动、资源共享。懋隆文化产业创意园区承载了懋隆大部分的展示、销售业务，除作为土地租赁方，同时懋隆作为园区的龙头企业，起到带动引领、提供资源共享的作用。懋隆还定期召开园区入驻企业座谈会，探讨未来合作商机，互通有无。第三，外向型园区。懋隆除积极寻求在北京的业务拓展之外，在未来计划拓展海外市场，促进中外文化艺术品交流。

园区东门的国内第一家"珠宝保税仓库"，主要针对有进入中国市场的意愿的外国客商提供保税进出口服务，目前懋隆已与宝格丽（BVLGARI）、梵克雅宝（Van Cleef & Arpels）、古琦（Gucci）、香奈儿（CHANEL）、戴比尔斯（De Beers）等珠宝商建立了联系。

目前仓库已运营了 3 年，年进出口贸易额达到 9 亿美元。懋隆也依托保税仓库进行对外交流，希望成为中国传统工艺品的名片，成为中国文化艺术品与国外进行文化交流联系的桥梁。

懋隆在大力传承传统工艺的过程中，作为一家拥有老字号的企业，也在积极寻求改变，例如懋隆创新的珠宝保税仓库成为懋隆对外交流的优质平台，搭建了中外合作的桥梁。此外，与园区入驻企业合作组织了面向青少年群体的多项主题活动，并聘请手工艺大师进行现场指导。除此之外，懋隆打造的"懋隆艺术馆"展示有懋隆珍藏的诸多自明清时期至当代的各门类传统工艺品，以此展现出中华民族文化与智慧的工艺精品。艺术馆中汇聚众多工艺名家大师之作，将传统民族文化与中国现代文明进行融汇创新，仿制出诸多已经失传的经典老工艺，同时又创新出诸多新技法，使得这一传统工艺瑰宝不再深宫秘藏，从而焕发出绚丽的时代风采。从传统业务的转型，到 IP 式品牌打造、输出，再到扛起中华传统手工艺传承与文化输出的大旗，懋隆为老字号企业转型园区提供了参考的范本。

【老总心语】

懋隆是有着近百年历史的中华老字号，懋隆文创园的前身是国有外贸企业的传统工艺品仓库。

这里，昨天曾经是中国传统工艺精品的出口基地，美国前总统老布什曾到访此地，并留下了"来北京三件事：登长城，吃烤鸭，参观购物三间房"的美谈；这里，今天已成为独具特色的文化产业创意园区，汇聚了一批当代工艺精品及文化创意精品的制造、创意、经营企业；这里，明天将被打造成为"绿色、智慧、开放、共享"的中国文化艺术精品体验基地。

懋盛依诚信，隆昌仰宾朋。懋隆文创园欢迎各界朋友的到来。

懋隆大事记

时间	事件
1956 年 1 月	"懋隆"洋行归口由特种工艺公司实行公私合营。合营后被划分为北京市特种工艺公司东单区营业部,但仍沿用"懋隆"字号在原址继续经营
1963 年 4 月	作为各外贸公司接待驻华使馆外交人员购货门市部,停止了对内零售业务。各公司将主要商品送到"懋隆"陈列销售,收取的外汇算作各公司的出口业务使用
1966 年下半年	北京市设立"红卫兵"接待站,占用了"懋隆"房屋,随将"懋隆"门市部迁址到西交民巷一号继续经营
1973 年	因修地铁,西交民巷店被震,为了外宾安全暂停营业。后因盖毛泽东纪念堂原店被拆
1978 年 1 月 1 日	"懋隆"门市部的上级公司名称改为中国工艺品进出口公司北京市分公司
1980 年 1 月 19 日	为了适应我国改革开放形势的需要,北京市对外贸易局革命领导小组(80)京外贸进出字第 0033 号文,在《关于恢复懋隆门市部的批复》中要求首饰、工艺品、土畜产进出口公司恢复懋隆门市部。1980 年 5 月 1 日北京市工艺品进出口公司"懋隆"门市部在天坛斋宫正式恢复开业,职工 60 人,资金 50 万元
1984 年 10 月 5 日	"懋隆"门市部由天坛迁至三间房样展楼营业
1985 年 7 月 1 日	为方便外宾购物,"懋隆"公司门市部迁址到建外大街 10 号楼一楼西厅营业
1989 年	"懋隆"门市部的上级公司更名为北京市工艺品公司
1991 年 4 月 24 日	"懋隆"门市部迁址到朝阳区新源里 11 号营业
1996 年 12 月 11 日	"懋隆"门市部的上级公司更名为北京工艺进出口有限责任公司
2000 年	"懋隆"门市部回到建外大街 10 号楼一楼经营
2003 年 3 月	由于建外大街 10 号楼整体出租,"懋隆"暂时歇业
2004 年 5 月	随着外贸体制改革的不断深化,并根据市国资委和北京对外经贸控股有限责任公司的指示精神,对北京工艺进出口有限责任公司三间房仓库实施改制、重组。将"懋隆"品牌作为国有资产纳入改制后的北京工艺艺嘉贸易有限责任公司,并重新进行了工商注册,成立了"北京工艺懋隆贸易有限公司"。由北京工艺艺嘉贸易有限责任公司控股。注册资金 570 万元。同时注册了"懋隆"商标
2005 年 1 月	重张开业,经营地点回到三间房东路一号"北京工艺懋隆艺术馆"
2010 年	园区开始进行一期改造工程
2012 年 12 月	园区开始正式运营

中关村数字电视产业园

智慧之光闪耀的牡丹

一、基本情况

中关村数字电视产业园位于中关村国家自主创新示范区核心区及科学城内,具体地址是北京市海淀区花园路2号,占地面积6.24公顷,总规划建筑面积35万平方米,是在原北京电视机厂厂址的基础上建设改造而成,由北京牡丹电子集团有限责任公司建设运营的科学城重点建设项目。园区是以北京牡丹电子集团有限责任公司为核心的一个高新科技产业园。园区立足发展科技和信息服务业,重点实施多中心、分散式集团化发展战略,着力建设科技和信息服务提供商、科技孵化业务运营商、智慧园区和智能制造服务平台运营服务商和解决方案提供商。产业园现有入驻入孵企业200余家,其中文化科技融合企业数量达到100家。园区从业人员达到1万人,截至2017年,园区产值达80亿元。

产业园紧邻地铁十号线牡丹园站,优越的地理位置,便利的交通,众多的科研院所,优雅的人文环境以及众多的房产资源,为中关村数字电视产业园的发展提供了良好的物质条件。

中关村数字电视产业园主楼图

二、改造历程

中关村数字电视产业园的前身为北京电视机厂,成立于1973年,是我国著名的传统电视生产商,创造了家喻户晓的"中国之花"——牡丹品牌。现在的牡丹,以"打造智慧园区,建设数字牡丹"为定位点,是一家以工业互联网为方向的数字技术研发、科技产业孵化、园区综合运营为一体的现代生产性服务业企业,通过数字电视地面无线传输技术、现代显示技术、移动互联和大数据技术,为市场与客户提供相关产品和工业制造服务解决方案(IMS)。

IMS云平台

"十一五"中后期开始,牡丹集团的核心业务开始转向科技和信息服务业,建设和运营一个中关村数字电视产业园,以"创新基地"和"创业基地"为统领,努力推动数字城市综合体建设,并带动科技信息服务业全面发展;是北京市重要的战略性新兴产业策源地和创意数字科技产业聚集区。

在创业基地方面,按照"一园多区、多点布局、功能完备"的多中心分散经营理念,牡丹集团以花园路2号为总部基地,形成牡丹园、朝阳M8楼、顺义空港乐金园、深圳蛇口4个创业基地,以6大服务平台为创新型企业和创业者提供生产要素和创新文化聚集的全方位服务。目前,牡丹集团拥有2个国家级孵化器、4个众创空间、1个云数据中心,是北京市重要的产业科技集聚区和策源地,是北京市中小企业创业基地、海淀区文化创意产业集聚区、海淀园科技和文化产业融合示范区。

三、业态布局

(一)数字电视全产业链

园区现已初步形成了数字电视科研、数字电视音视频、数字内容和文化创意等数字电视三大产业集群,涵盖数字电视产业链发展的各个领域。园区对于进驻企业有严格的要求:要立足于构建数字电视全产业链,以数字信息、技术金融、创意设计、集成商务四大功能为主,聚集一批以数字文化创意和数字文化创意产品为主的企业集群。

(二)高科技研发

1. 实用科技

"牡丹智能制造服务云平台(IMS智慧+平台)"系统覆盖牡丹集团6.24公顷中关村数字电视产业园区,为园区企业和工作人员提供智慧办公、电子商务、社区管理、安防物业等服务。中关村数字电视产业园作为牡丹智能制造服务云平台系统的试验田,其成功经验向外埠拓展和复制,为IMS平台的应用和持续研发,提供了必要的市场空间。

牡丹IMS平台的建立,应该说是牡丹社区式智慧园区解决方案的升级版。这个系统是一个云服务平台,主要任务是围绕园区提供管理运营的智慧服务,围绕企业生产、生活、办公,打造良好的生态环境,为服务便捷提供支撑。最终目标是为了满足企业发展的个性化需求和最佳用户体验,帮助成长中的企业提高效率、降低成本。服务对象主要是产业园区、科技园区和大型工厂，也可拓展用于城市社区和农业综合服务平台，将为众多的创业和创新型企业，提供"降低成本，提高效率"的应用服务和新的发展动力支持。

园区依托 IMS 全球数据中心，在被誉为产业园"心脏"的 IDC 机房内可以对园区内运行的实时数据进行有效的监控。

2. 传统文化创新

比如牡丹媒体艺术，通俗来说就是传统艺术的数字化呈现，这项技术还赞助了 2014 年的 APEC 会议上的动态艺术屏风。对于这种传统艺术的动态呈现，牡丹集团已有一定的数据库，也可以根据客户的需要来进行定制活态化的艺术作品。

高新媒体艺术

3. 互动体验

为了增添活力，也为了增添园区的人气互动，园区还配备了互动交流场所。牡丹集团 AR/VR 工程实验室中展示的技术除了介绍了技术背后的原理，还介绍了该项技术可以应用的场景。园区还考虑到儿童的互动体验需求，专门在数字工程实验室中安装了儿童互动体验的涂色设备，满足不同人群的多样互动需求。

数字工程实验室一角

四、管理运营

（一）园区孵化器

牡丹孵化器立足于服务数字电视全产业链中小企业，通过构建投资融资平台、公共技术平台、公共信息平台、数字内容体验中心等，为入孵企业提供创新性科技解决方案、增值性商务解决方案以及基础性物业解决方案，为入孵企业健康快速成长提供了有力支撑。目前，牡丹孵化器已经初步构建 AVS 信源 — DTMB 信道 — DTV 信宿数字电视全产业链的基础架构，聚集了中关村数字电视产业联盟和中关村数字音视频技术创新联盟。如今，园区入驻 150 多家企业、入孵 200 多家企业、10 余家创业板或主板上市企业、10 余家企业获得风险投资。园区的主要服务内容包括以下几个方面。

（1）基础服务：提供办公场所；工商注册；大、中、小会议室出租。

（2）政策服务：未来三年政策申报规划；创业辅导培训；365 天贴心政策咨询；海帆企业、展翼计划、瞪羚计划企业推荐；资质认定（国家级高新技术企业、中关村高新技术企业等）；专项资金辅导（中小企业创新基金、海淀专项资金、文化创意资金等）。

（3）商务服务：知识产权代理服务；法务咨询。

（4）金融服务：四板挂牌推荐；银企对

接（中国银行、北京银行、浦发银行、民生银行等）；创业投资。

（二）建立产学研联合基地

在创新基地方面，牡丹集团通过"政、产、学、研、用"协同创新的模式，围绕数字电视应用及新型显示领域，以虚拟研发中心为核心形成了完整的科研生态链，建成1个国家级工程实验室、引进2个产业联盟，拥有两个工程测试中心（AVS和DTMB）、14个产学研联合实验室、1个国家级博士后科研工作站、1个北京市企业技术中心、1个北京市创新设计中心，主持和参与制定国家和行业标准40余项，入选了1个中关村十大创新标准，是北京市专利示范单位。

（三）智慧园区平台建设

中关村数字电视产业园基于云服务平台运营高科技园区，将运营园区的主体打造成高科技企业，致力于打造地产科技。目前，园区创新地运用牡丹智能制造服务平台应用示范，已实现智慧办公+电子商务+社区管理+公共管理+智慧物业+安防管理，形成社区式智慧园区发展模式。比如基于云服务平台的智慧办公，它摆脱了硬件和时空的限制，还不用自己维护，对创业者来说，既能降低创业成本，又能实现办公的轻量化，十分方便。

（四）园区文化活动

园区通过每年6月份为期的国企开放日对外开放，展示最新的科研成果，以及国企的形象。除了对外的开放活动以外，园区内部的C-POP实验剧场作为一个先锋性实验小剧场丰富了园区的文化生态，还有彼岸书店、AR/VR工程实验室，以及共享图书馆、科技咖啡都提供了思想交流和文化创意交流的平台。

牡丹C-POP爱乐实验剧场

五、案例评析

园区的高新科技技术走在行业的前端，整体发展理念也很有特点。由于园区依托于牡丹集团，牡丹集团的企业文化教育也可圈可点。从文化大道，到"牡丹宪章"和"牡丹宪法"，再到牡丹集团过去生产的电视机的展示墙，充分体现了企业和园区的积淀。

（一）牡丹的硅巷模式与超硅巷模式（C-net）

世界闻名的"硅巷"通常是指聚集在从曼哈顿下城区到特里贝卡区等地的移动信息技术的企业群所组成的虚拟园区，没有固定的边界，并不是传统意义上的科技园区。纽约市布鲁克林和曼哈顿中城等地区都曾被称为"硅巷"，如今硅巷已演变成一个概念，而非特定地点。

牡丹的产业园建设，主要是C-net硅巷模式。牡丹模式区别于其他硅巷模式的特点，它建立了中国第一个智能制造服务平台"IMS智慧+"云平台，以完整的科技创新系统，推出了园区服务的智能化、信息化、智慧化和数据化。也就是说，与绝大多数改造后放弃主业做物业的运营方不同，中关村数字电视产业园放弃了制造环节，专注于数字电视的研发和非制造环节。当年申办数字电视国家工程实验室，就是为了带动产业相关的高端资源聚集。该实验室4个平台中,数字电视测试技术服务平台由牡丹唱"主角",提供数字电视国标海内外推广过程中的系统检测和测试技术以及相关的测试手段。另外,牡丹集团通过选取潜力企业入园,运用科技孵化把自身研发创新与园区的产业聚集联系在一起。园区通过打造牡丹智能制造服务IMS云平台,探索首都中心城区C-net超硅巷发展新模式,全面超越美国纽约的"硅巷";以牡丹的C-net超硅巷模式的建设成果和"创新都市化"所带来的高精尖科技成果,来建设文化和科技高度融合的无边界产业园区。

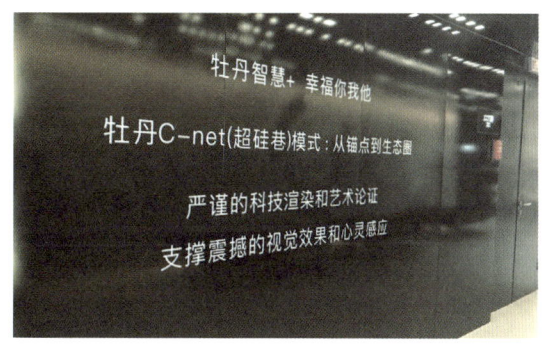

超硅巷模式

园区在此基础之上,现有的共享书店和图书馆、C-POP实验剧场、数字艺术空间、AR/VR共享开发体验馆、O2O微生活服务平台、创意茶座等城市图景,以数字技术为手段,以光电数码等新兴媒介为表现形式,贴近群众生活和市场需求,以数字艺术手段传承中华美学精神,用数字文化创意重构公共空间、公共设施,打造出了数字艺术城市综合体和智慧社区的创意文化品牌。

创意空间咖啡屋

(二)中国领先的DTMB技术

DTMB,英文全称为"Digital Television Terrestrial Multimedia Broadcasting",中文全称为"数字电视地面广播传输系统帧结构、信道编码和调制"。2011年,DTMB标准成为继美国高级电视系统委员会(ATSC)、欧洲数字视频地面广播(DVB-T)和日本地面综合业务数字广播(ISDB-T)三个国际标准之外的第4个国际电联推荐标准。演进标准DTMB-A于2015年再次被纳入国际电联推荐标准,DTMB标准及应用被授予2016年度国家科技进步一等奖,DTMB标准还是"一带一路"重点推广项目。截至2016年,DTMB已成功在老挝、柬埔寨、巴基斯坦等13个国家和地区应用,覆盖将近世界人口的三分之一。在数字电视领域里,中关村数字电视产业园走出了一条以标准输出带动产品输出,以产品输出带动文化输出的具有中国特色的创新之路。

(三)搭建园区平台

园区在逐步发展的过程之中,也吸引了其他的高新科技企业。但是由于这些企业可能不符合电视产业园的产业属性要求,园区可以依托自身的平台对这些高新科技企业的科技成果做集中展示,让科技成果直接和市场对接。如果有出资人愿意购买该项产品,园区也会提供一系列的全套服务。

除此之外,中关村数字电视产业园还致力于大学生创意就业、人才引进沙龙论坛等。大学生可以通过设计草图进行创意孵化,园区也是将经过孵化过后的产品直接投放到自己的平台上,接受市场的检验。

(四)逐步完善的布局

园区内的配套设施十分的完善。园区首先有了牡丹集团这个企业主体,通过这个企业的集聚效益吸引相关产业到此进行发展。然后在选择进驻餐饮的时候,园区也会偏好能够带动流量的"人气"餐饮品牌进驻,一次也能提升园区的人流量。并且园区的公共文化设施也是一步一步的完善,从涂鸦楼,到特色的彼岸书店,再到实验剧场,园区的设施是逐步完善的过程。

对于老厂房的改造,园区在相关政策出台之前引进各种特色餐饮集团,并随着园区的发展形成了园区的特色,成了园区吸引流量的一个亮点。

但是对于老旧厂房的产权还是存在一些问题,比如用地属性商业运营经营执照的限制,希望政府对于相关政策给予适当的宽松。

【老总心语】

牡丹集团,是中国电视工业的开创者和领航者,从它诞生之日起,就被赋予了发展民族工业和满足人们日益增长的文化生活需要的历史使命,由此,创造了世界电视工业史上著名的牡丹品牌。这是中华民族筚路蓝缕工业历程的真实写照,是值得珍藏的历史瞬间,是进行青少年爱国主义教育的活生生的实践教材。

中关村数字电视产业园,就是诞生在牡丹集团老工业基地的基础上,承载着改造老工业基地、振兴老工业基地、实现工业复兴的期待。牡丹的工业复兴之路,必须是适度保留工业遗迹的保护性开发,必然是绿色和谐的开放宜居,也必然宛如喷薄欲出的一轮红日,光艳夺目,清雅绚丽。它立足于显示领域牡丹品牌的文化科技内涵,产业园建设紧密融入美好生活的社区化改造,数字经济开启了产业智慧的五彩风姿,必将成为现代都市文化和科技融合的典范,必将在中国开创工业复兴崭新局面的伟大实践中,作为民族工业复兴的北京之花,春色满园,芳芳四溢!

北京珐琅厂

传承与弘扬指尖上的技艺

一、基本概况

北京市珐琅厂有限责任公司位于北京市东城区永外安乐林路 10 号，前身为北京珐琅厂，成立于 1956 年 1 月，由 42 家私营珐琅厂和专为皇宫制作的造办处合并组成。北京珐琅厂是全国景泰蓝行业中唯一的一家中华老字号、国家级非物质文化遗产——景泰蓝制作技艺生产性保护示范基地、北京市外事接待单位、北京工艺美术院校实习培训基地、东城区国资系统企业非物质文化遗产教育基地。北京珐琅厂集景泰蓝设计研发、生产制作、工艺展示、精品收藏、参观购物、科普教育为一体，是全国最大的景泰蓝研发、生产、销售、展览展示基地。

北京珐琅厂旗下的中国景泰蓝艺术博物馆于 2010 年筹建，2012 年 6 月 6 日一期建成并开馆，二期 2015 年 10 月 1 日建成。景泰蓝艺术博物馆是在北京市文化资产监督管理办公室以及东城区国资委、崇远投资经营公司等部门的大力支持下，由北京市珐琅厂有限责任公司自办的中国首座景泰蓝艺术博物馆。

中国景泰蓝艺术博物馆

北京珐琅厂旗下的景泰蓝艺术博物馆是中国首座景泰蓝艺术博物馆，配套有1000余平方米的技艺展示、互动区域和1000余平方米的两个景泰蓝精品销售展厅。景泰蓝艺术博物馆定位面对国内外景泰蓝艺术爱好者，常年免费接待国内外各大专院校、团体、个人的学术交流、参观体验、科普教育、调研考察。博物馆充分利用珐琅厂的技艺资源优势，与在京各高校合作，逐渐建成"非遗"制作技艺高等院校的实习、培训、研发基地。博物馆还采用3D虚拟、多维等数字化技术手段，将展陈、馆藏企业历史发展资料及不同时期的经典代表作品、老艺人、大师生平介绍等呈现在互联网上，使人们在任何地方、任何时间都能通过网络详细了解景泰蓝文化和京珐品牌。同时，通过结合实物举办不同专题的展览展示，组织工艺美术行业学者进行不定期艺术研讨交流活动，景泰蓝艺术博物馆逐渐成为信息丰富多样、展示手段先进、服务内容广泛的标志性国家级非物质文化遗产的保护设施之一。

景泰蓝艺术博物馆内部

二、改造历程：景泰蓝非遗技艺的保护与传承

（一）改造理念

为顺应北京市疏解非首都功能的总体部署，2015年以来，北京市珐琅厂主动"瘦身健体"，积极转型升级，以改革创新为动力，以景泰蓝文化传播为抓手，加快提升企业在文化创意产业方面的竞争力、渗透力和可持续发展能力。大力疏解外迁生产工序和产量，以建立健全景泰蓝文化传播体系、文化创意产业体系作为企业今后的发展方向。

（二）物理空间改造

1. 景泰蓝艺术博物馆项目

改造地点：北京珐琅厂三层产品销售展厅。

改造面积：545 ㎡。

改造方式：通过对原商品销售厅的重新设计和改造，建造完成博物馆东厅和西厅两个展览馆。

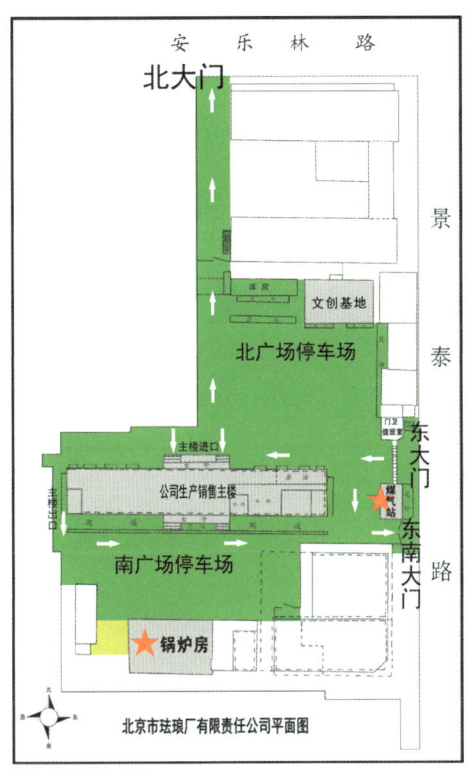

北京市珐琅厂有限责任公司平面图

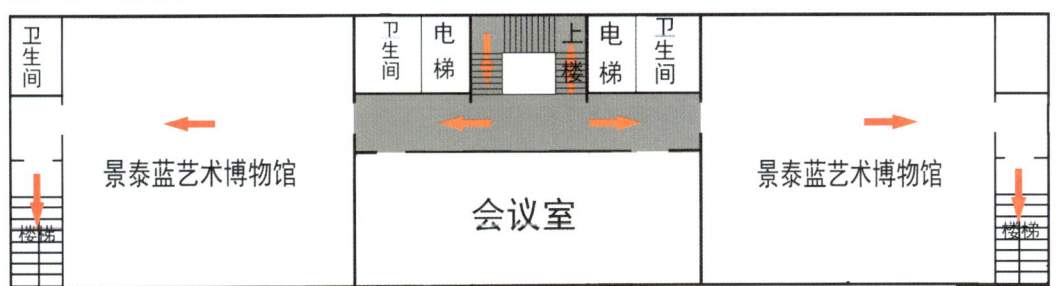

北京珐琅厂三层改造图

2. 景泰蓝线下技艺展示体验馆项目

改造地点：北京市珐琅厂原食堂和一层磨活车间。

改造面积：300 ㎡。

改造方式：拆除和装修原食堂设备设施，体验场馆内网络多媒体建设。

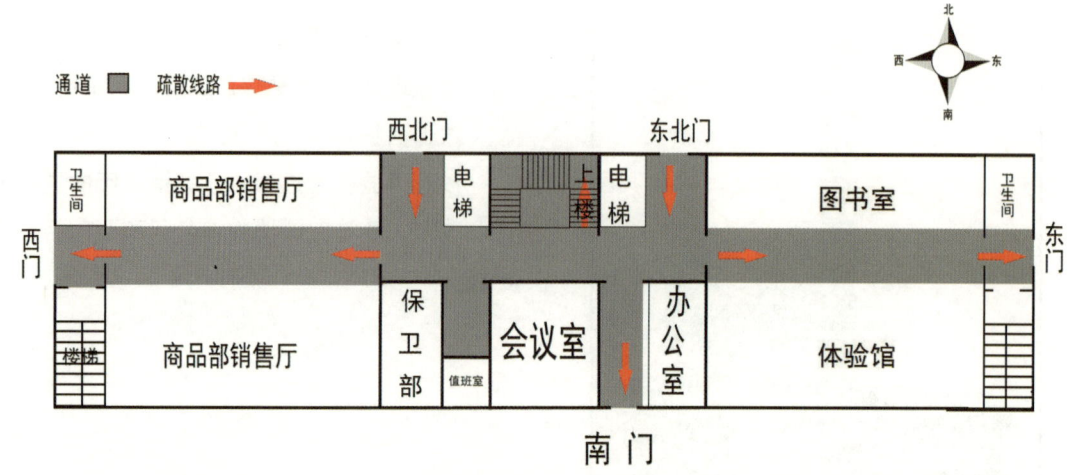

北京珐琅厂一层改造图

（三）传统技艺改造

工业遗存包括具有历史、技术、社会、建筑或科学价值的工业文化遗迹。北京珐琅厂对于工业遗存的保护改造主要聚焦于景泰蓝制作工艺的保护与传承。景泰蓝又称"铜胎掐丝珐琅"，属宫廷文化，距今已有600多年的历史，是最具北京特色的传统手工艺品之一，它采用金银铜及多种天然矿物质为原材料，集美术、工艺、雕刻、镶嵌、玻璃熔炼、冶金等专业技术为一体。古朴典雅，精美华贵，具有鲜明的民族风格和深刻的文化内涵，被称为国宝"京"粹。

景泰蓝制作工艺历史悠久。明代景泰蓝简朴豪放、浑厚有力，胎型厚重，主要用于宫廷内的五供和缸、壶、瓶、炭盆等。清代景泰蓝以乾隆时期为代表，其风格多样，胎型大多是锤打制胎，也有立体感较强的錾胎。道光年间，景泰蓝开始出口外销。1937到1942年，抗日战争及太平洋战争爆发，外销中断，许多珐琅作坊倒闭，即使有少数制作经营者，也是"十蓝九砂"，经营惨淡。

新中国成立后，党和政府采取了积极的抢救保护和扶持政策。1951年，清华大学营建系成立了抢救景泰蓝的工艺美术小组，1958年，北京市成立了工艺美术学校，专门培养景泰蓝设计人员。60年代起，一些大中专院校毕业的美术、科技人员被分配到景泰蓝行业，对于新时代景泰蓝的发展创新发挥了巨大作用。当代的景泰蓝从设计理念、艺术表现和技艺水平上有了新的突破和提高，釉料色彩更加全面，烧制用的是天然气，几乎不会产生砂眼，点蓝、磨光较以前有了很大进步，产品更加精致、圆润，色彩更加丰富。

三、管理运营

（一）景泰蓝工艺应用领域的探索与拓宽

2002年企业改制后，北京市珐琅厂有限责任公司积极探索拓宽景泰蓝工艺的表现形式和应用领域，从过去以陈设品为主，逐渐扩大到室内外建筑装饰工程、城市景观工程、产品包装、高端政务、商务礼品、收藏品、佛教用品、日用实用品等。在室内外建筑装饰、城市景观工程等环境艺术装饰方面取得历史性突破，成功制作了大型城市景观工程《花开富贵》《生命的旋律》等三座景泰蓝大型室外喷水池，新加坡佛牙寺藏传佛教用品大型景泰蓝《转经轮藏》工程，首都机场专机楼、中南海会议厅、上海世博会等室内景泰蓝工艺装饰工程，使景泰蓝制作技艺取得了重大的突破性发展。此外，北京珐琅厂还与五粮液、张一元等知名企业合作，将景泰蓝工艺运用在产品的外包装上，将景泰蓝制作工艺延伸至产品包装设计环节。

（二）珐琅厂销售模式的裂变与重构

北京珐琅厂自成立以来一直依靠外贸出口生存，海外华侨是购买珐琅工艺品的主力群体，他们对珐琅工艺情有独钟。1990年前后珐琅厂遇到了较大危机，随着当初喜欢景泰蓝的一代华侨逐渐年老，而年轻一代华侨对景泰蓝的认知度不足，外贸出口的路走不通了，珐琅厂陷入发展低潮期，一直持续到2000年。

在市场经济的刺激下，珐琅厂不断谋求新的生路，一度将珐琅厂作为旅游观光景点，开办工业旅游，与各大旅行社合作，以游养厂。2010年，珐琅厂转变发展路径，不断尝试创新和突破销售模式，退出与旅行社的合作，自筹资金修建景泰蓝艺术博物馆。在国家提倡"互联网+"的背景下，2015年，珐琅厂开始尝试互联网创新，入驻第三方平台，打开自己的网上销路。鉴于珐琅工艺品的特殊性与第三方平台的众多限制与束缚，珐琅厂对企业官网进行改版，改版后的珐琅厂企业门户不但囊括了企业历史、产品等企业信息，还增设了商城购买渠道，实现线上线下的有机互动。

近年来，珐琅厂通过采取一系列措施，建立起一支管理、销售、设计、制作过硬的队伍，并以市场为导向，宣传为手段，创新营销理念。逐步把以产品为核发的模式转变为产品和品牌文化传播并举的营销模式，实现了"京珐"品牌知名度的快速提升和企业经济效益的逐年提高。

四、案例评析

作为国家级非物质文化遗产生产性保护示范基地——北京珐琅厂，集景泰蓝设计研发、制作、商贸、公益参观为一体。建厂60多年来，北京珐琅厂承载着景泰蓝技艺发展至今的历史记忆，积累了行业内最强的专业技术力量，形成了一支技艺功底深厚、实践经验丰富、艺术流派纷呈的设计和制作梯队，创作出了许多有重大影响的经典力作。2018年4月，北京市珐琅厂有限责任公司承办了由国家艺术基金立项资助的"景泰蓝艺术创作人才培养"项目。该研修项目经过严格评审，选出来自全国各地的35名学员。在培训期间，北京珐琅厂聘请了来自多所艺术院校的学者、教授为主讲，并由行业内国家级大师、国家级传承人及行业资深专家进行经验分享。研修班以提高学员的设计水平、创新能力为目标，针对景泰蓝传统工艺与现代文化元素相结合。在继承传统、不失其本的基础上，全面提升景泰蓝的设计和制作水平，使景泰蓝艺术得到健康的可持续发展。

北京珐琅厂是非遗实践活动基地、东城区科普基地、校企合作基地。景泰蓝艺术博物馆和景泰蓝线下技艺展示体验馆的建立，为东城区南城区域文化提供了一个新的文化体验、科普教育场所。珐琅厂充分利用博物馆所具有的教育功能、文化传播功能，让景泰蓝文化元素更好地走向社会，让企业借助景泰蓝艺术为平台，走文化发展之路。与此同时，北京珐琅厂作为唯一的国家非物质文化遗产景泰蓝技艺的传承地，其应当突破思维局限，运用文化创意视角，开辟多种途径来保护及推广这项"指尖上的技艺"，以大众更易接受的形式传承与保留关于景泰蓝的文化记忆。

总而言之，景泰蓝集合了历史、文化、艺术和独特传统工艺于一身，北京珐琅厂不断积累和创新景泰蓝制作技艺,为全社会和行业专业技术人员搭建了一个良好的学术平台,营造了浓厚的珐琅文化艺术氛围,对景泰蓝技艺的保护与传承,创新与发展有着重要的历史和现实意义,能够对景泰蓝这一国家非物质文化遗产的保护与传承发挥一定的积极作用。

【老总心语】

未来几年,我们要充分利用中华老字号的品牌优势、国家级非物质文化遗产生产性保护示范基地、全国工业旅游示范点、北京工艺美术院校实习培训基地等无形资产优势,抓住景泰蓝传统文化独有特色,优化景泰蓝传统文化的发展环境,加大景泰蓝文化传播和网络营销;要充分利用国内首座景泰蓝艺术博物馆,加大景泰蓝文化的传播力度;要通过品牌文化营销,增强企业文化软实力,形成新型传统文化体验和服务,从而拉动景泰蓝消费增长,以景泰蓝文化带动企业可持续发展;要逐步建成"景泰蓝五个中心"——景泰蓝技艺研发中心、景泰蓝创意培育中心、景泰蓝人才培养中心、景泰蓝文化信息传播中心和景泰蓝文化交流中心,把永外地区发展成国内独一无二的景泰蓝文化创意产业集聚区,成为国家级非物质文化遗产——景泰蓝制作技艺传承与发展的"动力引擎",成为弘扬中华老字号品牌建设和传承基地,确保企业可持续发展。

➡ 景泰蓝制作工序

"铜胎掐丝珐琅"是一种在铜质的胎型上,用柔软的扁铜丝,掐成各种花纹并焊在胎上,然后把珐琅质的色釉填充在花纹内,经过焙烧、磨光、镀金等加工制作过程后而成的器物。铜胎掐丝珐琅起源于元朝,盛行于明朝景泰年间,这个时期珐琅制作技艺趋于成熟,色彩主要以蓝色为主,故后人称之为"景泰蓝"。景泰蓝制作工艺主要包括制胎、掐丝、点蓝烧蓝、磨光与镀金共五道工序。

第一道工序——制胎:将不同规格型号的紫铜板根据造型图的要求裁剪出不同的扇形或切成不同的圆形,用铁锤将其敲打成瓶、盘、碗、罐等各种形状的铜胎。根据设计要求,有些铜胎上口或足部位还要錾出凹凸不同的图案或镂空或焊上不同的花活部件。

第二道工序——掐丝:先将铜线压成不同型号的扁丝,掐丝艺人按照设计好的纹样图纸,用专用的镊子将柔软而有韧性的扁丝掐(将)出各种图案,蘸上白芨将掐好的纹样一根一根地粘在铜胎上,然后筛上银焊药将丝和铜胎经高温焙烧焊在一起。

第三道工序——点蓝和烧蓝:点蓝用的釉料是用石英、长石等矿物质加上金属氧化物的着色剂高温熔炼而成。点蓝艺人根据不同图案纹样的色彩要求配好颜色,用蓝枪和吸管把各种颜色的釉料填入丝间,经烧结釉料下凹,然后再点蓝再烧结,如此反复三至四遍,直至釉料与丝高度一致。

第四道工序——磨光:点蓝和烧蓝工序完成后,釉料已牢牢固定在铜胎上,因薄厚不均,需将其磨平,使掐上的丝纹显露出来。磨光要先用粗砂石再用细砂石把制品表面凸出的釉料磨平,然后用黄石、椴木炭再细磨,直到磨出均匀的光亮。

第五道工序——镀金:为防止景泰蓝制品的氧化,使之更耐久、美观,需要在产品表面镀上一层黄金。镀金溶液是按一定比例配置,镀金时将景泰蓝放入金液中通上电,在正负电流的作用下,形成一定的电流密度,使黄金附着在铜的表面,至此,一件金灿灿亮闪闪的景泰蓝就此诞生。

龙徽 1910 文化与科技融合街区

从酒中品出文化

一、基本概况

龙徽 1910 文化与科技融合街区（暂定），原北京龙徽葡萄酒生产场区，位于海淀区玉泉路 2 号，街区总占地面积 100 亩，建筑总面积约为 50000 平方米，其中包括地上建筑面积 40000 平方米、地下建筑面积 10000 平方米。目前街区尚处于改造阶段，未来酒厂内绝大部分生产线将外迁，只保留最后的装瓶生产线作为园区参观体验的一个环节。龙徽 1910 文化与科技融合街区计划定位文化与科技产业，融入原址特有的葡萄酒元素，将其打造成为集文创办公、文化传播、特色商业、创意餐饮、极限娱乐、体验居住、国际交流、综合服务等多业态为一体的综合性服务园区。目前街区已进驻的合作伙伴有龙徽葡萄酒博物馆、北京国际酒类交易所，以及酿酒大师艺术馆 MIBA 等。

龙徽葡萄酒博物馆是北京市唯一以讲述葡萄酒文化为主题的博物馆，它原先是北京葡萄酒厂 60 多年的老厂房，在地下还藏着一座数千平方米的巨大酒窖。酒窖贯通整个古老厂区，构成由地下 5 米深向地下 11 米深延伸的地下建筑群。

龙徽葡萄酒博物馆

北京国际酒类交易所有限公司是经北京市政府批准,一轻控股有限责任公司联合中粮酒业有限公司、中信国安葡萄酒业股份有限公司、北京产权交易所有限公司、信达投资有限公司、海航酒店(集团)有限公司等股东单位共同出资组建的国际酒类交易平台。

酿酒大师艺术馆MIBA(Museum Of International Brewmasters Art)是世界首个以"酿酒大师"为主题的线下情景艺术馆,是由国内互联网金融、文化艺术、名酒实体营销等精英人士合作建立的一个"互联网+酒文化"的跨界酒文化传播平台。

酿酒大师艺术馆MIBA

二、改造历程

(一)北京龙徽葡萄酒厂的历史沿革

北京地区葡萄酒的起源来自于宗教活动。1910年,法国圣母天主教会修士沈蕴璞在北京阜外马尾沟建酒窖,生产法国风格的红、白葡萄酒,用于教会弥撒、祭祀和教徒饮用;1946年,酒窖注册为"北京上义洋酒厂",正式向外出售葡萄酒;1949年,新中国成立,为拯救中国的轻工业,国家将葡萄酒列为重点发展对象,编进第一个五年计划;1956年,酒厂迁址到燕京八景之一的玉泉山麓东南侧(现址玉泉路2号);1959年,更名为"北京葡萄酒厂"。1987年的全国酿酒工作会议提出了饮料酒发展的4个转变,其中"粮食酒向果类酒的转变",为葡萄酒的发展创造了机遇。1988年,第一瓶由100%中国葡萄酿造的葡萄酒诞生,因恰逢中国农历龙年,取名为"龙徽"。"龙"是中华民族的图腾,代表中国;"徽"是历史权威的象征,代表高贵的品质。

（二）酿酒大师艺术馆 MIBA 的建筑改造

葡萄酒厂作为苏联援建时期唯一的酒类工业建筑，酿酒大师艺术馆 MIBA 保留了酒厂的前苏联建筑风格，以批判结构主义为名，重拾复古工业风潮，改造保留旧厂房肌理细节，巧妙的融时尚感与斑驳美感于一体，既大胆又经典。2016 年 11 月，酿酒大师艺术馆 MIBA 获得了世界五大广告奖项之一英国国际伦敦设计大奖 London International Awards 的"公共空间"金奖。

酿酒大师艺术馆 MIBA 发布大厅

——发布大厅，面积 285 ㎡，主要功能为小剧场、发布会会场、秀场。

酿酒大师艺术馆 MIBA 红罐酒吧区

—— 红罐酒吧区（鸡尾酒吧），面积 390 ㎡，由五个巨大的红色发酵罐解剖而成，是全世界首个葡萄酒发酵罐改造而成的酒罐 VIP 包厢，主要功能为举办 party、下午茶、商务小聚、评鉴会等。

—— 视频走廊，面积 46 ㎡，夯土墙 18 屏视觉通道，主要展示视觉艺术体验。

酿酒大师艺术馆 MIBA 视频走廊

——多功能视觉体验区，面积 175 ㎡，为装置艺术区、视觉体验站、影视展、摄影棚。

酿酒大师艺术馆 MIB 多功能视觉体验区

——二楼私享宴，由老厂操作台改造而成，融入京剧元素，饶有一番风味。

酿酒大师艺术馆 MIBA 二楼私享宴

三、业态布局：博物馆＋交易所＋艺术馆

北京首家葡萄酒博物馆——龙徽葡萄酒博物馆；

北京首家国际酒类交易所——北京国际酒类交易所；

北京首个以"酿酒大师"为主题的当代艺术馆——酿酒大师艺术馆MIBA。

四、管理运营

（一）北京龙徽葡萄酒博物馆

北京龙徽葡萄酒博物馆2006年6月正式开馆营业，是北京首家葡萄酒博物馆。北京龙徽葡萄酒博物馆由北京百年葡萄酒老企业北京龙徽酿酒有限公司投资建设，坐落在龙徽公司拥有近百年历史的地下酒窖上，是北京市唯一一家讲述北京葡萄酒百年文化及历史发展的博物馆。博物馆原址是北京葡萄酒厂的老厂房，地下数千平方米的酒窖贯通整个古老厂区构成宏大的地下建筑群。龙徽葡萄酒博物馆是对北京葡萄酒百年发展史的一个记录，是中国葡萄酒产业不断推陈出新精神的见证。它不仅是企业推广葡萄酒文化、传播葡萄酒知识的场所，也为北京市民增加了一个休闲旅游的文化场所，是北京工业旅游的一个地标。

北京龙徽葡萄酒博物馆整体建筑红墙绿瓦，是一座古朴典雅的明清风格建筑，分为地上展厅、地下酒窖、红酒文化餐厅和国际酒廊四大部分。地上部分主要是起源厅、葡萄酒老工艺展示厅、企业发展厅、产品厅、影视厅、公共知识厅和个性化制作互动厅等，游客在这里可以充分感受到葡萄酒的文化，亲身体验葡萄酒的魅力。地下部分则是龙徽的地下酒窖、酒池和储酒长廊。地下酒窖中的VIP会所是龙徽公司特别为龙徽葡萄酒俱乐部会员和葡萄酒爱好者提供个性化服务的场所。博物馆的对面就是独具特色的红酒文化餐厅，游客参观完博物馆后，可以品尝龙徽佳酿红酒，享用西餐美食，感受红酒文化。

（二）北京国际酒类交易所

2011年11月4日，北京国际葡萄酒交易所有限公司注册成立；2012年7月19日，北京国际葡萄酒交易所交易系统开始上线试运行；2014年7月15日，北京国际酒类交易所举行启动仪式。经政府有关部门批准，北酒所全称由北京国际葡萄酒交易所更改为北京国际酒类交易所，经营范围也从葡萄酒交易的相关服务扩大到包括国内外烈酒、啤酒、黄酒等在内的所有品类。北酒所作为国际酒类交易服务平台，核心业务是为国内外各类酒品提供交易服务、产品推介与文化传播服务、金融创新服务。

（三）酿酒大师艺术馆MIBA

酿酒大师艺术馆MIBA是北京首个以"酿酒大师"为主题的当代艺术馆，主要承接展览、发布会、时装秀以及拍摄工作等。酿酒大师艺术馆MIBA融合人本艺术与酒业文化，还酒文化于本来，始终以跨界人本艺术的方式，唤起国内外对酿酒大师、酒本身价值的关注与重塑。酿酒大师艺术馆MIBA率先启动线下场景"反哺"线上互联模式，将带有互联网基因的线下场景，转化为线上的流量。需求即产品、产品即场景、场景即社群的理念，用实体场景中的某个环节造就一个特定生活方式，产生产品需求，通过数据行为分析，把属性归类，从而推送更加精准的内容，减少用户反感度，提升转换效率，从而实现流量变现。

酿酒大师艺术馆MIBA采用双引擎模式，即场景媒体化的"用户驱动＋圈层垂直服务"，一方面，场景化可直接产生用户，用户直接与品牌发生连接，增强用户体验真实性；另一方

面，圈层线下的渗透，垂直服务成为焦点，真实性、价值性、人情味开始回归。互联网对线下场景的发展不是取代，而是促成，将特定人群聚集在国际酿酒大师艺术馆这个平台上，开展线下活动，通过深度的体验，产生惊喜，以线下活动、线上连接，形成粉丝圈层，利用场景媒体化这一特性再次传播与互联，从而打造"线上+线下"的全渠道经营模式。

五、案例评析

龙徽 1910 文化与科技融合街区未来将以中国传统酒文化传播与国际时尚文化传播为切入点，依托各类创新科技成果，实现文化创意产业与新媒体、新技术的融合发展，并逐步搭建业主服务平台、资源优化配置平台、优质项目孵化平台和业务创新平台，以期实现街区各方协同发展、合作共赢。龙徽 1910 文化与科技融合街区尚处于改造阶段，待目前街区内的葡萄酒厂生产线外迁，众多老旧厂房腾退之后，将空置大量空间，这些空间的改造值得期待。街区内拥有众多与酒元素息息相关的建筑形态，如大型酒罐区、酒窖厂、大型厂库等，这类建筑特色鲜明，改造前景较乐观。街区坐落在拥有百年历史的地下酒窖之上，融酒元素于街区之内是对北京葡萄酒百年历史的一个记录与传承。街区在未来的改造过程中应当以酒文化为线索串联起街区的各个环节，尽可能地保留酒厂老旧建筑肌理，创意转化建筑空间功能，一方面留存老旧厂房工业遗产价值，另一方面提升其经济价值。致力实现街区历史与现代的对话，时间与空间的交融，以酒品文化，以文化育酒，在传承北京百年葡萄酒文化的基础上，将龙徽 1910 文化与科技融合街区打造成为真正的专业酒类艺术产业街区。

【老总心语】

未来我们希望街区能够以葡萄酒文化为主题，整个街区以葡萄酒所具备的高端、商务、社交、休闲、国际化等显著属性烘托街区整体风格。街区也将充分挖掘海淀区优势资源，引入文化与科技深度融合、创新融合企业进驻。力主将街区打造成为完全开放式、包罗万象的，新一代、智慧型的葡萄酒文化新兴城市综合体。我们也将以葡萄酒文化作为媒介，引入国际性时尚文化、特色文化、地域文化、民族文化等文化交流活动，真正把街区打造成为北京市一张国际交往的靓丽名片，让首都功能、海淀力量在街区得到充分的展现。

附录一

北京市人民政府办公厅印发
《关于保护利用老旧厂房拓展文化空间的指导意见》的通知

京政办发〔2017〕53号

各区人民政府，市政府各委、办、局，各市属机构：

《关于保护利用老旧厂房拓展文化空间的指导意见》已经市政府同意，现印发给你们，请结合实际认真贯彻执行。

北京市人民政府办公厅
2017年12月31日

关于保护利用老旧厂房拓展文化空间的指导意见

本市老旧工业厂房、仓储用房及相关工业设施（以下简称老旧厂房），建筑风格独特，承载着近现代北京工业发展的历史记忆，是传承发展历史文化、促进城市有机更新的重要载体和宝贵资源。保护利用好老旧厂房，充分挖掘其文化内涵和再生价值，兴办公共文化设施，发展文化创意产业，建设新型城市文化空间，有利于提升城市文化品质，推动城市风貌提升和产业升级，增强城市活力和竞争力。依据国家有关政策，结合本市实际，现就保护利用老旧厂房拓展文化空间提出如下指导意见。

一、保护利用工作原则

（一）坚持保护优先，科学利用。高度重视老旧厂房的工业遗产价值，该保则保、以保定用、以用促保，保护与再利用并举。科学分类，因类施策，做好保护性利用和创新性改造。严禁盲目拆建，避免过度改造。

（二）坚持需求导向，高端引领。着眼解决公共文化服务供需矛盾，挖掘老旧厂房空间资源，承载文化馆、图书馆、博物馆、美术馆、实体书店、艺术影院、非遗展示中心等文化设施功能，提升公共文化服务保障能力；聚焦文化创意产业创新发展，积极推动达到一定规模和符合建筑标准的老旧厂房资源向文化创意产业园区转型，对接导入高端项目资源，实现经济效益和社会效益相统一。

（三）坚持政府引导，市场运作。切实履行政府职能，按照整体规划、合理布局、明确标准的思路，有序推进老旧厂房保护利用工作；充分发挥企业主体作用，支持以厂房租赁、企业资产重组、托管经营等多种方式，实现市场化运作。

二、扎实做好保护利用基础工作

（一）开展普查登记。加快启动对全市老旧厂房资源的摸底调查，分析研究老旧厂房历史功能、保存现状和相关数据资料，建立完整的资源信息台账，进行备案登记，并予以公开发布。

（二）科学评估认定。对照老旧厂房的历史年代、文化风貌、区位条件、建筑体量、功能格局、利用价值、结构安全等，研究制定分级、分类保护利用标准，并建立评价认定机制，统一开展评估认定。重要的老旧厂房要列为工业遗产，纳入历史文化名城保护范畴，其中列入不可移动文物的老旧厂房，其保护利用要严格执行国家及本市文物管理有关规定。

（三）编制专项规划。在普查登记、评估认定基础上，根据首都城市战略定位和北京城市总体规划，对照本市国民经济和社会发展规划及土地利用、文化发展等相关规划，研究编制老旧厂房保护利用专项规划，明确全市老旧厂房保护利用的范围、对象和层级。制定出台工业遗产专项规划及保护利用管理办法。

（四）促进多元利用。优化配置公共文化设施，利用老旧厂房打造形式多样的公共文化服务空间。按照《北京市文化创意产业发展指导目录》，研究制定利用老旧厂房发展文化创意产业的导则指南，因地、因类确定保护利用方向、模式，着力发展文化创意产业高精尖项目。

三、完善保护利用相关政策

（一）保护利用老旧厂房要严格按照分级分类标准实施。对于核心区的老旧厂房保护利用，要符合核心区功能定位以及非首都功能疏解要求，对接导入优质资源和项目；对于具有工业遗产价值的老旧厂房，原则上不应改变原有建筑容积率、建筑密度以及外轮廓线；对于具有文化价值的危旧厂房，鼓励进行保护性修缮和利用；对于可明显展示城市工业发展轨迹的标志性工业设施要予以科学保护，合理利用。

（二）对保护利用老旧厂房改建、兴办文化馆、图书馆、博物馆、美术馆等非营利性公共文化设施的，依规批准后，可采取划拨方式办理相关用地手续。

（三）对保护利用老旧厂房发展文化创意产业项目，且不改变原有土地性质、不变更原有产权关系、不涉及重新开发建设的，经评估认定并依规批准后，可实行继续按原用途和原土地权利类型使用土地的5年过渡期政策，过渡期内暂不对划拨土地的经营行为征收土地收益。对执行上述过渡期政策的，市文化创意产业主管部门要向规划国土部门提供相关证明文件，并对项目经营方向进行监管。过渡期满或涉及转让需办理相关用地手续的，经评估认定并依规批准后，可按新用途、新权利类型、市场价，采取协议出让方式或长期租赁、先租后让、租让结合等方式办理相关用地手续。

（四）对保护利用老旧厂房发展文化创意产业项目的，产权单位或经产权单位授权且取得五年及以上经营权限的运营主体，可按如下程序依法开展保护利用：

1. 申请主体编制《项目保护利用综合方案》，主要包括项目定位、产业业态、功能配置、生态景观、结构安全、建筑改造、遗产保护、公共服务以及经济社会效益目标等内容。

2. 申请主体提交保护利用申请，由项目所在区会同市相关部门进行联合评估后，报市文化创意产业主管部门备案。对评估合格项目，项目所在区出具允许临时变更建筑使用功能的认定意见。

3. 申请主体依据认定意见，按照相关行业审批管理程序依法报审并组织实施。相关审批部门参照改造后建筑使用功能属性开展立项规划、建设施工、消防安监、工商注册等方面审核，并按照相应工程建设技术标准进行验收和监管。

4. 改造利用项目涉及国有土地上房屋征收的，按照本市有关规定执行。

（五）对于属于保护利用范围且确需调整改造的老旧厂房，可在不改变原有土地性质、不变更原有产权关系、保证消防和结构安全等前提下，按要求对建筑内部空间适当调整装修。

（六）对符合保护利用范围但暂未取得房屋所有权证的，按有关规定办理工商登记注册。经市相关部门确认的文化创意产业功能区内示范园区、文创小镇、文创街区、文创空间，工商部门对其入驻企业在登记注册方面予以支持。

四、健全保障措施

（一）加强组织实施。市推进全国文化中心建设领导小组办公室负责统筹推进相关工作，建立市级统筹、属地管理、企业实施的工作机制。市规划国土委、市文物局、市文资办负责梳理历史脉络，制定老旧厂房保护利用指南，为基层具体实施提供可操作的规范。在此基础上，各区开展普查登记，完成评估认定，为保护利用提供支撑。针对老旧厂房保护利用中的审批、立项、规划、用地、改造、验收、招商等各环节，市有关部门要制定完善相关实施细则、管理规范、操作流程和技术标准，提高审批效率，加强事中事后监管。

（二）加大资金支持。统筹利用现有政策和资金渠道，加大对保护利用项目以及相关基础设施建设的支持力度。鼓励社会资本参与老旧厂房保护利用，对于符合支持条件的保护利用项目，可从市政府固定资产投资中安排资金补贴；对保护利用项目中的公益性、公共性服务平台建设与服务事项，通过政府购买服务、担保补贴、贷款贴息等方式予以支持。鼓励老旧厂房所有权主体和运营主体，以老旧厂房所有权、租赁权和运营权为标的，以租金收益为基础，通过资产证券化等方式进行融资，拓宽资金来源。

（三）加强服务管理。建立保护利用老旧厂房拓展文化空间的专业化服务机制，提供方案设计、学习交流、培训咨询等服务。依托社会机构，组建老旧厂房保护利用专家指导小组，为调查研究、评估认定、规划编制、规范制订等提供支持。建立老旧厂房保护利用评价考核机制，实施动态监督管理，培育一批优秀示范项目，对于保护利用成效显著的，给予表彰奖励。保护利用项目建成后，要符合文化创意产业相关比重要求；对违反保护规定、擅自改变用途等行为，依法依规处理。

附录二 北京转型改造工业遗存七百多万平方米 老旧厂房里的"文创梦"

—— 人民网－人民日报魏薇

郎园9号楼改造前为工人宿舍

郎园9号楼改造后成了设计师工作室

（新华社记者高静/摄）

2017年6月18日，游客在"77文创"美术馆园区举办的第二届文创生活节上合影。

"哐当，哐当，哐当……"

北京东四环与东五环之间，朝阳区高碑店乡西店村居民最为熟悉的，是火车驶过的声音。彼时，村里有一片几被遗忘的破败厂房，被纵横交错的6条铁轨分割。每隔半小时就会有一列火车驶过，附近人家的屋檐会随之微微颤动。

如今，老厂房犹在，只是换了个模样，成为西店记忆文创小镇，上百家传媒和影视企业已经入驻。独特的工业元素，让不少在这里工作的人创意频现、乐在其中，"火车驶过时的韵律感和电影的节奏很像，能带来许多灵感。"

工业与文化结合，的确能带来独特的想象空间。在北京，由工业遗存改造的文创园区有很多，负有盛名的798艺术区就是其中之一。它的前身是几乎与新中国同龄的718电子元件联合厂，2002年起陆续有艺术家和艺术企业入驻。经过10多年的发展，798艺术区已是北京时尚文化地标，还被列为2008北京奥运文化旅游景点。

北京，寸土寸金，但老旧厂房却是数量可观的可开发资源。目前，北京总计腾退出约2500万平方米老旧厂房，已经转型利用的老旧厂房占地601万平方米，另有138万平方米正在转型改造。

如何对待老厂房，关乎历史，它意味着如何对待城市曾经走过的路，意味着如何对待北京的工业发展史。

如何利用老厂房，关乎未来，发挥其在历史文化、经济社会和生态环境等多个领域的重要价值，就能为城市发展拓展空间、产出效益。

"保护利用好老旧厂房，充分挖掘其文化内涵和再生价值，兴办公共文化设施，发展文化创意产业，建设新型城市文化空间"，今年4月，北京市发布《关于保护利用老旧厂房拓展文化空间的指导意见》，明确保护利用原则和相关政策、保障措施。

曾经辉煌，有过落寞，越来越多的北京老旧厂房，正迎来新的生机。

"这既是一个经济问题，更是一个文化问题"

晚上9点，邢鹏还没吃上饭。

伴随火车驶过的轰隆声，西店记忆文创小镇的改造还在持续，还有很多细节和问题需要邢鹏及其团队解决，一顿消停的晚饭也显得十分奢侈。"6月底，园区的景观主轴将完整呈现出来。铁轨、高架、路桥，这些工业元素将和文创小镇有机地融合成一体。"

夜以继日，时刻在线，这是大多数文创园区负责人的工作常态。也正是这样，西店村这个城乡接合部的破败厂房，改造两年后才得以聚集形成以影视IP产业为主导的全生态产业链。

一直在关注老旧厂房的"前世今生"，北京市文化创意产业促进中心主任梅松跑了全市100多处老旧厂房。"我们一直倡导'腾笼换鸟'，笼子腾出来了，换什么鸟进去？建立文创园，既可以拓展文化空间，又可以形成产业链。"

北京市文化创意产业促进中心的调研数据显示：目前全市各区腾退的老旧厂房242个，总占地面积达2500万平方米，已经转型利用的老旧厂房有601万平方米，正在转型改造的为138万平方米。随着北京疏解整治促提升行动的开展，还有200多家一般制造业企业将在3年内陆续迁出。

这些工业遗存，历史跨度数十年，且分布广泛。年头较久的老旧厂房，主要集中在朝阳、海淀、丰台、石景山4个区；年头较短的老旧厂房，主要集中在顺义、昌平、大兴、亦庄开发区。

那里曾经燃烧着炼钢熔炉的熊熊火焰，轰鸣着流水线上的隆隆机器声，虽然时光让它们变得荒芜寂静，但对北京市民而言，那些老旧厂房早已融入了城市的血脉和自己的生活。它们同中国工业发展同步同向，具有浓厚的时代特色，是北京工业发展史的缩影。

老旧厂房何去何从？"二产变三产，黑色变彩色"的形象说法，道出了工业遗存在经济转型、产业创新、城市发展等方面存在的巨大潜力。

经过多年努力，北京已经建立起了相对完善的文化设施体系，但公共文化空间依然不足。对于政府而言，老旧厂房经过改造，变成观光、展示、娱乐空间，既能避免拆旧建新的高成本投入，又能减少对自然资源的高强度开发，还可与城市定位相匹配。因此，对老旧厂房的保护利用，北京确定的一个重要方向就是发展公共文化，比如建设文化馆、小剧场、实体书店、体育设施等，增添区域文化多样性。

在老旧厂房的产权方看来，老旧厂房的保护利用，不仅能保留记忆，也能再造辉煌。文创企业和机构看中的，则是老旧厂房能够提供富有历史气息的工作空间，稍加改造就能成为文化创意的重要场所。

"这既是一个经济问题，更是一个文化问题。"北京市委和市政府主要负责人认为。目前，北京已经发展成为保有古都风貌的现代化大都市，正在进行从集聚资源求增长到疏解功能谋发展的深刻转型,"老旧厂房就是首都文化建设的'金山银山',我们有责任把它们保护好利用好。"

"让老旧厂房长出文化'新苗'"

美术馆后街77号院,一街之隔有中国美术馆、三联书店,往西有北大红楼旧址,往南有北京人民艺术剧院,往北有中央戏剧学院。

在周围的街坊看来,这可是块儿好地界。王雷头一次来,就动了心思。

说起这儿的历史,"77文创"负责人王雷门儿清。虽说改造完成后,它成了"77文创"的美术馆园区,主打戏剧影视,但王雷特意保留了两台进口的胶印机器设备,一台放在楼宇中间,一台放在园区中间,"就是想让大家记住,这片园区曾经是鼎鼎有名的北京胶印厂。"

20世纪50年代初期,多家私营印刷企业合并成北京胶印厂,后经公私合营改制定名为京华胶印厂。50年代末期,因新建北京火车站,京华胶印厂迁至现在的位置,1966年正式更名为北京胶印厂。

这是北京第一家采用胶印技术的工厂,获殊荣无数。周边的老街坊还依稀记得当年的情形,虽说是工厂,可里边的工人都识文断字。

多年前,随着印刷技术的迅速发展,北京胶印厂整体业务快速下滑,加之厂区环境较差,与北京文化核心区的产业定位严重不符。2012年年初,北京胶印厂将原胶印业务迁出。当年,在东城区委和区政府的推动下,北京市胶印厂与王雷所在的企业实施战略合作,开启了"77文创"的第一步。

王雷入行已有7年,这个精壮的陕西汉子将满腔情怀倾注到了文创事业中。几年下来,美术馆园区的小剧场钢板上也生出了红色的锈,和周围楼宇墙体上裸露的红砖、院落里铺设的红色地砖浑然一体,形成了一片红色基调。

在改造老旧厂房的过程中,王雷发现工厂园区具有三面环绕着楼宇、中间是个大院的空间特点,很像老北京的四合院,就因势利导在大院建造了园区中最有特色的小剧场,整个改造项目还荣获了"2016中国建筑学会建筑创作金奖"。"通过整体的设计、产业的引入、园区的管理,原来荒芜的厂区变成了大家愿意置身其中的空间。"王雷说。

从美术馆后街77号院往东南方向走约7公里,就来到了朝阳中心商务区。这里,入目皆是鳞次栉比的大厦和高档商场。不过,商务区东南角保留了一隅时代的印记,那里还存有原工厂建筑的外立面风格,甚至连窗外的爬藤都未曾惊扰。

"现在的郎园前身是北京万东医疗设备厂,当年是个纳税大户。"来自首创集团的园区运营负责人赵春燕翻开了20世纪70年代的北京地图。

"你查找地名'大北窑',当年周边全是工业企业,但现在北京第一机床厂、北京第三通用机械厂、北京内燃机总厂等都已经销声匿迹了,只有在郎园还能感觉到当年工业大院儿的氛围。"赵春燕说。

作为文创园区建设的先行者,2010年郎园开园时,文创园在北京地产圈还是个新鲜事儿。赵春燕也是"摸着石头过河"。

"光改造投资就花了8000万元,我们的理念是修旧如旧,在保护老厂房原有格局的基础上,主要改造园区的水、电、气、网等基础设施,希望把园区打造成为集文化企业、时尚秀场、设计体验、创意餐饮等于一体的复合式文化艺术园区。"赵春燕说。

站在车水马龙的朝阳路边看郎园,曾经斑驳的老厂房,如今是虞社演艺空间;曾经的设备供销点,如今是文艺咖啡厅;曾经的生产车间,如今是创意工作空间和兰境艺术中心;曾经的员工宿舍,如今是时尚的"设计师买手集合店"和先锋设计室。

在中国传媒大学文化发展研究院院长范周看来,文创园的发展可以盘活老旧厂房的空间资源,实现待更新空间的去存量化,文化空间的增量发展又能增强城市的文化氛围。"让老旧厂房长出文化'新苗',在城市发展中可以说是一举多得。"

过去 20 年,以 798 艺术区为标志,北京老旧厂房的文化再造经历了从自发到自觉的过程。近些年,北京市因势利导,给这些荒芜的老旧厂房注入文化基因,植入创业梦想,使沉睡的工业资源苏醒过来,焕发出了新的生机和活力。郎园、"77 文创"、E9 区等各类文创园纷纷落地,一派生机。

"这是一片有营养的土壤,各种可能都会发生"

"我得要一间有着高天棚的开放式工作室。这样,人们在里面才能迸发出精彩的想法。"ideaPod 的年轻创始人刘冰清,在采访中引用了苹果公司前首席设计师的名言。

刘冰清把想法变成了现实,在郎园改造中设计了一个有高耸天棚的联合办公空间。进入被绿植、画作、有设计感的家具环绕的办公空间,很难不被这里迸发的活力打动。

在一株巨大的室内玉兰树下,有人约着客户边喝咖啡边聊天;陈设着艺术品的画廊会议室里,有创业公司的团队在开会;绿植墙周边的小木屋里,有人在专心致志地工作;大壁炉边的客厅沙发上,有人抽空打个盹儿……

刘冰清说:"与其说这里是联合办公空间,不如说是创意家俱乐部,这是一片有营养的土壤,各种可能都会发生。"

"文化企业和机构为什么会喜欢老旧厂房?"有人曾问过赵春燕。

"老旧厂房空间开阔,布局规整,又接地气又便宜,太符合创意类文化机构的格调、品质和需求了!"赵春燕回答。

由老旧厂房改造而来的文创园,正受到越来越多企业的青睐。在三元食品乳品一厂打造的 E9 区创业工场,引来的不仅有"金凤凰",还有"独角兽"。

由数个不锈钢乳品罐构成的颇具设计感的大型装置后面,隐藏着一个员工达数千人的企业办公空间。"集奥聚合公司是我们引进的首家'独角兽'企业,它是一家第三方数据整合场景化应用平台和人工智能解决方案提供商。"园区负责人朱超英介绍。

作为一个新改造的文创园,之所以能够吸引"独角兽"企业加入,在朱超英看来,主要是由于 E9 区独特的运营模式。"我们的运营模式像一部智能手机,物理空间是承载优质项目和'独角兽'企业的硬件,全景式企业服务则是操作系统,企业在我们搭建的产业生态中可以分享产业资源,获得加速成长。"

在传统的"二房东思维"仍颇有市场的文创园区领域,王雷坚定地选择了一条不以租金为衡量标准的准入机制,打造了若干个主题性、专业化的文创园区,聚集了一大批优秀的文化项目和优质的文创企业。"77 文创"引进的北京剧目排练中心,就是以政府购买服务的方式建立的公益性排练服务平台,开放两年多来,已经接待了 336 家文艺表演团体的 454 个剧目。

前身为北京大华无线电仪器厂的 768 创意产业园,同样注重打造产业生态,租金从来不是第一考量标准。成立之初,管委会曾拒绝了不少业态不相符的企业。为了等设计业龙头企业进驻,园区内一座近 8000 平方米的厂房空了 1 年多。目前,园区近 100 家企业中,"互联网+"类企业占比超过40%。

"立足资源禀赋，走差异化发展道路"

与众多从大体量的老旧厂房改造而来的大型文创园不同，海淀区田村路上的微型园区是个独特的存在。

"我们街道上规模大且可利用的老旧厂房并不多，但各类零散闲置的厂房不少。虽说这些空间建不成文创园，但在城市有机更新中把这些分散在不同区域的'低小散'资源梳理利用好，可以发挥其灵活性和数量上的优势，就近满足群众的文化需求。"田村路街道党工委书记冯志明说。

田村路街道将小散地块用于建设"微型花园"，对稍微有些规模的地块则建设居民文化广场，对社区空置小型房产则引导其开设便民服务空间。比如，田村路93号原有200余栋违章建筑，拆违后建成了足球大联盟训练基地。为方便居民，街道还专门设计了手绘版的《便民地图》和《文化地图》。

近期，田村路街道还将一个建于20世纪80年代的废弃自行车棚改造成了"阜四文化小院"，内设悦读馆、国学馆、棋艺馆、议事馆、康复馆、儿童馆、友邻馆和展览馆，是一个集学习阅读、休闲娱乐、沟通交流、邻里互助于一体的多功能社区公益文化空间。

当不少资产管理者热衷于讨论"怎么把房子出租好"时，郎园从2014年就开始布局文化内容，目前已入驻果壳网、得到等企业50多家，能够提供就业岗位4000多个，以文化、创意、IT、设计类高端人才为主。

在北京市朝阳区，像郎园一样的文创园有40余家，从数量和质量上都走在了全市前列。朝阳区委宣传部副部长、国家文化产业创新实验区管委会主任丰春秋介绍说，目前朝阳区已经初步探索出工业遗存转型的4种模式——艺术家自发聚集发展、政府提供管理服务的"798模式"；产权方与专业机构联手打造的"751模式"；政府投资建设并运营管理的"朝阳规划艺术馆模式"；在政府引导下，由国有企业组建新的运营团队进行整体改扩建的"莱锦创意产业园模式"。

除去这4种主要的发展模式，每家文创园也都有自己的特点。王雷说："我们的特点是'文创园区平台+文创产业运营+文创产业投资'，其中出租收益占70%，合作项目和自营项目占比达到30%。这种依托无形资产增值的模式，为园区可持续发展提供了源源不断的动力。"

同样，E9区创新工场与入驻企业也不是简单的房屋租赁关系，除了获得静态租金收益外，也分享因联合项目创新与股权投资获得的动态收益。

在王雷看来，利用老旧厂房改造而来的文创园区是一种文创产品。"文创园区不仅是文创产业发展的物理空间和办公空间，同时还应承载北京文化传承、建筑历史记忆、公共文化服务等多元化的功能，对于核心区的文创园区，还应紧密结合北京历史文化名城风貌保护的整体要求，彰显古都风貌。"

"产业要做大做强，就要有适合其生长的土壤。全市各区在老旧厂房转型中要分析区域优势，立足资源禀赋，走差异化发展道路。"北京市委常委、宣传部长杜飞进表示。

"既要打通政策'最初一公里'，更要落实政策'最后一公里'"

今年4月4日，在北京市委宣传部、市文资办、市文促中心等多部门召开的新闻发布会上，《关于保护利用老旧厂房拓展文化空间的指导意见》正式发布。

"从纵向来看，它是国内第一部明确利用

老旧厂房发展文化创意产业的指导性文件；从横向来看，它在国内各省市保护利用老旧厂房的相关政策中，最为具体明晰。"范周说。

《意见》的出台，既是为优化文创企业营商环境，也反映出老旧厂房在保护利用开发过程中存在一些深层次问题。只有这些棘手问题得到解决，文创园的发展才能迎来真正的春天。

记者了解到，从目前文创园的实践来看，现有政策以方向性为主，细则条款少，还未形成系统的政策体系。

除此之外，虽有土地可划拨、协议出让的政策条款，但涉及资金量大，实施较为困难。尤其是用地性质不变，导致项目立项、消防审批、施工许可、工商注册等以土地为前置的各项审批难以顺利进行。

范周也表示，土地性质的变更是文创项目引进和项目注册的主要障碍。"土地性质不变更，后续改造中的一系列手续便难以进行，基础设施的费用标准也相差甚大，这正是绝大部分文创企业所面临的首要难题。"

对这些问题，《意见》给出的答案是"允许临时变更建筑使用功能"，以解决目前的审批困境。此外，各审批部门将会参照拟改造后的建筑使用功能属性，办理立项规划、建设施工、消防安监、工商注册等手续，让文创企业在"阳光"下运行。

在范周看来，目前在产业门类标准和经营主体认定方面，北京市多数文创园区都陷入了相关手续不齐全、科学分类评估和保护利用引导缺失、后续改造审批难等困境。有的园区私自在园区内搭建职工宿舍和商业设施，更有甚者将厂房改为公寓出租。从法律意义上来说，这不符合北京市对工业性质企业用地的管理规定。

"既要打通政策'最初一公里'，更要落实政策'最后一公里'。"北京市国有文化资产监督管理办公室主任赵磊表示，北京将尽快建立完备的资源信息台账，在底数清、情况明的基础上科学划定保护利用分类。同时还将进一步细化顶层设计，完善相关实施细则、操作流程和配套文件，覆盖老旧厂房的保护、改造、建设各个环节。

"老旧厂房的保护利用有多种路径，只要我们用心用情，创新创造，多往文化上使劲儿，多向文化中心聚焦，就一定能把更多的可能变成美好的现实。"杜飞进说。

附录三 园区系列调查：
从水泥库到国际文创园的塞隆蜕变
—— 经济日报 – 中国经济网成琪、刘园香

经济日报 – 中国经济网编者按：老旧厂房是城市文化的金山银山。日前，北京市各区已腾退老旧厂房200余个，其中一批已经或正在转型为文创产业园区，并涌现出一批典型案例。近日，北京市文化创意产业促进中心联合中国经济网选取了北京十个具有代表性的文化创意产业园区进行实地调研，力求全面、真实、有效地了解这些典型园区的转型历程、运作经验和目前存在的一些瓶颈问题，形成系列报道，也为更多致力于转型为文创产业园区的老旧工业厂房提供参考和借鉴。本期走进的是北京塞隆国际文化创意园（以下简称"塞隆"）。

日前，在北京双桥附近的塞隆文创园里，北京工笔重彩画会等策划的一场以"平行空间李文旻当代素描作品展"为主题的艺术展正在举办。一幅幅创意独到的画作里，树、房、山、人等栩栩如生，为整个园区增添了浓厚的艺术氛围，艺术家现场举办的主题沙龙分享活动更是得到观展者的欢迎。

长按识别二维码，VR看园区

塞隆里的艺术展（经济日报—中国经济网刘园香/摄）

然而，谁能想到，在 2015 年以前，这里竟是北京胜利建材水泥库的所在地。如今，塞隆文创园已吸引近百家文创企业，年总产值逾 10 亿元，成为区域经济"转方式、调结构、促发展"的一个缩影。究竟塞隆有何独特魅力，能吸引众多文创类公司进驻？园区在发展中还存在哪些待完善的地方？未来又将如何着力布局？日前，带着这些问题，经济日报 – 中国经济网记者走访了位于北京双桥附近的北京塞隆国际文化创意园，近距离感受这座由水泥库改造而成的国际文化创意园区。

塞隆水泥筒仓群 图片塞隆授权发布

一、从水泥筒仓到文化地标

1. 曾经：备受瞩目的水泥筒仓群

可以毫不夸张地说，在北京城市建设的历史上，隶属于首农集团双桥农工商公司的北京胜利建材水泥库曾发挥了不可磨灭的作用。据悉，北京胜利建材水泥库的第一座仓库始建于 1984 年，曾承担了 1990 年北京亚运会场馆建设水泥料储存的任务；2000 年，南侧的 40 多座筒仓开建；2008 年北京奥运会场馆建设水泥用料的存储地也是在这里。此外，北京三环路、四环路、五环路等重点工程的建设，都有其参与。

改造前的筒仓 图片来自塞隆官网

此前，在东西走向的厂房里面，建有长条形的水泥库，厂区里两条铁路专用线将厂房与京秦铁路直接相连，彼时的胜利水泥库是北京水泥中转站的重要一环。资料显示，1996年，水泥库到了最鼎盛的时期，一年的纯利润能达到1500多万元。然而好景不长。据悉，水泥库的收入主要靠储存和运输，但随着交通越来越便利，很多施工单位开始用自己的仓储，作为"中介"的水泥库便慢慢没落。2011年以后，胜利水泥库经营状况每况愈下，加之水泥库容易产生粉尘等污染，在北京产业结构不断调整的大背景下，厂区需要寻找新的出路。厂房转型做什么也成为摆在企业面前的一道难题。

北京塞隆国际文化创意园董事长高松利此前曾表示："对一些已经转型的老的工业企业、生产企业进行了考察，又结合我们所处的定福庄沿线的文化传媒产业的定位，决定要转型，主攻文化创意。"于是，2013年，由北京首都农业集团有限公司与中国电力传媒集团有限公司共同出资打造的北京塞隆国际文化发展有限公司成立，对原水泥库进行改造。

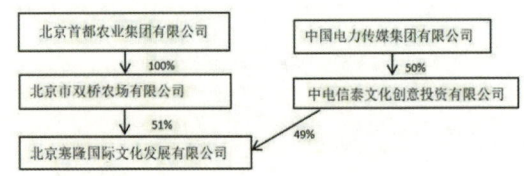

根据公开资料制图（经济日报－中国经济网刘园香制图）

2. 现今：工业遗迹变身文化地标

历经一年多的整体规划、设计与建造，2015年5月园区主体工程完工，5月19日北京塞隆国际文化创意园正式开园。园区工作人员表示，"塞隆"是英文"silon"的谐音，是"silo"和"long"两个英文单词的缩写。其中"silo"的意思是"筒仓"，"long"意为"长"，合在一起是"长长的筒仓之意"。

园区改造前（图片来自塞隆官网）

塞隆一角（经济日报－中国经济网刘园香/摄）

凭借独特的建筑形态、优越的环境，塞隆在北京众多产业园区中脱颖而出。园区相关负责人告诉经济日报－中国经济网记者，"截至2017年年底，园区已吸引80余家文化企业，其中，新媒体创意企业28家、影视制作企业22家、互联网文化企业15家、文化传播企业11家、其他文创企业6家，年总产值逾10亿元，纳税额达到6000万元。"

此外，2017年园区运用激光投影技术，使得46座筒仓全部实现夜间亮化，节假日以及重大活动期间打出公益性宣传标语，在广渠路沿线形成独特工业遗址特色夜景，成为连接首都功能核心区与北京城市副中心廊道的新夜景。

塞隆筒仓夜间亮化（图片塞隆授权发布）

二、塞隆的"腾笼换鸟"之道

在北京"疏解腾退促提升"工作中，塞隆等企业以产业转型推动疏解工作。经过三年多的发展，塞隆不仅让老工业厂房成为腾笼换鸟的文化地标，也成为国企转型升级的"样本"，这背后有着怎样的独特发展之道？

1. 传统工业文明与现代创意相融合

近年来，北京一批老旧厂房转型文创园区，既盘活了存量资源，又拓展了文化发展新空间，但保护利用中也存在一些深层次问题亟待解决，如改造实践存在过度、失当等问题，致使一些工业文化风貌遭到破坏。为此，日前北京市人民政府办公厅印发《关于保护利用老旧厂房拓展文化空间的指导意见》，在妥善处理"保"与"用"的关系上，针对盲目拆建、资源闲置等问题，确立"该保则保、以保定用、以用促保"的总体原则。既坚持保护优先，传承保护好城市历史文脉；又科学利用，在合理保护的基础上盘活资源，促进城市有机更新。

在调研中，经济日报－中国经济网记者发现，塞隆在发展过程中一直十分注重对园区工业元素的保留。除了最具典型的46座筒仓之外，园区中还有许多特色的工业元素设计。如塞隆园区门口矗立着园中废弃的旧金属罐体拼接、组合改造而成的巨型机器人。

园区门口巨型机器人
（经济日报－中国经济网刘园香／摄）

园内的火车轨道和站台被保留
（经济日报－中国经济网刘园香／摄）

园区空地分布着由塞隆艺术总监刘志伟创作的"塞隆金刚娃"系列等产品。

园区前的作品
（经济日报－中国经济网刘园香／摄）

园区里的火车轨道和站台等被保留。坐落在园区里的火车，充满着浓浓的时代回忆，也曾经是多部电视剧、电影场景的选景地。众多工业遗址结合现代元素的再次利用，实现了传统的工业文明与现代艺术创意有机融合。

2. 注重提升园区文化内涵

近几年，在各级政府的强力推动下，各地纷纷上马各色文化园区项目，但由于一些园区只是充当"二房东"的角色，在招商、选商以及园区文创产业引导方面力度不够，导致部分文创园区存在"形聚实不聚"的问题，入驻企业只与文化有很勉强的联系，园区文创氛围无从谈起。对于这种现象，塞隆的总经理于红在接受经济日报－中国经济网记者专访时表示，"收房租不应该是文创园的终极目的，文创产业园须强化文化、创意等内容属性。深厚的文化底蕴是为园区'增效'的，对于改善园区企业的工作环境，提升园区竞争力和园区工作人员的创造力等都具有重要意义。"

塞隆水泥库艺术空间（图片塞隆授权发布）

据经济日报-中国经济网记者了解，塞隆园区尤为注重突出"文化与艺术"的特色，已经形成影视制作、广告设计、网络服务、艺术展览、休闲娱乐等业态的文化创意综合体。北京工笔重彩画会副会长兼秘书长金沙在接受经济日报-中国经济网记者采访时表示："一个文创园区里不能没有纯粹艺术方面的内容。我们和塞隆合作已经近三年，塞隆尽管不是以纯艺术为主，但始终兼顾艺术和创意，已经在北京现代艺术圈里有一定的影响力。"

园区沙龙交流活动（图片塞隆授权发布）

3. 不断完善园区服务

塞隆所处的位置在定福庄传媒产业带上，产业集群效应明显。地理位置的优势固然可以吸引企业，但真正想要留住企业，靠的还是后续的服务。特别是对于文创企业的工作人员，很多喜欢夜间工作，在黑夜中激发灵感，所以一些文创园区经常通宵达旦，这对园区的相关配套提出了更高的要求。于红表示，如今塞隆外的环境在变好，内部的服务也在不断调整。一次偶然机会，她发现别的企业有24小时供应餐，于是她当即告诉园区相关工作人员，立马也在园区配备了相关设备。"引入这些设施，一方面可以给园区增效，另一方面也给园区企业提供了更多的便利。"于红说。

园区引进自动售卖机
（经济日报-中国经济网刘园香/摄）

这仅是园区完善相关服务的一个缩影。除此之外，园区还给相关企业组织文化艺术沙龙等交流活动，并以此为平台邀请国内外文化企业、艺术家等参加互动，使企业之间获得更多的合作机遇，也通过搭建一站式服务平台，为企业提供政策资讯、金融等方面的服务。

三、塞隆发展面临的挑战

经济日报－中国经济网记者在走访中发现，尽管塞隆已经成为北京的文化地标之一，但发展中仍面临一些挑战。

1. 园区满租 发展空间从何出？

基于厂区的狭长分布特征，园区此前偏好"小而精"的文创企业，不求规模大，但求效益精。但是随着园区快速发展，越来越多的文创企业想进入。但是目前园区入驻率是100%，没有多余的空间引入更多企业，而且合同到期很多老客户对塞隆有情节。此外，尽管现在也有艺术展览空间，但园区的公共展示对于做国际性的大艺术展览仍显得不够。于红表示："未来，怎样在扩展空间的同时把筒仓做出有文化内涵的东西，是重中之重。"

园区企业多为两层，分布在道路一旁
（图片塞隆授权发布）

2. 竞争激烈 国际化人才队伍待建立

现今，越来越多的老旧厂房开始腾退，转型文创类园区，园区之间的竞争日益激烈，而竞争制胜的关键在于人才。在北京文创园区已经遇到各种利好政策推动的当下，缺乏专业的从事文化产业园区的人才队伍成为制约很多园区发展的重要原因。由老旧工厂转型而来的文化创意产业园区，往往人才队伍建设方面的短板尤为明显。培养大批懂技术、有创意和善于经营管理的各类文创园区人才对于推进园区文化创意产业快速发展具有重要意义。

对于定位"国际文创园区"的塞隆而言，为推进园区人才队伍建设，于红表示："我十分支持园区的工作人员参加相关的培训和提升学习，建议他们多考一些职业资格证等。人才队伍需要有国际视野。"

四、塞隆未来发展规划

1. 拓展空间 着手二期筒仓改造

目前，塞隆园区建筑面积2.4万平方米，筒仓由32个直径8米、高12米的大筒仓与14个直径7米，高10米的小筒仓组合而成。谈及未来发展，于红表示塞隆园区正在利用自身工业遗址形态和空间资源，开始着手进行46座筒仓的二期改造工程。她说："如果把46个筒仓都进行改造，约可以为园区增加使用面积8000-10000平方米。对于一些文创企业而言，需要不一样的小空间去展现炫酷的效果，筒仓无疑将是独一无二的选择。经过改造，筒仓能够和文化融合，实现增大面积的同时实现自己的特色。"。

塞隆规划展示图
（经济日报－中国经济网刘园香／摄）

2. 提质增收 构建衍生礼品定制平台

在日前举办的三周年庆典上,塞隆发布了"塞隆礼物"。"塞隆礼物"依托 46 座筒仓这一特色 IP,从多角度展示园区创意设计能力及文创衍生品开发能力,经济日报－中国经济网记者了解到,目前已经设计成型的包括有塞隆特色的文具收纳盒、冰箱贴、T 恤衫、明信片等。

部分塞隆礼物产品
(经济日报－中国经济网刘园香/摄)

谈到为何要打造塞隆礼物,园区的艺术总监刘志伟告诉经济日报－中国经济网记者,塞隆开园已经二年,园区正在进行品质提升工程,除了依靠传统的租金收入,园区也在探索和培育新的文化创意产业经营项目提质增收。他表示:"塞隆礼物不仅是做园区的文创产品,更主要的是打造一个平台,为更多企业去开发、定制一些文创产品,塞隆园区的礼物仅仅是一个起点。"

3. 对标国际 参与"一带一路"交流

于红向到访的经济日报－中国经济网记者重点介绍了塞隆园区未来发展的着力点——"一带一路"国际文化交流合作。她表示,如今塞隆已发展成为以影视、文化交流、广告设计等业态为主的特色园区,但园区的全称是"北京塞隆国际文化创意园",与周围园区相比,很大的一个特点是定位"国际"。

据悉,在 5 月份举办的第二届中国与乌克兰经济合作论坛上,"艺术资本集团 2017"有限责任公司与塞隆正式签署合作协议,中乌双方相关企业将探讨建立国际文化交流与合作。于红表示,今后塞隆将响应并积极贯彻国家"一带一路"倡议,策划"一带一路艺术展"等大型展览,将园区打造成区域知名的、国际化程度不断提升的文化创意精品特色聚集地。

附录四 园区系列调查：在铁路"夹缝"中制造小镇的梵石ITOWN·西店记忆

—— 经济日报－中国经济网成琪、刘园香

经济日报－中国经济网编者按：老旧厂房是城市文化的金山银山。日前，北京市各区已腾退老旧厂房200余个，其中一批已经或正在转型为文创产业园区，并涌现出一批典型案例。近日，北京市文化创意产业促进中心联合中国经济网选取了北京十个具有代表性的文化创意产业园区进行实地调研，力求全面、真实、有效地了解这些典型园区的转型历程、运作经验和目前存在的一些瓶颈问题，形成系列报道，也为更多致力于转型为文创产业园区的老旧工业厂房提供参考和借鉴。本期走进的是梵石ITOWN·西店记忆（以下简称"梵石ITOWN"）。

北京东四环与东五环之间，在朝阳区高碑店乡西店村的梵石ITOWN里，一座座灰白墙弧形顶的建筑错落有致，充满现代气息的影视工作室等园区场馆宽阔敞亮，时而从旁边呼啸而过的火车交织过去、现在和未来，使得这里多了一份历史感和文艺气息……这里被称为"制造IP的小镇"，已有湖南广电旗下乐田智作公司、小糖人文化传媒、刘天池表演工作室等几十家文化类企业入驻。然而，在三年前，这里还是一片被纵横交错的数条铁轨所割据的北京玻璃厂的仓库。

长按识别二维码，VR看园区

究竟园区有什么独特魅力，能吸引众多文创类公司进驻这里？在城市更新领域不断深耕的梵天地产，如何通过改造让这块曾经"不被看好的夹缝"地区作出"新意"？目前园区在发展中还存在哪些待完善的地方？未来发展中又将有哪些规划？日前，带着这些问题，经济日报－中国经济网记者走访了梵石ITOWN，近距离感受这个由仓库改造而成的文艺小镇的魅力。

梵石ITOWN
（经济日报－中国经济网刘园香/摄）

一、仓库与铁轨中藏匿的商机

2015年以前，位于朝阳区高碑店乡西店村的北京玻璃厂仓库破败倾颓，有的被用于存放玻璃制品，有的被租给生产涂料、石灰等的加工厂，还有的是一些工人的宿舍。后来，Andrea Grottaroll（意大利）、刘宇扬、于爽、刘宏伟、王硕、唐康硕等建筑设计师受邀对原厂进行"更新"。据悉，刘宇扬第一次看到旧厂址时，他说感觉就像70年代的某个小县城，"这里一点都不像北京"。

梵石ITOWN周围铁路示意图
（图片来自百度地图截图）

然而，就是这样几乎被遗忘的城市边缘地，被设计出身的梵天地产董事长邢鹏看到了改造的可能性。他曾对媒体表示："一个富有个性的环境，更能激发文创从业者的创造力。更重要的是，北京正在建设全国文化中心，这片地刚好位于北京国际传媒产业带核心，周边聚集了央视等大型传媒机构，还有大大小小的文创企业，可以改造成一个以影视传媒行业为主的文创产业小镇。"于是便有了后续的开发。

谈到园区名字的由来，梵石ITOWN的工作人员告诉经济日报-中国经济网记者，原来厂房区的产权属于村集体，高碑店村的乡办企业西店记忆是园区的业主方，梵天地产是园区的开发商，打造的主体叫ITOWN，全称是IP TOWN，也就是IP小镇。二者结合，便有了梵石ITOWN·西店记忆。

改造前（图片来自梵石ITOWN微信公众号）

更让人难以接受的是，这块地区是一个被六条铁路围合切割的"绝地"，甚至被称为旁边"每5分钟就会有一列火车开过"。尽管这片区域位于东四环、东五环、京通快速与广渠路四条主干道形成的路网正中心，到CBD核心区也只有几公里的距离，但是在改造以前，大概真没有几个企业愿意进驻这样的地方，也没有多少人会想象这里可以变成一个宽敞明亮、创意十足的文化产业园区。

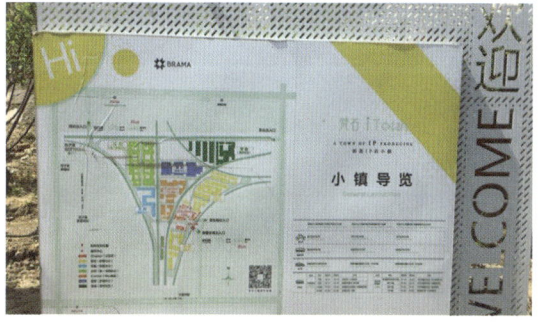

梵石ITOWN导览图
（经济日报-中国经济网 刘园香/摄）

二、梵石 ITOWN 的经营之道

据经济日报－中国经济网记者了解，园区于 2016 年 7 月 1 日正式开始建设，总体分三期开发，如今梵石 ITOWN 一期已经完工，在运营过程中形成了独特的"梵石 ITOWN"经验。

1. 合理设计变劣势为特色

一般而言，任何一个商业空间，首先最看重的是地段，坐拥城市的核心地段不仅意味着有充沛的客流量，也意味着强大的潜在升值空间，无疑有着巨大的投资前景。梵石 ITOWN 整体占地面积 240 亩，从地理区位上看处在北京传媒产业带的核心位置，但它却被周围仍然在运营的六条铁路线割裂，不时有火车经过的园区，租户是否能接受？如何在不改变周围建筑轮廓线的前提下，对既定的空间进行改造，提高容积率同时营造创意空间？

改造后的招商中心打造车站感觉
（经济日报－中国经济网 刘园香/摄）

如今园区的招商中心就蕴含着"车站"的元素。同时，入驻园区的企业发现，周围时不时穿梭的火车，为平静的园区增添了一份另类的历史感和文艺气息。一位梵石 ITOWN 工作人员告诉经济日报－中国经济网记者："刚开始我们也担心火车会给客户带来噪音，但来了后发现，影视创作等客户觉得这种感觉很好，周围的铁路并不是一个制约因素，而恰恰成了一个特色。"如今，很多人一提到梵石 ITOWN，首先想到的就是这里的火车意象，区位劣势经过打造，成了梵石 ITOWN 的特色优势。

园区改造前的建筑状况

园区类似车站的建筑
（经济日报－中国经济网 刘园香/摄）

创意的诞生，并非一味创造新事物，对已有事物的创新改变，也能制造意想不到的惊喜。面对已有的空间和存量资源，建筑师进行了一番考察研究后，决定在设计上"将计就计"，对园区周围运营的火车元素加以挖掘利用。

2. 园区建设结合城市更新

谈到梵石 ITOWN 与其他特色小镇相比有什么差异，相关负责人曾表示："我们与众不同的一点，就是在特色小镇中结合了一些城市更新的理念。"

城市更新涵盖旧城改造、社区治理、历史建筑翻修重建等内容，是城市功能提升与再造的系统工程，也是消除安全隐患、治理城市顽疾的民生工程，还是盘活土地资源、促进产业转型的治理工程。近几年，随着北京城市的发展和更新换代，一些建筑、存量物业也将不得不面临改造的问题，朝阳区高碑店乡西店村也是如此。

梵石 ITOWN 一位工作人员笑称："我们的项目甚至可以说城市更新和新农村改造都涉及。"据他介绍："刚来到这块地方，真是一片狼藉。需要改造的太多，所以我们在基础设施投入方面比一般的项目多很多。特别是整个项目要打通连接各个地块的路，但是刚来时不仅周围没有路，而且铁路桥洞是 2.2 米，参与建设的货车等根本过不去，我们花了很大的成本才把路基往下降了。"

此外，原先的厂区是玻璃仓库，能源配备非常低，与一些可以充分利用以前老旧厂房的文创产业园不同，梵石 ITOWN 基础的供水供电、供暖等也都需要重新大面积改造。邢鹏曾经表示，"不少存量物业的现状是有待提升的，其价值其实是被市场低估的，我们将赋予存量物业新的生命。"因而，从一定程度上看，梵石 ITOWN 是梵天地产参与城市更新的结果之一，而且在这一过程中，不仅改变了周围的自然环境和产业环境，重新赋予了存量物业新的生命，也通过设计，在城市更新中做出了"创意"。

改造后园区"鱼鳃"锯齿状的竖窗
（经济日报 – 中国经济网 刘园香 / 摄）

梵石 ITOWN 周围道路的铁路桥洞
（经济日报 – 中国经济网 刘园香 / 摄）

3. 打造以影视 IP 为主导全产业链

调研中，经济日报 – 中国经济网记者了解到，与很多老国企转型做文创园区面临人员知识储备不足等问题不同，打造梵石 ITOWN 的梵天地产有着专业的运营团队，此外，曾担任台北华山 1914 文创园区副总的康文玲担任梵天集团文创运营中心总经理。园区致力于打造以影视 IP 为主导衍生的全产业链生态圈，不断为客户打造良好文化产业氛围。

据悉，梵石 ITOWN 的 slogan 经历了从"有生活的文创小镇"到"制造 IP 的小镇"的转变。对此，园区相关负责人曾指出，一个成熟的产业小镇，应当具备自我更新的能力，梵石 ITOWN 从定位转变以 IP 的能量聚合产业，从传统的空间运营，到运营一个打造全产业链的平台，在帮助企业成长的同时，也让自身的 IP 影响力输送出去。截至 2018 年 5 月，整个小镇已经入驻 95 家企业（其中办公企业 89 家）。经济日报 - 中国经济网记者走访后发现，入驻的企业包括湖南广电旗下乐田智作公司、小糖人文化传媒、刘天池表演工作室、唐季礼等个人工作室、明泽佳音、24Frames 等，以影视产业为龙头，设计、艺术中心、影棚、录音棚等配套逐步完善，已经初步形成了一条以影视 IP 延展为主的比较完善的产业链。

网记者了解到，梵石 ITOWN 打造的不只是办公空间，而是一种全新的生活办公方式，会经常举办各种论坛、轰趴、交流酒会等活动，让参与者在活动中感受园区的氛围，通过这些活动，使客户自发地互动交流产业发展思路，探寻双方在文化产业深入合作的切入点。有黏性的园区环境不仅让老客户流连忘返，还会推荐很多新客户，据悉，梵石 ITOWN 客户来源约有 40% 是"老带新"客户，这在整个行业里已经算是较高水平，企业以影视文化类企业为主。久而久之，整个园区便会形成充分发挥产业集聚效应、人员之间互相熟识的"温暖小镇"。

园区企业（经济日报 - 中国经济网 刘园香 / 摄）

湖南广电乐田智作进驻梵石 ITOWN
（经济日报 - 中国经济网 刘园香 / 摄）

4. 让品味相同的人聚在一起

如何将园区打造成为充满创意的空间？如何将冰冷的建筑与忙碌工作的人群建立好感？如何让互不相识的园区企业变成合作伙伴？这些都是园区运营者需要不断探索的内容，梵石 ITOWN 也不例外。

在社群化运营方面，经济日报 - 中国经

三、发展面临的挑战

尽管目前梵石 ITOWN 一期已经取得较大成功，但在后续的开发中仍然面临一些挑战。

1. 平衡厂房的留存与开发

目前，北京已有大量的工业遗产经过保护再利用，成为创意社区、艺术中心等，成为新的时尚地标。对于梵石 ITOWN 而言，由于原有地区环境和厂房设施较差,所以虽说是改造,但其实新建成分更多。这一方面使得园区在规划和建设上更加整齐划一,摆脱了原先"脏乱差"的面貌;但另一方面,工作人员表示:"我们也想尽力利用和保留老旧厂房,但以前的大部分厂房没法再用,经过设计,我们一期中只保留了部分仓库的墙体。"

左边为保留的红砖墙体
(经济日报 – 中国经济网 刘园香/摄)

事实上,如何平衡厂房的留存与开发也是很多老旧厂房面临的问题。日前,北京出台的《关于保护利用老旧厂房拓展文化空间的指导意见》指出:"高度重视老旧厂房的工业遗产价值,该保则保、以保定用、以用促保,保护与再利用并举。科学分类,因类施策,做好保护性利用和创新性改造。"这一政策为北京市老旧厂房保护与开发指出了方向。梵石 ITOWN 在创造性改造方面已经走在了前列,但未来开发中如何在不影响整体设计的前提下保留更多的工业遗址元素也值得关注。

2. 周边配套设施待完善

产业园区内外配套设施的建设,是园区引更多企业入驻的基础,也是园区长期良性发展的保障。但由于梵石 ITOWN 所在地块的区位限制和以前的产业基础薄弱,目前园区周边配套仍处于完善过程中。调研中,经济日报 – 中国经济网记者看到不时有外卖送餐人员穿梭在园区,一位送餐人员表示:"园区环境很好,但里面目前就有一家餐厅,周围吃的又比较少,所以很多工作室的员工中午选择订餐"。对此,园区工作人员表示,随着二期、三期等产品的不断建设,周边配套正在得到改善。

四、未来梵石 ITOWN 这些值得期待

梵石 ITOWN 于 2016 年 7 月正式开始建设,从 2017 年 4 月开园至今仅运作了一年多,未来有着广阔的空间待完善和发展。

1. 打造全时段生活配套

据悉,梵石 ITOWN 无论从规划设计、入驻企业甄选以及日常运营,会更多考虑到文创行业的独特需求,其第一期为"独思"产品,适合发展中企业,根据企业需要可以自由分割。而在接下来,二期"合悦"产品,为总部型企业提供大面积办公区域,主要为独院、合院。三期规划为单元式类独栋、双拼、联排办公。

据经济日报 – 中国经济网记者了解,针对企业的需求,小镇内还规划了两个超大体量体验空间,一个是定位为专业多功能展厅,集合论坛、沙龙、展览于一身;另一个是首映礼电影院,是融合巨幕、IMAX 厅、艺术院线等功能的综合体。此外,配套方面,未来除了满足日常办公生活需求的 24 小时便利店、特色餐饮,还有设计师酒店、生活美学街、光影艺

术馆、融合阅读、交流的体验式书店等，将打造一个集生活、办公、休闲、娱乐等于一体的文创小镇，满足各个生活作息时间内的人群，保持园区全天候的活力氛围。

2. 探索投资园区企业

梵石ITOWN前期主要是通过物理空间的运营，实现整个园区的盈利平衡。但与一些产业园区单纯做"二房东"不同，梵天地产开始逐步探索投资园内的一些企业。据悉，前期已经参与投资了园内的"与音乐光影餐厅"，园区相关工作人员表示，在接下来的运用中，时机合适也会参投一些企业，与园内企业合作共赢。

3. 促进片区经济整体提升

据悉，西店记忆是国家实验区重点项目，除了享受朝阳区优惠政策外，还享受额外政策支持，在金融方面，北京银行等为园区的企业提供金融服务支持，以及朝阳区文创办给予文创企业贷款的贴息支持等。对此，一位工作人员告诉经济日报－中国经济网记者，未来除了要和园内企业一起发展以外，梵石ITOWN还致力于通过中心商业区等的建设，拉动整个周边的经济。

与音乐光影餐厅
（经济日报－中国经济网 刘园香／摄）

附录五 园区系列调查：以"品牌塑造＋连锁经营"缔造文创产业园的尚8模式

—— 经济日报 – 中国经济网 成琪、刘园香

经济日报 – 中国经济网编者按：老旧厂房是城市文化的金山银山。日前，北京市各区已腾退老旧厂房 200 余个，其中一批已经或正在转型为文创产业园区，并涌现出一批典型案例。近日，北京市文化创意产业促进中心联合中国经济网选取了北京十个具有代表性的文化创意产业园区进行实地调研，力求全面、真实、有效地了解这些典型园区的转型历程、运作经验和目前存在的一些瓶颈问题，形成系列报道，也为更多致力于转型为文创产业园区的老旧工业厂房提供参考和借鉴。本期走进的是尚8文化集团（以下简称"尚8"）。

尚8始创于1997年，尽管从2007年才开始运作第一个园区项目，但如今已经在北京打造运营项目21个，累计拥有超过50万平方米的园区规模，涉足9大文创产业领域，孵化投资企业超过50家，入驻企业超过500家中小型文创企业，园区员工超过20000名，是当之无愧的中国最具影响力的文创园区品牌

长按识别二维码，VR 看园区

之一。那么，"尚8"品牌由何而来？作为一家市场化的民营企业和全国较早提出产业园区连锁化的文化集团，其发展中积累了哪些可以借鉴的"尚8经验"？在"尚8"连锁品牌的大旗之下，园区发展面临着什么挑战？日前，经济日报 – 中国经济网记者带着这些问题，走访了尚8的部分园区。

一、尚8品牌的由来

1997年前后，尚8公司团队在北京朝阳区光华路改造汽车厂房及仓库，为艺术工作者提供创作工作室，尚8创始人薛运达曾表示，"最开始是为自己和朋友找创作的场地"，此后的10年，他也一直关注文创园区相关的领域。2007年，尚8团队了解到位于北京建国门外郎家园8号的北京市电线电缆厂周边高楼林立，包括国贸、央视新台址等，区位条件优越，但这个工厂的生产线正在萎缩，濒临搬迁；而在CBD夹缝中生存的工厂了解到尚8的产业有意入驻后，双方一拍即合，工厂将原来的职工浴室、车库、制塑车间等2万多平方米，租给了尚8。

尚8北京设计园区一角（经济日报－中国经济网刘园香/摄）

2007年薛运达开始运用其积累的经验，探索将旧工厂变身为创意产业园，创建了"尚8"品牌的第一个项目——尚8创意产业园，其数字"8"取自项目的发源地——郎家园8号。由于此前有早期市场和客户的积累，加之尚8创意产业园地理位置、空间设计、租金性价比等特点，电缆厂项目很快就吸引了创意人和创意企业的关注和入驻，2万平方米的厂房很快便无法满足客户的需求。与政府为运营主体的文化创意产业园相比，作为一家民营园区，尚8在2007年之前都是自主发展，在文化创意产业逐渐受到国家重视、尚8发展也逐渐成熟以后，开始在政府引导下自下而上发展。尚8文化集团联合创始人余博曾表示"我们在2008年的时候，想到了拓展。"但2008年北京奥运会期间北京对城区的建筑施工、改造等有严格限制，再加上后来受到国际金融危机的影响，所以直到2010年，尚8才开始在北京市陆续启动多个连锁的文创产业园区项目，谋求更为广阔的发展空间。

二、"尚8模式"经营之道

1.连锁经营助力空间再生

截至目前，尚8已经成功构建起"尚8"连锁品牌，打造出文化创意产业园区"系列化"概念。薛运达曾说："连锁经营是尚8的一大亮点，迅速提升了尚8品牌的影响力。在连锁发展过程中，我们一开始就着眼高端品牌化发展，就像保护我们自己的眼睛一样保护尚8品牌，制定了严格的门槛和规范，对入驻园区的企业进行严格筛选。"

园区相关工作人员告诉经济日报－中国

经济网记者,"尚8已经在北京打造运营项目21个,累计拥有超过50万平方米的园区规模,涉足9大文创产业领域,孵化投资企业超过50家,入驻企业超过500家中小型文创企业,园区员工超过20000名。"

地域分布方面。既有位于北京市中心的,也有位于四环外的;整体而言,位于朝阳区的园区居多。

尚8里文创园

(经济日报－中国经济网刘园香/摄)

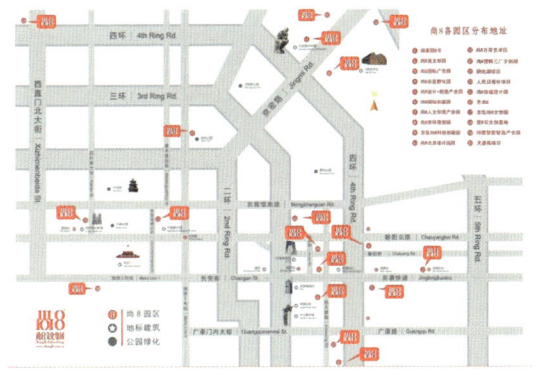

尚8北京部分园区分布情况

(图片来自尚8集团介绍截图)

正所谓"龙生九子,各有不同",尚8的众多园区项目各有特色。园区项目定位方面。尚8已经形成主打"广告"的"尚8国际广告园"、主打"音乐"的"尚8国际音乐产业园"、主打"孵化"的"尚8东区孵化园"等多产业园区布局。

建筑来源方面。尚8文创园改造前有老旧厂房、学校旧址、老写字楼、低效存量物业,也有全新改造的新建楼盘,还有具有文化底蕴的古建筑。如,尚8望京人文园原址为中国社科院研究生院,尚8里文创园为全新改造的中式复古风格建筑,艺术8原为中法大学原址。北京环卫集团与尚8集团密切合作,将旧办公楼改造成文化创意产业园,现在,焕然一新的"尚8京环双创园"已经成为北京环卫集团老国企转型成功的标杆。位于西大望路的北京化工机械厂,因为非首都功能疏解的需要,将部分厂区已经于2017年3月出租给尚8,目前园区已有企业入驻。尚8文化集团总经理史劲松曾表示:"尚8像以往那样,要先把空间形态打造好,再进行出租,这里装修改造投资约1000万元,尽可能做出有意思、有文创感的空间,不仅能使出租价格更高一些,也是为了维护尚8的品牌形象。"

部分园区	建筑面积	入园企业数	园区办公总人数	项目相关定位信息	园区代表企业
尚8里文创园	5万平米	96家	3000+	吸引众多文化艺术、创意设计、影视传媒、互联网企业入驻,打造"CBD东-运河文化带"	蓝星纹饰影业、道纺传诚广告、凤凰旅游国际旅社、英冕会展等
尚8国际广告园	2.56万平米	45家	2000+	为广告及互联网传媒企业提供自由、充分、低密度办公环境,打造多元、时代、主流的广告传媒产业综合体	蓝海亚太(北)广告传媒、帝月网传媒无忌网、等时代、中国电视剧制作产业协会等
尚8设计家创意园	2.46万平米	79家	1500+	主打"设计"主题餐志的新派招院式文化园区	湘和律师事务所、二十一世纪威克影业、震力爱豫
尚8望京人文园	4万平米	40家	1500+	园址为中国社科院研究生院旧址,以构建绿色低碳的创意环境与自由新颖的展览交流空间为特色	单向街文化有限公司、MORPHIC摩菲克智能等
尚8东区孵化园	5000平米	35家	1000+	地处具有浓郁老北京传统文化气息的西檀栏胡同,与"天桥文化津艺区"相距不远,文化底蕴深厚。	天友环保、奇虎360、金羽机构等
麓8号文创基地	1500平米	3家	100+	致力于搭建老北京京味艺术交流平台,并培养了大批优秀青年艺术家	光合新知科技等
艺术8-中欧艺文之家	--	--	--	与中关村四区、土地信息产业基地称为"黄金三角"组合	
京城尚德智造产业园	--	--	--		
京仪尚8文创园・和平里	--	--	--	主要包括设计、品牌推广、交易展示、成果转化、商务洽谈、政策申请等	
尚8北京设计园区・西大望路	--	--	--	打造创意设计中心、广告身、艺术、设计、创意共享等一体化的联合办公场所。	
京仪尚8科技创新园・成寿寺	--	--	--	项目以"科技创新"为主题载体,着重引入中小型广告、传媒、互联网、科技等行业的上下游企业,打造综合性知名园区	

数据根据公开资料整理(刘园香制图)

规划整齐的尚8园区
（经济日报－中国经济网刘园香/摄）

据悉，尚8选择工业遗存作为资源作为发展文化创意产业的重要载体，主要看中三个方面：第一，原本处于城市边缘的工业区，随着城市化进程已经占领了城市的中心位置，有利于创意阶层对接主流文化；第二，老工业遗存的建筑空间具有浓厚的历史感与独特的生态环境，适合自由与创新的文化群体发展；第三，工业遗存的独特形态，与今天的摩天大厦遍布、蜂窝蚁居的城市格局相比，更易于构建"以人为本"、提升城市文化形象的和谐空间。

尚8通过引入相关文创产业，使得这些或老旧或闲置园区的空间得以焕发新的生机。同时，尚8的连锁经营模式，通过不同地域的选择、不同主题概念的打造，也为各种类型的文创团队提供更多选择。

2.围绕中小微文创企业 打造孵化器

一直以来，尚8致力于围绕中小微文创企业发挥"孵化器"的作用。其中，"+86"成立于2009年，最早是三个清华毕业生在尚8园区的工作室，主要设计居家用品，尚8参与对其直接投资，现在"+86"已经成为国内知名设计师的产品展销平台，拥有"+86 798店""+86博物馆"等布局。2016年6月16日，由北京尚8文化集团投资的举贤网上市，成为第一家新三板挂牌上市的招聘企业。此外，2016年，"尚8文化众创空间"入选北京市第三批众创空间。尚8文化众创空间为文创领域的创业团队打造创业孵化培育平台，用专业的资本对接与运营服务，为从事文创产业的创业者提供一站式创业服务。

截至目前，尚8已经孵化投资的企业超过50家，类似"+86"和举贤网的一批文创企业得到了尚8从基础物业到融资服务的帮扶，尚8也成为众多文创企业孵化和成长的基地。

尚8园区内一处未改造的厂房
（经济日报－中国经济网刘园香/摄）

尚8北京设计园区内部
（经济日报－中国经济网刘园香/摄）

3. 打造多产业生态 延长员工在园时间

文创产业园区的发展得益于文创企业集聚后，完整顺畅的纵向产业链与横向多元化的交流网络构筑出的集聚效应。尚 8 文化集团联合创始人余博曾表示："文化创意产业和国民经济的其他领域一样，只有做强产业链条，才能形成核心竞争力。彼此支撑才能良性循环。生硬地集聚单一业态，会越做越窄。"

按照这一想法，尚 8 致力于产业链条的上下游整合，对与文化创意产业领域相关的办公、服务、消费、体验等环节进行资源整合，提升园区的集聚力。如，尚 8 国际广告园不仅有广告公司，而且有与之匹配的摄影、后期制作、公关发布等上下游产业。

此外，尚 8 相关负责人告诉经济日报 – 中国经济网记者："原来产业园区以办公为主，现在希望能够拉长员工待在园区的时间，于是在配套方面引入健身、早点等。现在晚上六点半的健身活动爆满，健身完了还有读书会、观影等活动。不止在园区工作，生活也在这里，把在园时间拉长，大家和园区密切程度也越来越高。"一位园区企业的工作人员告诉经济日报 – 中国经济网记者，她对园区齐全的服务项目和设施比较满意，"每天上下班，与其堵在路上，还不如在园区健身"。

尚 8 一园区内的运动设施
（经济日报 – 中国经济网刘园香 / 摄）

4. 不止二房东 产业模式不断升级

据经济日报 – 中国经济网记者了解，目前，尚 8 各个园区在运营时形成了独特的发展模式。其中比较主要的运营模式包括：一是传统的二房东模式。把厂房整体租过来，经过二次改造后再装内容、引驻企业，企业是园区的"租户"。二是委托运营模式。一些厂方将土地进行改造升级，请尚 8 帮忙运营，对租金进行分成。三是成立合资公司模式。如，尚 8 和北京文化创新工场、京仪集团三家共同出资组建混合所有制公司——北京市文化创新工场京仪尚巴文化发展有限公司，运营位于北京东皇城根北街甲 20 号（原中法大学）的文创园项目。

尚 8 相关负责人对经济日报 – 中国经济网记者表示，现在市场上仍有不少园区单纯做二房东，但是在市场竞争越来越激烈的情况下，必须要加入更多的东西，纯粹二房东难以有长远发展，于是尚 8 一直在进行产业模式的升级：1.0 模式，园区和企业是"房东"与"租户"的关系，园区作为传统物业型服务平台存在。

2.0模式，尚8园区运营方为入园企业提供软硬件相结合的综合服务，园区成为产业服务平台。3.0模式，尚8通过对各园区产业资源高度、有效整合，实现产业间实现融合发展；以合作、共赢的理念，打造基于产业链发展为核心的创新生态圈，园区成为公共协作创新平台。从1.0模式到3.0模式，尚8不再是简单地把租来的厂区简单包装后的分租出去，而是致力于构筑一个服务人性化、多元化、专业化的园区生态系统。

根据公开资料整理（刘园香制图）

尚8剧场
（经济日报－中国经济网刘园香／摄）

5. 创新园区企业服务方式

目前，国内文创园区如雨后春笋般涌现，其中也不乏精准定位的园区，但是如果缺乏专业和规范化的服务，园区面临"留不住"企业的难题。尚8工作人员表示："如果园区的运营和服务做不好，就要面临辛辛苦苦招来的商，待一段时间就走了，退租是很可惜的。"为破解这个难题，尚8不断在服务上下功夫。除了基础物业等服务，尚8更致力于为园区企业提供品牌推广、人才培养、投融资服务等增值服务和特色服务。

此外，工作人员告诉经济日报－中国经济网记者："企业一旦入驻尚8，便可以享受园区企业'服务包'，包括办公室、会议室、logo墙、前台等装修、人力资源、法务等之类的服务。这个'服务包'不强求企业必须使用，但是企业会发现不用再自己找设计师、找工程改水电等，省时省力。"

三、尚8发展面临的挑战

经济日报－中国经济网记者在走访中发现，尽管尚8已经成为北京乃至全国影响力较大的文创园区品牌之一，但发展中仍面临少不少挑战。

1. 竞争压力日益增大

据了解，目前北京市已腾退老旧厂房240余个，七成已腾退老旧厂房将转型文化空间，未来将会有大量文创园区空间得到释放，市场竞争会越来越激烈。除了同行业竞争，伴随"城市更新、存量改造"的发展浪潮，"商改办""酒改办"趋势走俏，北京写字楼市场格局不断变化。在此背景下，"怎么才能保证文创园的出租率是核心"，一位尚8工作人员如是说。

2. 土地性质问题仍是关注焦点

调查中，经济日报－中国经济网记者了解到，老旧厂房的土地性质问题仍是关注的焦点。尚8涉及对北京化工机械厂、北京敬业电工厂厂房等众多老旧厂房的改造。老旧厂房进行深入的产业配套设施开发，需要重新认定用地性质、完成出让土地所有权等相关手续的办理。而用地性质一旦发生改变，土地出让金从工业用地变成商业用地，增幅太大。

尽管目前为了促进北京市文创发展，规范和扶持老旧厂房改造，北京市正式印发《关于保护利用老旧厂房拓展文化空间的指导意见》，提出根据国家有关政策规定，实行5年过渡期政策。即指在不改变原有土地性质、不变更原有产权关系、不涉及重新开发建设的前提下，经认定批准，可在5年内继续按原用途和原土地权利类型使用土地，暂不对划拨土地的经营行为征收土地收益。但是"政策何时落地、如何落地"是企业急于想了解的。

3. 品牌化≠各个园区简单冠名

目前北京虽然有众多被冠以尚8之名的文化园区，但这些园区空间布局比较分散，单个园区的建筑面积较小，如尚8东区孵化园占地0.523万平方米，营8号文创基地仅1500平方米，这对大型龙头文创企业吸引力有限。一位尚8园区工作人员告诉经济日报-中国经济网记者，洋葱数学作为一家在线学习数学的互联网平台，此前租用营8号文创基地，短短两年企业迅速扩张，虽然也很满意园区的服务，但园区空间不够，企业便迁走了。同时，园区与园区之间仍需充分有效互动，发挥"尚8品牌"的整体联动效应。

四、未来：打造可持续性发展的文化价值生态圈

1. 构筑以用户为核心的生态圈

据经济日报-中国经济网记者了解，尚8以用户为中心，建造了一个"空间+资金+社群圈+服务"的生态圈。而这一生态圈是开放的、整合的、不断更新的，各种各样的内容通过这个平台接入园区，最终致力于打造最佳的用户体验。

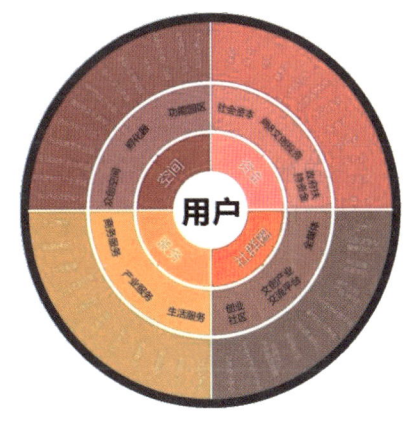

尚8生态模式

（图片来自尚8文化集团介绍截图）

2. 以"文化+"理念推动园区发展

"在目前文创领域，赛道特别不清晰，以前不被看好的企业，短短几个月就可能成为新的风口，发展变化太快，我们原来很多经验也显得不够。"尚8一位相关负责人表示。此外，文创产业园的核心内容是创意，而创意灵感的获得往往来自于与其他同行相互接触的刺激。因而，尚8文化产业园现在引入企业仍十分注重"招商+选商"的结合，但不拘泥一种形态，其投资布局的业态也包括新媒体、设计、动漫、影视、艺术、收藏、摄影、体育等领域，以"文化+"的理念，使产业孕育出新概念。

3. 继续构建国际化开放平台

文化艺术可以跨越语言、地域和生活习俗等的限制，在不同时空的民族中间产生共鸣。"艺术8-中欧艺文之家"本是蔡元培1920年创办的中法大学的旧址，现在已成为国际文化与商务沟通的平台，法国总统马克龙等知名

人士曾前往参观，这大大提升了尚 8 的知名度。现在，每年"艺术 8·法国奖"会评选出三位法国艺术家，使其可以在艺术 8 进行三个月的驻地创作，同时尚 8 也会选派中国艺术家在法国同类机构驻馆学习创作，未来尚 8 将会持续推进相关交流活动，继续构建国际化的交流平台。

4. 打造文化创意产业园区 4.0 模式

未来，文创园区的赢利模式将越来越考虑长周期回报，注重收益可持续性，将会由之前依赖的物业产权性收益向产品服务化收益转型提升。园区相关负责人告诉经济日报 – 中国经济网记者，经过近几年来文化创意产业园区的发展，尚 8 已经经历了从 1.0 模式到 3.0 模式的转变，形成一系列自己的运作模式和产业优势，目前正上升到文化创意产业园区 4.0 模式，打造产业创新共享平台网络，在产业集聚、产业融合的基础上，重点突出产业孵化、源头创新。

附录六 园区系列调查：
传统军工企业基地转型升级的 768 探索
—— 经济日报 – 中国经济网 成琪、刘园香

经济日报 – 中国经济网编者按：老旧厂房是城市文化的金山银山。日前，北京市各区已腾退老旧厂房 200 余个，其中一批已经或正在转型为文创产业园区，并涌现出一批典型案例。

近日，北京市文化创意产业促进中心联合中国经济网选取了北京十个具有代表性的文化创意产业园区进行实地调研，力求全面、真实、有效地了解这些典型园区的转型历程、运作经验和目前存在的一些瓶颈问题，形成系列报道，也为更多致力于转型为文创产业园区的老旧工业厂房提供参考和借鉴。本期走进的是 768 文化创意产业园。

位于海淀区学院路 5 号的 "768 文化创意产业园"，其前身是北京大华无线电仪器厂（原国营第 768 厂），是风光无限的电子产业厂区。新旧交错，时空变化。现在，只有园里的建筑和古树还存有曾经岁月的气息，除了砖红色的旧厂房、"抓革命促生产"之类的标语外，关于军工企业老旧厂房的标签正逐步褪去，取而代之的是闻名中外的创意园区。

手机扫码全景看园区

768 从何时开始进行产业转型？作为国有企业自主开发经营的创意园区，发展中积累了哪些可以借鉴的 "768 经验"？园区发展面临什么挑战？日前经济日报 – 中国经济网记者带着这些问题，走访了 768 创意产业园。

园区标语（经济日报 – 中国经济网刘园香/摄）

一、768创意产业园的"昨天今天"

1. 风光无限：备受瞩目的军工企业

1958年，北京开始筹建我国第一家无线电微波仪器专业厂，主要从事国防、科研及重点工程配套仪器的研制和生产等工作。该厂由原苏联设计师设计，是我国"一五"期间重点项目之一，1965年4月全面竣工，被命名为国营大华无线电仪器厂（军工番号768），20世纪80年代更名为北京大华无线电仪器厂（以下简称"大华厂"），是我国最早建成的无线电微波测量仪器专业大型军工骨干企业。

据经济日报－中国经济网记者了解，本来企业要将厂区做商业开发，打造集办公、娱乐购物等为一体的商业综合体，但受2008年国际金融危机的影响，原先的合作案无法顺利按计划进行。为摆脱困境，大华厂决定调整思路，利用现有资源走持有型物业发展道路，在原有工业基地上创建园区，盘活存量资源，谋求可持续发展。

（图片来自北京大华无线电仪器厂官网）

园区指示信息
（经济日报－中国经济网刘园香/摄）

建厂之初，大华厂是著名的军工企业，提供的电子产品给航天、二炮、总装、总后等多个单位使用，据了解，最多的时候厂子有3000多人，相关负责人曾表示："遇到招人时，有些退伍军人恨不得一个团都来这里，有的人放弃了医院、银行，也要进这里。"

2. 转型发展：要做创意产业园区

20世纪90年代中后期，我国大量的国有企业改革转产，当时首都的定位面临调整，大量生产企业需要外迁，同时和平环境下，军工企业的生产一点点收缩。在此背景下，大华厂也开始进行资源整合，逐步将传统测试测量仪器产业迁址清河。而生产外迁后剩下的厂区做什么成为摆在企业管理者面前的难题。

据悉，大华厂虽然决定开始做园区，但是对于做什么业态的园区，其实企业内部也进行了一番讨论、摸索。2009年11月18日，大华厂对原来资产管理处、园区联合开发办公室、大华物业公司、大华商贸公司等进行整合，成立了大华实业公司，开始对园区进行运作管理，而"创意产业园区"的定位却是在调研、市场招租等过程中逐渐明朗的。据经济日报－中国经济网记者了解，企业最终决定做创意产业园区，是由以下几方面原因共同促成的。

一是充分进行调研考察。大华厂在做创意产业园之前对兆维工业园、牡丹科技园等文化产业园区进行过一些调研，进一步了解市场状况，认为做产业园区是可行的。

二是政策引导和文化产业发展势头良好。2005年，北京市做出了大力发展文化创意产业的战略决策；2007年《北京市保护利用工业资源发展文化创意产业指导意见》等政策也相继出台，文化创意产业开始受到关注。此外，从2008年下半年开始，由美国金融危机所导致的经济危机开始向全世界漫延，作为发展中的中国，从不同程度上感受到经济"寒冬"的来临。然而，大华厂在调研时发现，当年经济危机，文化产业却是逆势上扬。

三是充分利用园区的区位优势。决定做园区以后，企业便开始着手招商的工作。一位工作人员告诉经济日报-中国经济网记者："一开始没想好引进哪类企业，从2010年开春开始，我们只招不租，对有意向的企业先登记，然后看市场的选择，对上百家意向租户进行分析，发现有意向进入园区的建筑设计、景观设计等企业很多，所以最开始想叫'768设计产业园'。但园区位于海淀区学院路，周边高等院校和科研院所林立，是科技文化和智慧交集的一个区域，'设计产业园'范围过于专一，于是我们就叫'768创意产业园'，以便聚集更多的文化和科技融合企业。"

尽管厂房基地转型成为产业园区，但一直以来，大华厂都为全民所有制企业，2017年北京大华无线电仪器厂更名为北京大华无线电仪器有限责任公司，仍隶属于北京电子控股有限责任公司（以下简称北京电控）。北京电控是北京市人民政府出资组建的国有独资公司，其前身为北京市电子工业办公室。1997年1月北京市人民政府同意北京市电子工业办公室转制为北京电子信息产业（集团）有限责任公司。2000年7月18日北京电子信息产业（集团）有限责任公司变更注册为北京电控，2009年1月，北京市国资委将北京电控划转注入北京国资中心。

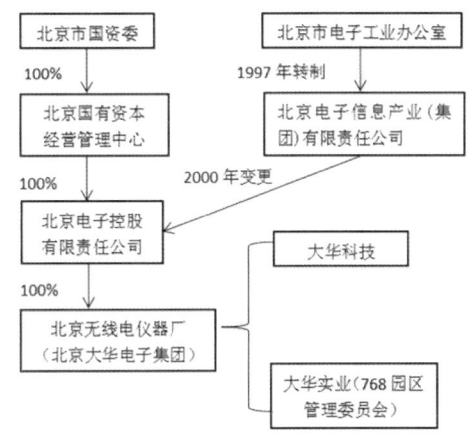

部分关系示意图 据公开资料整理
（经济日报-中国经济网刘园香制图）

二、从工业厂区到创意产业园的768经验

目前，768园区占地6.87万平方米，在园区成长、发展阶段，768创意园也面临专业人才缺乏、管理经验不足、园区业态需要调整等各种问题。但一路走来，从工业厂区到创意产业园，768为社会提供了一个城市空间利用的实践方案，其运作经验具有很大的社会价值及人文影响。

1. 建立园区管理的组织机构和团队

大华厂通过机构改革和重组，将相关的部门进行整合，并抽调高学历、复合型的年轻骨干组建成"大华实业公司"。据了解，大华实业公司是园区运营的实体公司，在园区运营过程中，采用"模拟法人制"进行内部独立核算、考评和管控。2010年12月，园区成立了中关村768创意产业园管委会，管委会与大华实业公司一套人马两块牌子，主要负责园区的开发与运作、企业厂区和园区的物业服务与动力后勤保障以及企业职工家属区的保障维护工作。

2. 做好规划 激发入驻企业进行创意

768园区结合自身实际，积极与施工单位及承租企业沟通，对传统军工企业基地进行改造更新与再利用。首先，园区明确保留原貌，不搞大拆大建。其次，保持厂房和公共空间外观的整体性和统一性，同时对厂房、道路等基础设施进行了更新和升级。据悉，开园初期，园区曾投入2000万元改造道路、管网等基础配套设施。最后，园区多为设计创意类企业，这些企业对办公空间的要求比较高，又具有高超的设计创意能力，所以768园区鼓励入园企业自主进行办公区域的创意设计和改造，达到了企业、租户共赢的效果。

园区一角
（经济日报－中国经济网刘园香/摄）

3. 让专业的人来做专业的事

园区虽然专业运作人才相对缺乏，但一直以来768十分注重在园区管理和服务方面下功夫，也受到园区企业的认可。大华厂在自有服务团队的基础上，通过招租引进、协议合作、外包等方式，为入驻768园区的企业提供基础物业服务、保安保洁服务等。园区相关工作人员告诉经济日报－中国经济网记者记者："通过战略合作的形式引入专业服务机构，对园区企业开展政策培训与申报、企业投融资、交流与管理培训、宣传与推广、资质专利申报、市场拓展等各种增值服务。让专业的人来做专业的事。"

4. 打造"产业生态"和"自然生态"特色园区

依托高校资源和园区定位打造"产业生态"。768也被称为是"有学院味儿的文化创意园"。清华大学、北京大学、中科院生态环境研究所、电子六所……768周边知名高校和科研院所林立，其中和北京林业大学仅一街之隔，距清华大学也只有10分钟的车程，得天独厚的高校资源，为园区企业的创新创造提供了人才储备和智力支持。园区里很多设计公司都有高校背景。不仅公司创始人很多是这些高校毕业的，而且高校老师有的来当顾问，有的直接作为主体研究人员。

与园区企业一起打造"自然生态"。大华厂将传统军工基地2万多平方米绿地全部保留，同时外包专业的保洁、绿化团队进行管理和维护。据园区相关负责人介绍，768区别于其他园区做绿化的概念，强调"共建共享"，且朝着建设"海绵园区"的目标迈进。如，园区和企业一起打造了独具特色的雨水花园。园区工作人员表示："从2015年3月份第一个雨水花园动工到现在，我们园区已经做了7个雨水花园，面积约有1500多平方米，据统计，现在一年的用水量，约是以前绿化用水量的三分之一，节水可达4000多吨。"参与雨水花园建设的园区企业阿普贝思门前就有一个雨水花园，公司一位负责人告诉中经文化产业记者，在园区里，"大家更像是一家人，共建共享"。同时园区十分注重生物多样性。园区目前有动物十多种，松鼠、黄鼠狼、小啄木鸟等；植物有七十多种，其中结果子的有柿子、核桃、山楂等，园区绿化率超过30%。

园区雨水花园
(经济日报－中国经济网刘园香/摄)

甚至为了等建筑设计业的龙头企业入驻园区，B座近8000平方米的厂房空了一年多。

(经济日报－中国经济网刘园香/摄)

5. 主动对园区企业进行产业升级

大华厂在与企业确定签约之前，会对其相关资质进行材料审核和实地考察。同时，768也根据对园区业态的定位对园区企业开展评估，并适时进行调整，促进园区产业升级。

目前园区长期处于满租状态，园区对租期的设置一般是一到两年，比较利于园区对企业和业态进行调整。园区工作人员告诉经济日报－中国经济网记者："最初园区有三家打图出图的配套企业，后来，随着租期和业态的调整，三家配套企业已经变成了一家，另外两家所在空间，已经完成空间的再更新及业态的升级。"

从最初的以"建筑规划、建筑设计、园林景观、工业设计等创意产业为主，以商业、服务业、休闲娱乐业为辅"的业态，到如今以"文化创意、互联网+、人工智能、智能制造"等文化和科技融合的产业为主，园区工作人员表示："虽然8年来园区业态有变化，但是是逐步来变化的，而且园区对于业态有坚持，不是以租金为第一考量标准的。"据悉，为了保持园区的定位特色与专业化程度，成立之初768管委会拒绝了商业化及领域之外的企业进驻，

目前，768创意产业园据孵化的企业中，估值超过10亿美元的有知乎、摩拜单车等，2016年就曾获得12亿融资的春雨医生也出自这里。据悉，2010年，768园区实现总产值超14亿元，上缴税收5612.08万元；而到2017年，园区产值达35亿余元，纳税额达1.1亿元。目前园区有近一百家企业，互联网+类企业占比达到40%。

园区企业知乎
(经济日报－中国经济网刘园香/摄)

6. 注重园区品牌建设

据了解，768 从战略上十分重视品牌建设工作，设立专门的部门、规划专项资金进行专业的品牌建设和推广。建园之初，就对相关域名开展保护工作；并对"768 设计创意产业园""七六八""柒陆捌"进行了商标注册。在对外宣传上，与主流媒体长期保持着密切联系，为园区提供一个宣传、推广的窗口。

768 园区相关商标信息（图片来自天眼查截图）

三、园区发展面临的瓶颈

近几年，768 的发展经验备受关注，但在发展过程中也有些问题困扰着园区。

一是园区体量较小，发展空间亟待提升。近几年，768 园区长期满租。一方面造成了原本在园区成长很好的企业由于发展空间受限，不得不搬出园区。如，摩拜单车 2015 年在 768 文化创意产业园注册，由于企业规模迅速扩张，园区空间无法满足企业发展需求，于是企业将大部分办公区域搬至亮马桥一个独栋的三层办公楼。另一方面，空间有限也造成很多外部优秀的创新创业团队无法进驻园区。同时受制于空间，现在园区配套空间服务也是一个弱项，"现在的服务主要是软性服务，较少有硬件空间的支撑，园区大的公共会议室都特别少，100 多人容纳不下。"768 相关工作人员表示，"我们园区容目前积率是 0.52。空间不够，是很多工业大院转变成园区的一个共性问题。"

日期，北京市发布了《关于保护利用老旧厂房拓展文化空间的指导意见》（以下简称《意见》），提出"对于具有工业遗产价值的老旧厂房，原则上不应改变原有建筑容积率、建筑密度以及外轮廓线"，虽然《意见》提及了园区容积率，但"能否对容积率有点突破、《意见》怎么落地、细则何时出来"是园区关注的焦点。

二是复合型人才缺乏。中国传媒大学文化发展研究院院长范周曾表示："人才一直是制约着文化产业升级转型和又好又快发展的重要因素之一。目前，我国文化产业相关行业需求与人才储备之间存在着巨大的缺口，高素质专业人才以及综合型专业人才还比较缺乏。"这一问题同样困扰着很多由老旧工厂转型而来的文化创意产业园区。768 相关工作人员告诉经济日报－中国经济网记者"作为园区管理者、运营者，首先得是复合型人才，但明显觉得自己知识面还需拓宽，知识体系有待补充，且团队大部分是原来老国有企业的员工，需要不断学习。"

四、未来发展布局

目前，768 园区已经提供超过 4000 个工作岗位，带动周边地产、服务、制造等产业的发展。但由于 768 创意产业园区距离中关村核心区域、周边高校较近，企业发展需要的各类要素在这里集聚、碰撞，所以 768 未来将不断提升园区在区域里服务周边的功能。

768 相关工作人员告诉经济日报－中国经济网记者："我们今后提出再建第三个生态——区域创新生态"。以园区为中心，半径三公里画一个圆，可以把北大、清华等高校纳入，园区希望打造"一个三公里协同创新圈"。谈及园区发展的经验，园区相关负责人表示"一路走来，最离不开的是政府的支持"。据悉，园区发展过程中，获得了北京市、海淀区等多个部门超过 1500 多万元的资金支持。"作为国有企业，我们希望把这几年积累的老厂区建设文创园的经验展示出来供大家参考，也愿意把这几年培育企业的一些经验发挥出来，为更过的企业做服务，同时更希望把服务向园区外围辐射，对周边的创新要素进行服务和集聚。"

768 园区周边高校信息（截图来自百度地图）

附录七 园区系列调查：从老旧厂房到年产值 106 亿元的文创园，郎园凭什么？

—— 经济日报－中国经济网成琪、刘园香

中经文化产业：老旧厂房是城市文化的金山银山。日前，北京市各区已腾退老旧厂房 200 余个，其中一批已经或正在转型为文创产业园区，并涌现出一批典型案例。

近日，北京市文化创意产业促进中心联合中国经济网选取了北京多个具有代表性的文化创意产业园区进行实地调研，力求全面、真实、有效地了解这些典型园区的转型历程、运作经验和目前存在的一些瓶颈问题，形成系列报道，也为更多致力于转型为文创产业园区的老旧工业厂房提供参考和借鉴。本期走进的是郎园 Vintage（以下简称"郎园"）。

郎园是曾经万东医疗设备制造厂的所在地，随着岁月变迁，杂乱的老车间被尘封在人们的记忆里。历经 8 年时光打磨，如今这里已转变为一个各种文化潮流汇聚的文创跨界产业园，聚集了诸多创意和内容公司、书屋、小剧场、小餐馆和咖啡店，一年举办的各类文化艺术活动可达 400 余场，为 CBD 商区增添了一片文化绿洲；吸引了果壳网、罗辑思维、腾讯影业、CCTV 北京记者站等 50 余家知名文创企业入驻，提供就业岗位 4000 余个；最新数据显示，其 2017 年园区总产值高达 106 亿元。

长按识别二维码，VR 看园区

那么，郎园 Vintag 名字有何考究？究竟园区有何独特运营之道，能吸引众多文化类公司进驻？园区在发展中还面临哪些挑战？未来郎园又有哪些规划和布局？日前，带着这些问题，"中经文化产业"走访了位于北京市朝阳区通惠河北路的郎家园 6 号院，近距离感受这座老旧厂房改造而成的"文化大院儿"。

郎园导览图

（经济日报－中国经济网刘园香／摄）

一、蜕变:从老旧厂房到"文化大院儿"

"郎园"的历史渊源

针对"郎园为何叫郎园"这一看似简单的问题,郎园企宣总监宋秀平向到访的"中经文化产业"进行了专业地介绍:

郎园因位于"郎家园"而得名,而据记载,康熙将现今郎家园片区所在地赐给了满族皇室宗郎球,后来成了郎氏的坟地,郎家园的"郎"即源于郎球家族;北京还有一个索家坟,"索"源于赫舍里·索尼家族,"郎"和"索"并不是姓氏,只是汉族人把他们名字的第一个字当作了姓氏。

久远的故事,为这片土地赋予了更为厚重的历史渊源;而新中国成立以后一系列的变迁,则让这块土地在经历工业文明的跌宕起伏后逐渐归于平静,成为许多文化人士的"栖息地"。据悉,建国初期,郎家园所在的地区被规划为工业基地,现在的国贸地区曾聚集了大批工业厂房。郎园所在地改造前是北京医药集团下属的万东医疗设备厂,十余座红砖墙老厂房建于20世纪50年代到80年代。

改造前(图片来自"LY郎园"微信公众号)

"无心插柳"成园区

但是随着北京产业结构变迁和工厂外迁,郎家园6号的老厂房也被腾退出来。2009年,首创置业从北交所通过招拍挂获得郎园这片土地和老厂房。然而,将这些资产用来干什么,成了摆在首创置业面前的问题。

宋秀平告诉"中经文化产业":

"最开始我们想做开发,但是后来因为一些原因搁置了。为了不让园区空闲浪费,便考虑先租出去,于是着手对园区进行投资、改造。"

郎园地理区位(图片来自百度地图截图)

为何会成为文创园区?她说:

"一是企业学习、借鉴了一些国外老工业基地的发展经验,发现很多成功转型做文化产业。

二是有一些使命感的因素。因为20世纪80、90年代,北京CBD附近的老旧厂房陆陆续续都被拆除了,2009年接手的时候这里几乎是CBD附近最后一片老厂房,我们想为CBD保留一点历史的记忆。

三是企业也做过一些前期的市场调研,发现每个城市的商务区真的都需要一个'文化绿肺',结合郎家园6号院的实际情况以及未来CBD的发展需求,决定自持运营,打造文创园区。所以,这是一个'无心插柳'的过程。"

二、策略:定位"空间+内容"综合运营商

2010年1月起,园区明确定位招商改造同步进行。如今,8年过去,曾经荒芜破败的万东医疗设备制造厂早已淹没在历史的滚滚红

尘中，岁月更替，物是人非，取而代之的是集创意办公、艺术中心、演艺空间、特色餐饮等于一体的文化艺术综合体。

那么，郎园能这么火，是否真如一些人所言，仅仅是因为"得天独厚的地理位置因素"？作为郎园园Vintage的运营商，首创下属的北京尚博地投资顾问有限公司究竟有何发展的"独到秘籍"？

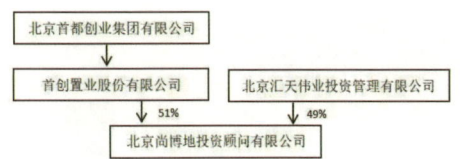

数据根据公开资料整理（刘园香制图）

走在爬山虎密集的园区里，走在流淌着岁月印记的老厂房里，感受更多的是一份怀旧气息与潮流文化、现代时尚感的契合而形成的园区独特魅力。

园区爬山虎密集
（经济日报－中国经济网刘园香/摄）

1. 打造独具特色的城市空间

老旧厂房转变为文创空间的思路和做法有很多，然而在资本和市场的裹挟下，如何摒弃大拆大建的空间改造，提升艺术元素融入空间的品质？如何避免因考虑不周导致的园区重复建设问题？这些委实是园区规划和运营者值得注意的。调研中，"中经文化产业"发现郎园在空间打造方面有自己一套做法。

（1）秉持修旧如旧的理念。从某种意义上可以说，老旧建筑是砖石写就的历史，是前人留下的遗产，是社会、文化变迁的历史见证，可以代表时光于无声处讲述过往。决定做文创园区后，郎园以修旧如旧为原则，坚持"尊重城市记忆""有保护有提升""打造CBD文化绿洲"，在保留原北京万东医疗设备厂老厂房的基础之上，进行改造和运营。

据悉，"郎园Vintage"中的Vintage，意思是复古，2009年园区取名为"郎园vintage"也含有为时代和城市保留记忆之意。尽管周围CBD高楼林立，但是"中经文化产业"

（2）园区建设跟着规划走。空间规划是引导园区后续开发的航标。有了航标，园区的"巨轮"方能沿着正确的方向航行。但从目前的情形看，国内外产业园区发展中存在的各种问题，除了战略定位、产业引导等因素以外，很多都表现为没有统筹考虑到局部与整体、短期与长期等的关系。因而，园区建设必须坚持"规划先行"的原则。然而做到"规划先行"易，做到"建设跟着规划走"难。

"中经文化产业"了解到，不论是对现在的项目还是后续要开发的项目，郎园的运营团队对项目特点、未来图景规划都有明确的方向。宋秀平告诉"中经文化产业"，郎园根据高标准的规划，对园区的道路、供电、供水、排水、排污、燃气、供热等进行改造，加快基础设施和配套设施建设的同时，保证了发展建设的科学性和可持续性，否则后期再进行大规模推倒重来，成本很高。

郎园建筑外观

（经济日报－中国经济网刘园香／摄）

（3）打造鱼塘生态。郎园认为，对于文化产业而言，文化是水，创意是氧气，文创园是鱼塘，而企业是游弋于塘中的鱼。无论是什么品种的鱼苗，在一个水质清澈、氧气充足的环境里才能更快更好的成长。因此郎园一直致力于营造好的鱼塘生态。

园区雕塑（经济日报－中国经济网刘园香／摄）

2. 通过内容运营提升园区价值

栽好"梧桐树"，引得"凤凰"来。郎园依托工业遗址改造的艺术空间，加上身处CBD汇聚的资源，固然可以吸引众多企业的入驻，但是真正想成为文创园区、让企业能够在园区中获得成长、使园区收获品牌溢价，更多还是要靠后期文化业态的引入和内容运营。

（1）保持园区文化多样性。据悉，从2010年至今，郎园的企业类型已经经过三轮深度调整：

2011—2013年，主导产业是传媒类，代表企业有凤凰网、陈可辛工作室、种子音乐等；

2014—2015年，主导产业是互联网企业，代表企业有穷游网、尚品等；

2016至今，主导产业是知识分享、影视类，代表企业有腾讯影业、果壳等。

郎园入驻企业果壳

（经济日报－中国经济网刘园香／摄）

关于郎园第一批入驻的企业，宋秀平侃侃而谈，她说：

"我们要求入驻的企业一定是文化创意类相关的，不然成了大杂烩。刚开始有一个做开发的企业，想把园区租去一万平方米的面积，但是园区建筑面积总共才不到三万，尽管其承租能力很强，但是我们觉得不符合园区的定位，最后还是拒绝了。"

除了摒弃不相关的产业以外，郎园还十分注重促进多元文化的融合和发挥文创园产业互补、聚合的价值。

"文创园区文化的丰富性特别的重要，所以最开始做招商时我们便把所有的面积打散，单个租户的面积一般不超过2000平方米，避免某一家特别大,保证足够多的家数,才能形成文化多元的生态。比如一家企业租一万多,整个园区三家就租完了,后期管理、收租金等都很容易且很稳定,但是那样做便没有郎园这个品牌,慢慢大家只知道租的企业,会把产权方遗忘。"

关于郎园的产业生态,她给"中经文化产业"举了另外一个通过引入相关企业,实现园区彼此间产业互补和共同发展的典型案例:

园区的兰境艺术中心、虞社最多可以容纳500—600人,比较适合举办人数较多的大型活动,但是对于100人以下的一些小型读书会、讲座沙龙等活动空间,郎园比较缺乏。是机缘巧合,也是郎园出于整体产业生态布局的考虑,引入了北京首家艺术联合办公——ideaPod。

据悉,ideaPod采取会员制,内部除了创意十足的公共区域、各类大小的会议室外,还有精品咖啡、免费打印等,除了满足了园内企业的活动与办公需求以外,很多与郎园内企业有合作关系的公司也可以在这里短暂办公,深受大家欢迎。

园区企业 ideaPod(郎园供图)

(2)坚持做"无用"的东西。关于园区的文化活动,宋秀平如数家珍:

"郎园一年会举行大大小小的文化活动近400场,包括露天火锅派对、读书会、昆曲演出、公益音乐会、电影晚自习等,工作和创业都是生活的一部分。"

活动受到园区工作人员乃至北京各地粉丝人群欢迎的同时,"搞这些活动有什么用"的质疑声也随之而来,毕竟,很多活动是免费的,但园区需要投入大量的人力、物力等成本。然而,庄子有言:"人皆知有用之用,而莫知无用之用",借此说明有用和无用是相对的,两者之间是可以相互转化的,这或许是郎园坚持做"无用"活动的一种注解。

在郎园工作人员看来,没有文化内容的建筑就是钢筋水泥,等于没有灵魂。郎园不定期会举办丰富多彩的活动,其相关文化活动内容运营的思路是"精品化"与"大众化"结合,拉近人与文化的距离,在内容上强调品位,但形式紧贴生活,为园区内企业提供了更加轻松的工作环境。宋秀平表示:

"运营这些活动尽管很多本身不赚钱,但如果只是物理空间,郎园体量不大,租金是有天花板的,文化的价值却可以增加园区租金的附加值。"

此外,郎园正逐步成为一个硬资产管理能力和软文化内容运营能力兼具的综合运营服务品牌,文化内容运营会提升郎园品牌的无形价值,这对于后期的系列品牌运营意义重大。

郎园大师课部分主讲人
（经济日报－中国经济网刘园香／摄）

郎园中的良阅·城市书房
（经济日报－中国经济网刘园香／摄）

3. 做到自身不断迭代创新

在时空的交织中，唯一不变的就是"变"。园区运营只有敢于打破原有舒适区域，不断迭代创新，才能常做常新。调研中，"中经文化产业"发现，郎园的发展过程是一个自我不断升级的过程。

一是从"房东型"向"运营型"的转变。据了解，郎园主要的运营团队是从地产开发商转型而来，当大多数地产开发商仍关注如何收租金的时候，郎园的团队已经开始意识到"运营的本质是人"，开始为建设"文化大院"、营造邻里氛围进行全方位运营的探索：园区开始筹备各类文化活动、搭建社群、向园内互联网企业学习等。

二是从"园区自己嗨"到"弥补周边公共文化服务"的转变。园区相关负责人表示，园区不断总结经验，最开始大院文化做活动限于园区企业，还停留在内部玩玩，为的是让大家像邻居一样相处，但是后来逐步开放，做的电影自习室、郎园大师课、无边界公益平台等活动都是对外的。在2017年，郎园和朝阳区文委又共同打造了良阅·城市书房，是全部对外开放的新型网络化书店，接入了北京市公共图书馆自助借阅系统，书房内图书可以在北京实现通借通还。

如今的郎园，倡导工作无边界、生活无边界、学习无边界、创新无边界，杜绝传统的办公、生活、教育之间的割裂。宋秀平对"中经文化产业"表示：

"郎园拥有虞社和兰境艺术中心两大自营空间，用于做公共文化服务，不仅服务于园区，更服务周边城市社区。旁边小区的居民也会来园区里借书、参加读书沙龙以及园内各种文化活动，等于我们弥补了这个区域部分公共文化的缺失。这些都是我们自己在不断迭代。"

右为郎园自营空间空间虞社
（经济日报－中国经济网刘园香／摄）

而园区转型的关键在于工作人员思维地转变。对此，郎园方面曾表示：

"如果一定要说郎园有什么核心竞争力，那就是郎园运营团队这群人，以及这群人营造的团队文化：包容、开放、不断学习。"

综上可见，通过对空间的打造、内容的运营和自身的迭代创新，郎园的团队逐步搭建了"艺术展示平台、线上交流平台、品牌推广平台、金融服务平台、孵化服务平台、文化交流平台、会员互动平台、生活服务平台"8大服务平台，赋予整个园区独特的气质，成为其在竞争中制胜的关键砝码。

三、期待：政策落地"最后一公里"尽快打通

据"中经文化产业"了解，现今老旧工业厂房转型成文创园区发展中面临最大的问题仍是土地性质问题：如果变更用地性质，高额的土地出让金会让企业难堪重负；如果不进行变更，园区改造中建设、安监消防等都无法验收，工商注册等也存在问题。为解决这些问题，北京推出对重点企业、重大项目实施"一企一策""一事一议"，提升服务保障效能。然而由于没有形成统一的标准，采取"一事一议"往往会花费较长的时间成本。

日前北京市人民政府办公厅印发了《关于保护利用老旧厂房拓展文化空间的指导意见》，提出"对保护利用老旧厂房发展文化创意产业项目，且不改变原有土地性质、不变更原有产权关系、不涉及重新开发建设的，经评估认定并依规批准后，可实行继续按原用途和原土地权利类型使用土地的5年过渡期政策。"并且还指出"相关审批部门参照改造后建筑使用功能属性开展立项规划、建设施工、消防安监、工商注册等方面审核，并按照相应工程建设技术标准进行验收和监管。"

郎园部分消防设施
（经济日报－中国经济网刘园香／摄）

政策相继出台，表明政府部门对老旧厂房拓展文化空间是支持的，并且也已经在社会形成了鼓励老旧工业园区腾笼换鸟、发展文创产业的氛围，但在政策逐级落实的过程中，涉及多个行政主管部门，还存在着不少边界模糊、缺乏配套细化政策的情况。

"希望园区、企业和政府各部门一同努力，有效沟通，把政策落地的'最后一公里'尽快打通。"郎园工作人员如是说。

四、未来：转型文化品牌运营商

"中经文化产业"发现，郎园Vintage经过8年发展，已经成为一个十分成熟的文创产业园区。谈及未来的发展，宋秀平表示：

"从郎园Vintage开始，我们如今有了品牌输出的新园区——郎园Park（位于石景山）和郎园Station（位于朝阳区东北五环）。"

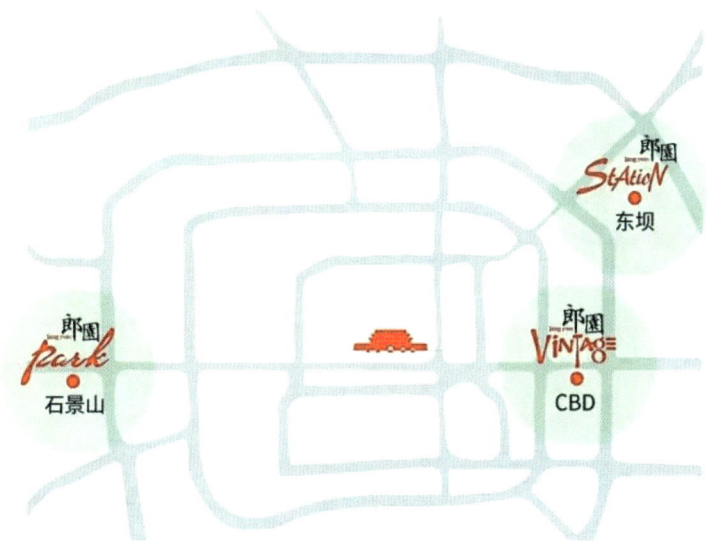

郎园园区分布图

（图片来自"LY 郎园"微信公众号）

据了解，郎园 Park 前身是京西北方旧货市场和博古艺苑古玩工艺品市场，预计 2018 年下半年开园；郎园 Station 原为纺织仓库，从 2018 年 3 月已经开始酝酿。

未来，随着首创集团加大文创产业投资布局，加快文创产业资源整合和项目落地，郎园也逐渐走出了一条从地产开发商到文化品牌运营商的转型之路，实现从重资产运营到轻资产输出。

附录八 园区系列调查：红火纺织厂黯然退场 莱锦如何打造闹市中创意新空间？

—— 经济日报 – 中国经济网成琪、刘园香

经济日报 – 中国经济网编者按：老旧厂房是城市文化的金山银山。日前，北京市各区已腾退老旧厂房 200 余个，其中一批已经或正在转型为文创产业园区，并涌现出一批典型案例。近日，北京市文化创意产业促进中心联合中国经济网选取了北京十个具有代表性的文化创意产业园区进行实地调研，力求全面、真实、有效地了解这些典型园区的转型历程、运作经验和目前存在的一些瓶颈问题，形成系列报道，也为更多致力于转型为文创产业园区的老旧工业厂房提供参考和借鉴。本期走进的是莱锦文化创意产业园（以下简称"莱锦"）

位于北京东四环外的京棉厂，曾是首都引以为傲的"纺织城"，与首钢一起被称为北京工业史上著名的"一白一黑"，而位于这里的北京第二棉纺织厂（以下简称京棉二厂）是当时我国规模最大的棉纺织厂。如今，昔日昼夜不息运转的生产厂房，早已没有了纺织机械的轰鸣，取而代之的是现代时尚、安静整洁、拥有浓厚城市记忆和文化实力的文化创意产业园。

手机扫码全景看园区

那么，京棉二厂是在什么样的背景下开始改造？文化企业入驻情况如何？目前园区以何种模式运营？园区发展面临着什么发展问题？与周边文创园区相比，该文创园区又有着什么样的特色？未来园区会在哪方面进行探索？带着这些问题，日前记者走访了于北京市朝阳区八里庄东里 1 号的莱锦文化创意产业园。

一、莱锦文创园的"前世今生"

1. 昔日红火工厂缘何黯然退场

穿过一对高高的红色巨掌，便进入莱锦园的大门，映入眼帘的是一座十分古朴的灰色二层主楼，工业气息和满满的历史感扑面而来。据经济日报 – 中国经济网记者了解，京棉二厂于 1954 年 3 月动工，投资 5398 万元，1955 年 9 月建成投产，是我国第一个采用国产设备、规模最大的棉纺织厂，是新中国工业建设的缩影。70 年代，京棉二厂开发的涤棉混纺品种，产量逐年递增仍供不应求。北京国棉文化创意发展有限公司副总经理程淑洁向经济日报 – 中国经济网记者介绍，棉纺厂 80 年代还需要通过实行"四班三运转"的劳动制度来保证企业生产。这样红火的企业为何会最终难逃停产、搬迁的命运？

产业园大门

（经济日报－中国经济网刘园香/摄）

据了解，一方面是因为新中国成立后在发展大工业的思想指导下，北京迅速成为全国重要的新兴工业基地，但进入90年代，北京市产业结构开始调整，逐渐向第三产业转移，工厂开始外迁。另一方面，中国纺织业开始经历痛苦与深刻的调整，重心开始由沿海和中心地区向中西部扩散和转移。此外，纺织工厂经常需要大规模实施技术引进和技术改造。据京棉集团原董事长蔺贵良回忆，90年代中期以后，企业设备更新所需资金从拨款改为了贷款。京棉一厂、二厂、三厂三个企业长短期费用将近10亿元，仅财务费用一年加起来将近9000万元。同时，当时我国的产业政策主要是抓大放小、减员增效、政策性破产等措施，国家出台政策鼓励组建大集团。京棉三厂联合可以减员增效，还能享受相关政策。于是1997年在国有企业组建集团、打造"航空母舰"的大背景下，经北京市委、市政府决定，处于困境中的京棉三个厂组建了北京京棉纺织集团有限责任公司（以下简称京棉集团）。

但据了解，由于不是通过市场的方式整合的集团，一直到2001年，京棉集团三个厂子依然各自为政，只是对外的一块牌子，集团内部没有形成强有力的领导体系。1998年和2005年，京棉三厂和一厂分别以11.7亿元和7亿元的价格对厂区土地进行了置换，并逐步将生产搬到了顺义等地。原来的厂区相继变成了京棉新城小区、华堂商场、东恒时代国际等居住小区和商业区，此时的京棉二厂何去何从，面临抉择。

2. 老纺织厂房变身文创园

围绕着是否要将京棉二厂的土地进行置换开发成房地产项目，在企业内部持续讨论了3年左右，尽管卖地盖房的呼声一度备受推崇，但最后企业还是没有舍得。蔺贵良曾经说："城市是有历史和文化的，如果这些工业遗址都拆了，以后谈到这段历史，就只剩了一片空白。"而之所以改造成文创产业园，大致是几方面原因导致的"机缘巧合"。

一是政策利好。"798"艺术区的成功，让老北京工业遗产的价值开始受到关注。2005年，北京市做出了大力发展文化创意产业的战略决策；2007年《北京市保护利用工业资源，发展文化创意产业指导意见》出台，2008年《北京市关于推进工业旅游发展的指导意见》等政策也相继出台。二是区位因素。朝阳区政府所倡导并创立的国际传媒走廊业已形成，在这条传媒走廊上，京棉二厂是一个重要节点，它地处CBD东区门户和传媒创意产业群中。三是情感慰藉。改造成文创园区可以尽可能多的保留原有的工业遗址，留下一些当时纺织厂的历史和文化，这是部分老织工愿意看到的。于是到了2008年，京棉集团表示为实现企业转型和保护工业遗产，将放弃原来的房地产开发计划，将京棉二厂改建为文化产业园。

改造前（莱锦园供图）

此时，京棉集团遇到了有金融运作经验的北京国有资产经营有限公司（以下简称国资公司）全资持股的北京市国通资产管理有限责任公司（以下简称国通公司）。2009年2月，京棉集团与国通公司共同出资，各持股50%、各注资2500万元，成立了北京国棉文化创意发展有限公司（以下简称国棉公司）。

据经济日报－中国经济网记者了解，国通公司是在2005年国企改革的大背景下成立，当时国有企业搬迁遗留的老旧厂区盘活，以及部分传统行业国企的不良资产处置等受到社会的关注，国通公司参与到了当时北京地区一些不良资产的处置和企业重组并购中。通过国通公司的担保，国棉公司得到4亿元贷款，并请专业运营公司负责园招商和物业管理等业务，打造的"莱锦文化创意产业园"2011年3月底全面改造完成，同年9月正式开园。

（经济日报－中国经济网刘园香／摄）

据悉，国通公司是资产管理公司，2014年在对资产处置完成之后，国资公司根据板块战略发展规需要，将持有的国棉公司的股份全部划给了有着丰富文化创意和体育产业运营经验的北京北奥集团有限责任公司（以下简称北奥集团公司），进行后续的开发；国通公司从国棉集团公司股东中退出。

国棉公司董事长李祎明向到访的经济日报－中国经济网记者介绍了北奥集团公司的发展历程。北奥集团公司前身为北京北奥有限责任公司，成立于1994年3月；2010年2月，经北京市政府研究同意，北京市国资委批准北奥公司整体划入北京市国有资产经营有限责任公司；2011年1月，以北京北奥集团有限责任公司为母公司，联合旗下控股企业，设立了北奥集团公司。目前，京棉集团与北奥集团公司的具体分工，相关负责人并未过多介绍，但目前国棉公司主要负责莱锦文化创意产业园的改造、日常运营管理工作，及开展其他文化创意产业相关业务。

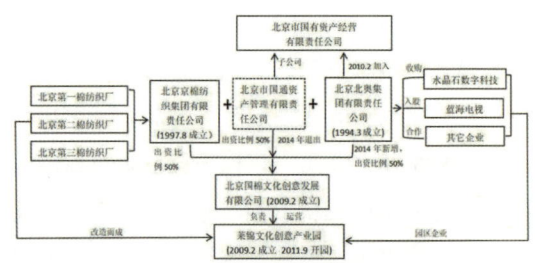

根据公开资料整理
（经济日报－中国经济网刘园香制图）

二、文化创意产业园区建设的"莱锦经验"

莱锦文创园作为较早开始探索工业园区改造文化创意产业园区的典型企业，发展过程中积累了一些值得其他园区学习的"莱锦经验"。

1. 规划先行 办公区符合文化企业"气质"

"规划先行"是解决园区设施建设与企业需求不相适应矛盾的关键。莱锦园在建设之初便十分重视文化产业园区的整体规划。其中，在空间结构方面，园区请日本设计大师隈研吾担任主设计师，因地制宜，把园内C区原来的厂房打造成46栋300~5000平方米独栋花园式低密度办公区，且在这些建筑中留有很大的空间可以进行综合改造和优化利用，这使得文创企业可以获得在其他商圈高楼大厦里办公得不到的充足的个性化空间和自然绿色环境。

曾经嘈杂喧闹的车间变成曲径通幽的小路
（经济日报－中国经济网 刘园香/摄）

改造后园区道路（莱锦园供图）

对此，东方风行传媒集团副总经理夏骄阳曾表示，公司之所以选择落户莱锦文化创意产业园，一个重要原因是考虑到传媒演艺公司的特殊性，不适宜在普通写字楼内办公。经过考察后他们发现，莱锦园能契合公司对办公场所的需求，且位于居民区周边，能让作为文化传媒从业者获得工作、创作所需要的生活气息和感受。

2. 明确定位 完善园区产业链

如何把老旧纺织厂打造成真正的文创园是成立之初对莱锦园运营管理者的一大考验。莱锦园一方面明确园区定位，即要成为以传媒出版产业为重点的特色文化创意产业集聚区，园区挑选入驻的第一批企业有昌荣传播、东方风行、华策影视、蓝海传媒等文化传媒行业的知名企业。其把握引入企业的门槛，除了看重企业的产值规模，也看重企业的产业聚集度。截至目前，莱锦园园区聚集企业从最初的125家增加到170余家；园区企业年产值从原先年百亿元，到现在加上唯品会等电子商务、信息服务企业，产值近500亿元。

在配套产业方面，与798艺术区等自发形成的文创产业集聚地不同，莱锦园是整体规划的开发项目，园区十分注重产业配套的引进，引进企业除了大的传媒企业，还有广告、设计、数字技术类的企业，形成了园区产业链的上游和下游。

园区内设计企业王开方工作室创意作品
（经济日报－中国经济网 刘园香/摄）

同时园区注重周边对银行、停车场、餐饮等配套服务设施的布局和引进，注重打造齐全的公共设施。

4.充分发挥区位优势

经济日报－中国经济网记者走访中发现，很多企业看重园区地处北京朝阳的区位优势，认为周边文化产业资源聚集度较高且通达便利。园内企业王开方工作室是2011年第一批入驻企业中的一员，虽然园区内租金比同区域其他园区要贵，但由于看重园区身处北京朝阳区"CBD—定福庄国际传媒走廊"的地段位置，该工作室人员认为还是觉得比较值得。

3.既做房东也做股东

北京大学文化产业研究院副院长向勇表示，"一个好的文化创意产业园，如果只是简单地使用改造的方式，那是很肤浅的，它应该不仅仅提供管委会的服务功能。"我国很多地区文化产业园区以二房东形式出现，而少在服务或者后续业务拓展上下功夫。

据了解，莱锦园目前除了传统的房租收入，凭借公司在文体资源、资本运营和资金投入等方面的优势，北奥集团公司还通过对园区企业的投资，拓展投资收益。如，公司通过股权合作注资莱锦园区内企业蓝海传媒集团，扩大了自己的产业版图，增加收益，也实现和园区企业的深度绑定与合作，实现合作共赢。

二、园区发展中的问题和面临挑战

1.产业聚集度不能让位于租赁规模

目前，莱锦园区已经形成了新媒体类占企业园区企业43%，创意、设计类企业占28%，广告类企业占14%，动漫类企业占9%，其他占6%的分布格局。当经济日报－中国经济网记者向一位参与给园区招商的人士询问时，他表示要想入驻莱锦园区，企业类型虽然重要，但也还要看企业租多大的空间，"因为园区是独栋式的办公楼，一般都是整栋出租，所以相对而言更看重企业的承租能力。"目前园区处于满租状态，但如何把握好"产业聚集度优先还是租赁规模优先"，也是日后园区引入新企业绕不开的一个问题。

2.园区部分配套"一家独占"现象待打破

经济日报－中国经济网记者在对园内企业调查走访中，有企业人员向记者反映园区的网络费用贵问题。记者了解后发现莱锦园的光纤接入业务主要由北京铜牛信息科技股份有限公司（以下简称铜牛信息科技）负责。而2014年有媒体报道称，在北京纺织控股有限责任公司（北京市人民政府国有资产监督管理委员会出资的国有独资公司）领导层的推动下，铜牛信息科技与莱锦文化创意产业园实现了"联姻"，共同开发网络服务项目，为园区内的客户提供互联网、电信等业务服务。

或许提供服务的本意是为提高入住企业资源获取的便利性，但一家有着10几个人的规模的企业透露，目前园区企业每月缴纳网络费用为4000元/月。除了费用贵之外，网速也较慢。该企业人士表示，企业也曾向园区多次反映该问题，但一直未得到有效解决。如何避免园区配套存在"一家独占"现象？业内专家表示，让入驻企业有更多发言权或许才是破解之道。

3. 信息交流平台有待搭建完善

经济日报－中国经济网记者在调查中发现，对于园区运营管理者而言，希望政府部门能够搭建一个所有园区可以共享的信息查询、发布、资源共享的平台，解决信息不对称问题。

同样的问题也存在园区和企业之间。文化产业的核心内容是创意，而创意灵感的获得往往来自于与其他同行相互接触的刺激，通过园区多样化文化聚会等活动，能充分提供人们之间的相互交流，使企业获取灵感。入驻企业也希望园区搭建园区内企业信息共享的渠道。一位工作室的李先生向经济日报－中国经济网记者表示，园区的独栋办公有利也有弊，如每个企业都有单独的门禁，平日里企业间的沟通和交流较少，这样不利于企业间资源共享和进行一些合作，他还是希望园区做一些交流活动。

事实上，莱锦也在不断探索如何发挥企业间的桥梁作用。国棉公司副总经理程淑洁对经济日报－中国经济网记者表示，园区曾经在和北京时装周组委会对接后，促成了园内企业蓝海电视与之合作，负责"2016 北京时装周"的海外宣传和推广。

4. 园区土地性质问题仍是关注重点

谈到现在企业发展中面临的问题，莱锦园方面表示和大多数文创园区一样，主要还是土地性质的问题。据了解，老旧厂房变为文创园区，如变更用地性质，土地出让金让企业难堪重负；如果不变更，建设施工、安监消防等一系列手续又很难办理，面临无法得到验收的情况。虽然早在 2014 年 6 月，北京出台的《北京市文化创意产业功能区建设发展规划（2014-2020 年）》提出鼓励文化创意企业参与旧城、旧工业区和城郊地区的产业升级改造，积极盘活存量土地资源，探索利用工业用地和集体建设用地发展文化创意产业的新模式，但政策在落实方面还有待加大力度。

日前，北京又发布了《关于保护利用老旧厂房拓展文化空间的指导意见》，其中提出通过"允许临时变更建筑使用功能"来解决改造建设"审批难"问题，并明确了有关申报办理程序。李祎明表示，这一政策的出台对园区是很大的鼓舞，他也希望后续的更多细则能够尽快出台。

三、园区未来布局

1. 试水打造小型办公空间

在接受经济日报－中国经济网记者采访时，李祎明反复强调的一点是，公司始终践行"社会效益为首、经济效益为本"的经营理念。借着北京市发展文创空间的东风，莱锦园也在不断探索。由于目前园区主要是中高端、和头部型企业，因而莱锦园很多时候是独栋出租的，这虽然受到大中型文化企业的欢迎，但同时也让中小型初创企业或者大企业的配套企业望而却步。李祎明告诉经济日报－中国经济网记者，企业决定拿出一整栋楼试水打造小型办公空间，下一步将引入一些小型的文化创意企业，带动园区整体发展。

2. 发力文化金融服务

此外，据经济日报－中国经济网记者了解，国家文创实验区线下"文化金融服务超市"落户莱锦文创园，预计今年投入使用，将服务文创园内的企业，并辐射到国家文创实验区、朝阳区甚至全北京的文创企业，切实解决文创企业融资难、贷款难的问题。同时，国家文化产业创新实验区展示中心也将落户莱锦，并对外开放。未来园区在文化金融方面将会有更多的探索和发展。

后　记

　　北京市具有悠久的工业历史和丰富的工业遗产资源，将老旧工业厂房转型改造为文创园区及公共文化设施，是城市功能重新布局与产业结构优化升级的必然趋势与要求，它既可以保留工业厂房的文化遗产价值，也可以用疏解和腾退的空间为文化创意产业发展提供空间载体和硬件支撑，为老百姓提供公共文化设施和活动空间。

　　北京市文化创意产业促进中心高度重视老旧厂房的改造拓展工作，从2015年开始调研，历经三年，在各区支持下，摸底排查，建立台账，深入老旧厂房实地考察，在此基础上，完成了《北京市老旧工业厂房转型升级为文创园区公共文化设施研究报告》，受到市领导、市委宣传部、市文资办等相关部门重视，也为制定相关政策提供了重要依据。

　　2017年9月23日下午，我市保护利用老旧厂房拓展文化空间现场推进会在朝阳区召开。杜飞进同志出席并讲话，王宁副市长主持。杜飞进同志强调，老旧厂房是北京工业发展史的缩影，保护是基础，发展是目的。要坚决落实蔡奇同志关于"老厂房该保则保，不能拆建"的要求，将保护性利用与创新性改造结合起来，加强统筹规划，补齐工作短板，提升管理水平，完善激励机制，汇聚各方力量，特别是要抓紧制定出台保护利用老旧厂房拓展文化空间的指导意见及配套实施细则，加大政策宣传力度，把现场推进会成果落到实处。

　　2017年12月31日，北京市印发了《关于保护利用老旧厂房拓展文化空间的指导意见》（以下简称《意见》），并于2018年4月4日，由市委宣传部、市文资办、市文促中心、市政府新闻办召开新闻发布会，正式发布了《意见》。

　　2017年10月，市文促中心联合传媒大学成立课题组，从全市各区老旧厂房改造文创园区中选取了31个典型园区实地走访调研，了解改造的过程，提炼改造成功的原因，分析有哪些可以改进的地方，邀请专家进行点评，同时也请园区老总谈谈改造心得，请媒体记者采访报道，力求从不同的角度进行评析。课题组旨在通过本次的调研分析，以这些老旧厂房改造拓展文创空间的成果和经验，为文化创业产业的同行提供借鉴，希望随着《意见》的出台，以及首批北京市文化创意产业园区认定工作的开展，能够有更多老旧厂房积极加入改造拓展文创空间的行列中来，涌现出更多更好更优的文创园区和公共文化空间，促进北京文化创意产业的繁荣发展，同时也满足人民群众对美好生活的向往。

　　本书在编撰过程，得到了全市各区文促机构、老旧厂房改造的文创园区以及业界专家、媒体记者等各方人士的大力支持，在此一并表示感谢！同时，由于时间仓促，水平有限，书中难免有疏漏和不当之处，敬请广大读者批评指正！

梅松

2018年7月